普通高等院校经济管理类"十三五"应用型规划教材
【工商管理系列】

人力资源管理
理论、实训与微课
HUMAN RESOURCE MANAGEMENT

主　编　陈洪艳
副主编　田力　张琳

机械工业出版社
China Machine Press

图书在版编目（CIP）数据

人力资源管理：理论、实训与微课 / 陈洪艳主编 . —北京：机械工业出版社，2018.9（2023.1 重印）

（普通高等院校经济管理类"十三五"应用型规划教材·工商管理系列）

ISBN 978-7-111-60910-0

I. 人… II. 陈… III. 人力资源管理 – 高等学校 – 教材 IV. F243

中国版本图书馆 CIP 数据核字（2018）第 210981 号

　　本书以人力资源管理的核心职能为主线，系统地介绍了人力资源管理的基本理论知识，尝试将理论与实践有机地结合起来，首先系统讲解人力资源管理的基本理论知识，然后结合人力资源管理的实践编写了实训教学内容，充分体现了理论联系实际的教学思想。同时为了方便教师教学和学生自学，本书还为每章配备了案例库、试题库、课件和微课等丰富的教辅资源。

　　本书适合人力资源管理专业或者工商管理专业本科生、研究生以及 MBA 学生作为教材或参考书使用，也可以作为从事人力资源管理实践、企业管理工作人员的参考资料。

出版发行：机械工业出版社（北京市西城区百万庄大街 22 号　邮政编码：100037）
责任编辑：董凤凤　　　　　　　　　　　　　　　　责任校对：殷　虹
印　　刷：北京捷迅佳彩印刷有限公司　　　　　　　版　　次：2023 年 1 月第 1 版第 4 次印刷
开　　本：185mm×260mm　1/16　　　　　　　　　印　　张：13
书　　号：ISBN 978-7-111-60910-0　　　　　　　　定　　价：35.00 元

客服电话：(010) 88361066　68326294

版权所有·侵权必究
封底无防伪标均为盗版

Preface 前言

现阶段，全球化和网络化使得人才竞争空前激烈，企业也愈发重视人力资源管理。我国正处于产业升级阶段，即在传统的劳动密集型产业向知识技术密集型产业转型的过程中，企业所面临的首要问题之一就是人才的获取和开发。人力资源管理是直接连接企业选人、育人、用人和留人等方面的核心领域，对处于转型时期的当代中国企业更是具有不可替代的价值。

为培养具有创新思维的应用型人才，以适应全球竞争、不确定的市场环境和多元化的组织环境的需要，高校开始推进了一系列教学改革措施。改革措施之一是从按照学科招生转向按照学科大类招生，以进一步拓宽学生的学习视野和思维方式。因此，为了更加切合工商管理大类招生的专业教学需求，本团队按照新的教学目标和方式编撰了本书。本书具有以下五个突出的特点。

第一，本书是一本面向所有工商类学科的人力资源管理教材。其目的在于引导学生认识到人力资源及其管理的内涵、价值、策略与目标。这具体体现在两个方面：其一是拓展大学生在管理方面的视野并提高知识层次；其二是通过理解人力资源管理活动，增强大学生在组织发展中的自身适应性。

第二，本书结构完整，内容全面、精炼，重点突出。本书几乎涵盖了人力资源管理的所有知识模块，除了经典的知识模块外，还加入了组织理论与设计、职业生涯管理等内容。在选择相关知识内容方面，本书以核心知识点为主，提炼关键原理、方法和技术的指导思想，编排出较为清晰的逻辑框架，便于学生学习和掌握。

第三，本书强调人力资源管理的实践应用。本书不仅重视理论知识学习，还关注教学中的实训环节。为此，本书专门在每章的最后一节增添了课程实训环节。通过实训环节带动学生参与实训活动，丰富学生的课程体验，强化重要知识点。

第四，本书开发了微课以帮助学生理解知识体系。本书专门开发了有关各章知识的微课，作为教辅资源，为学生提供各章的知识导入和案例分析，以帮助学生更好地融入课堂。

第五，本书实用性较强。编者在编写过程中充分考虑到教师的备课需求和学生的自学需求，为每章配备了相关的教学资源，具体包括各章节的案例、试题库、PPT课件。

本书由天津工业大学管理学院人力资源管理专业副教授陈洪艳主编，田力和张琳任副主编，多名专业能力强且具有企业人力资源管理经验的教师参编。各章节的分工如下：陈洪艳负责第 1 章和第 7 章；刘鑫负责第 2 章；田力负责第 3 章和第 8 章；刘丽荣负责第 4 章；石密负责第 5 章；李志敏负责第 6 章；张琳负责第 9 章。陈洪艳副教授对全书的结构进行了设计与编排，并对全书的内容进行了审核。

本书的出版与许多师长、朋友和学生的帮助密不可分。在这里，我们要感谢机械工业出版社的编辑，没有他们的辛苦付出，本书很难如期出版；感谢本书中引用和参考的文献作者，他们的思想、理论让我们受益匪浅；感谢天津工业大学姚飞教授和张春瀛教授在本书的写作过程中给予的建设性建议；同时还要感谢天津工业大学人力资源管理 2016 级的部分同学，他们作为本书的第一读者提出了宝贵的意见。

由于编者知识和经验的局限性，如若书中尚有不足之处，敬请广大读者批评、指正。欢迎与我们联系，联系方式为：993780679@qq.com。

编者

2018 年 6 月

于天津工业大学管理学院

Suggestion 教学建议

本书分为三部分,分别是人力资源管理基本理论知识、实训内容和微课。

人力资源管理基本理论知识部分可以帮助读者掌握必要的、科学的和结构化的知识体系,形成基本的人力资源管理知识网络。

实训内容主要是通过人力资源管理的实践案例使学生加深对知识的理解和应用。该部分包括人力资源管理各功能模块的核心知识案例或综合实训案例,前者用于提升学生对各章节核心内容的分析、理解和思考能力。后者强调对人力资源管理功能模块的全面训练,突出对章节知识内容的整体理解和实践应用。

最后,本书还为学生提供了各章内容的微课、PPT课件、案例库和试题库作为网上教辅资料。微课既可以为初学者提供一个入门引导,也可以帮助读者通过整体知识学习形成简要的总结。微课能带动读者进入知识学习的情境和应用情境。PPT课件和案例库能帮助教师备课,试题库则能帮助学生检查自己的知识掌握情况。

本书建议教学时数为32学时,具体每章的教学课时分配见下表:

章节	第1章	第2章	第3章	第4章	第5章	第6章	第7章	第8章	第9章	合计
学时	2	4	4	4	4	4	4	4	2	32

目录 Contents

前言
教学建议

第1章　人力资源管理导论　/ 1

学习目标　/ 1

开篇引例　IBM 的人力资源管理　/ 1

1.1　资源与人力资源概述　/ 3

1.2　人力资源管理概述　/ 8

1.3　人力资源管理的发展历史　/ 12

1.4　人力资源管理的环境　/ 17

1.5　人力资源管理概述实训　/ 21

第2章　组织理论与组织设计　/ 25

学习目标　/ 25

开篇引例　美的集团的构架　/ 25

2.1　组织设计概述　/ 26

2.2　组织结构设计和体系设计的要素　/ 31

2.3　组织文化与创新　/ 39

2.4　组织理论与设计实训　/ 45

第3章　职位分析　/ 49

学习目标　/ 49

开篇引例　为何会有工作争执　/ 49

3.1　职位分析概述　/ 49

3.2　职位分析的具体实施　/ 52

3.3　职位说明书的编写　/ 61

3.4　胜任素质模型　/ 64

3.5　职位分析实训　/ 67

第4章　人力资源规划与员工招聘　/ 72

学习目标　/ 72

开篇引例　缺人背后的原因是什么　/ 72

4.1　人力资源规划　/ 73

4.2　招聘概述　/ 84

4.3　招聘的渠道　/ 89

4.4　员工甄选　/ 92

4.5　员工招聘实训　/ 97

第5章　员工培训　/ 99

学习目标　/ 99

开篇引例　没有员工培训，就没有企业的未来　/ 99

5.1　员工培训概述　/ 100

5.2　员工培训的理论基础　/ 104

5.3　员工培训方式　/ 110

5.4　员工培训的实训环节　/ 114

第6章　绩效管理　/ 118

学习目标　/ 118

开篇引例　王君给我们的启示　/ 118

6.1　绩效管理概述　/ 119

6.2　绩效管理的实施过程　/ 123

6.3　绩效评价的常用方法　/ 130

6.4　绩效管理的常用工具　/ 133

6.5　绩效管理实训　/ 136

第 7 章　薪酬管理　/ 138

学习目标　/ 138

开篇引例　小李辞职为哪般　/ 138

7.1　薪酬管理概述　/ 138

7.2　基本薪酬管理　/ 142

7.3　浮动薪酬管理　/ 148

7.4　福利管理　/ 152

7.5　薪酬管理实训　/ 157

第 8 章　职业生涯管理　/ 160

学习目标　/ 160

开篇引例　微软的知识型员工职业生涯规划：
　　　　　给员工足够多的机会　/ 160

8.1　职业生涯管理概述　/ 161

8.2　职业生涯管理　/ 164

8.3　职业生涯管理实施步骤和方法　/ 170

8.4　职业生涯管理课程实训　/ 175

第 9 章　员工关系管理　/ 180

学习目标　/ 180

开篇引例　星巴克的员工管理秘诀——建立
　　　　　"伙伴"关系　/ 180

9.1　员工关系管理概述　/ 181

9.2　劳动关系　/ 184

9.3　劳动保护　/ 191

9.4　员工关系管理实训　/ 197

参考文献　/ 199

Chapter 1 第 1 章

人力资源管理导论

学习目标

1. 了解人力资源管理发展的历史、人力资源管理的环境；
2. 理解人力资源的概念、人力资源管理的地位及作用；
3. 掌握人力资源的特征、人力资源管理的概念及基本职能。

开篇引例　IBM 的人力资源管理

在 IBM 工作长达 25 年之际，作为公司大中华区人力资源总监的郭希文女士向《IT 时代周刊》总结了 IBM 的用人之道，并将其概括为六个字：争、选、育、用、留、舍。

1. 争

郭希文在 IBM 做了多年的人力资源工作，她深切地感受到来自市场的压力。因此，她经常思考这样的问题：IBM 的竞争力在哪里？IBM 靠什么来吸引人才？

相对来说，大的外资公司普遍能提供良好的工作环境、培训、高薪、福利和发展机会等。与之相比，IBM 则是把"人是 IBM 最宝贵的财富"作为企业文化来吸引人才。这一文化源自 IBM 从一开始就推崇的"尊重个人"的管理信念，它是 IBM 能够吸引人才的无形秘密武器，也是最有效的秘密武器。此外，在每次重要的招聘活动开始之前，IBM 都会与一些专业的人力资源咨询公司合作，对目标市场进行详尽的调查。调查内容包括：人才分布情况、薪酬待遇状况以及竞争对手的策略等。正所谓，"知己知彼，百战不殆"，IBM 根据这些调查数据制定出有效的招聘策略，并迅速展开人力资源工作，做到有的放矢。

2. 选

在人才招聘会、猎头公司、内部推荐、媒体广告等众多的招聘渠道中，IBM 最喜欢的还是校园招聘，其"蓝色之路"校园招聘计划颇受在校大学生的青睐。IBM 为什么偏爱"一张白纸"似的在校生呢？这要归功于 IBM 内部非常完备的培训体系，它可以让年轻人快速成长起来并承担重要职责。郭希文说:"IBM 蓝色实践计划的一个最主要的目标就是让大学生进入企业,将他们在校园所学的理论和企业实践相结合,提前让他们调整自己,一面学习做事,一面学习做人。"由于公司名气很大,IBM 每年接收的简历数量都非常巨大。在如此庞大的简历堆里,我们如何挑选候选人呢?关键是看应聘者的态度!例如,很多人以公式化的东西做简历,而有的人却是用心在制作简历,这说明他非常在乎这份工作,希望通过努力来争取这份工作。IBM 的笔试主要是测试应聘者的基本素质、英语水平和逻辑思维。应聘者通过这关之后,至少还要进行两轮面试。第一轮面试是人力资源部门组织的,主要是通过交谈来大体了解应聘者的语言能力、个性特点、沟通能力和团队精神等。第二轮面试是用人部门组织的,重点考察应聘者的专业素质和具体的职业需求。多数应聘者在第二轮面试之后就被录用了,但根据目标岗位的不同,有的应聘者还需要接受部门经理的上级经理面试,即还有第三轮面试。

3. 育

IBM 有非常详细的培训计划,这些培训计划可以说完全覆盖了员工职业生涯的每个阶段。公司每年的培训费用高达年度总营业额的 2%,要比我国规定的职工工资总额的 1.5% 的最低标准高出 33.33%。培训从新员工进入公司的第一天开始。除行政管理类人员只有 2 周的培训外,销售、市场和服务部的员工都要接受 3 个月的培训。培训内容大致分为两个层次:一是人力资源部组织的关于公司文化、工作技能、沟通技巧等方面的培训;二是用人部门组织的专业知识与专业技能方面的培训。入职培训结束以后,公司会给每个员工安排一个"师傅"和一个"培训经理"。师傅指导新员工了解 IBM 的工作方式、产品和服务等,培训经理是 IBM 为照顾新员工专门设置的一个岗位,目的是帮助他们尽快进入角色,提高工作效率。

4. 用

郭希文女士用一个"I"和三个"C"概括 IBM 的用人标准。"I"代表诚信的品德(integrity)。对 IBM 来说,品德是最关键的,因为它是一个人最根本的东西,而技能、沟通能力等,则是可以通过后天习得的。三个"C"分别代表:沟通(communication)、协作(collaboration)和工作投入(concentration)。对于这三项的考核,IBM 会贯穿始终。IBM 非常重视员工的自我评估,因为通过自我评估,可以帮助员工发现自己身上所存在的不足,进而不断修正自己,塑造符合公司要求的行为,最终成长为具有领导才能的管理者。每年年初,每位员工都要写出自己的工作目标,然后努力在工作中去实现它。年中,员工会"总结"一下自己的成果,回顾有什么地方做得好,哪些地方还需要改进。年末,员工要做全年总结,直接主管也会参与进来,指出优点和不足,最后会产生一个评估结果。随后,员工会根据实际情况制定自己下一年的工作目标。

IBM 对员工的衡量有三个标准:一是独立性,即员工是否具备独立工作的能力,他在做一件事情的时候需要几个人帮助;二是洞察力,即在一项工作刚开始的模糊状态下,员工能否很快找到一个清晰的方向,并按这个方向奋力前行,达成目标;三是前瞻性,即员工能否预见未来，并提前采取相应措施。

5. 留

郭希文用"舍不得"来描述员工与公司的关系。她之所以 25 年来一直舍不得离开，主要原因是"IBM 是一家好公司"。"好公司"的标准又是什么呢？她用以下四个标准来解释：第一个标准，是看这个公司是否有前瞻性，是否走在最前沿，是否能引领社会发展的潮流；第二个标准，是看公司的经营模式，是制度化的还是无序的；第三个标准，是公司能否为员工提供适合其成长的发展空间；第四个标准，是公司是否有人性化的制度来满足员工的需要。

除了上述好公司的标准，员工是否能在公司里找到适合自己的工作？在工作中，员工如何与其他人合作？工作是否具有挑战性？员工是否能够获得成就感？……也都是员工决定是否要留下来的考虑因素。在 IBM 公司中，员工有很多机会发展自己。这是因为，IBM 的业务包括软件、硬件和服务等，员工可以根据自己的优势和偏好选择适合自己的职位。人力资源部门也会在不同阶段对员工进行调研，并根据员工的兴趣、爱好、特点等，给员工提供关于适合什么样的工作的建议。把兴趣和工作结合起来，对员工和公司来说是双赢的。因为它既满足了员工的成就需求，又保证了公司利益的最大化。

6. 舍

任何事都不是绝对的，在 IBM 公司中也是这样的。经过一段时间的工作之后，有些员工并不能达到预期的效果，其可能的原因有两个：一是技能问题，二是态度问题。如果是技能问题，公司就会想办法提供相应的培训，或根据员工的特长和兴趣调整岗位。如果是态度问题，在说服教育没有效果的情况下，IBM 只能劝其寻找更好的发展机会。

资料来源：周施恩. 人力资源管理高级教程 [M]. 北京：清华大学出版社，2017.

1.1 资源与人力资源概述

1.1.1 人力资源的概念

1. 资源的概念

资源是指资财的来源，是人类赖以生存的物质基础，是一个国家或一定地区拥有的物力、财力、人力等各种物质要素的总称，分为自然资源和社会资源两大类。前者如阳光、空气、水、土地、森林、草原、动物、矿藏等；后者包括人力资源、信息资源以及经过劳动创造的各种物质财富等。

不同的学科对资源的界定有所不同。从经济学的角度来看，资源是指能给人们带来新的使用价值和价值的客观存在物，泛指社会财富的来源。从财富创造的角度来看，资源是指为了创造物质财富而投入生产过程的一切要素。

2. 人力资源的含义

1919年和1921年，约翰·康芒斯（John R. Commons）先后在其两本著作《产业信誉》《产业政府》中使用过"人力资源"这一概念，他也被认为是第一个使用"人力资源"一词的人。但当时他所谓的人力资源和当前我们所理解的人力资源的含义相去甚远。

我们目前所理解的人力资源概念，是由彼得·德鲁克在1954年出版的《管理的实践》一书中首先正式提出的，但是他没有对它进行明确的定义。德鲁克只是强调人力资源是一种不同于其他资源的重要资源，并认为人力资源是所有经济资源中最可能提高经济效益的资源，但又是最没有得到有效利用的资源。

自20世纪60年代以后，美国经济学家西奥多·舒尔茨和加里·贝克尔提出了现代人力资本理论。该理论认为，人力资本是体现在具有劳动能力（现实或潜在）的人身上的以劳动者的数量和质量（知识、技能、经验、体质）所表示的资本，它是通过投资形成的。人力资本理论的提出，使得人力资源的概念更加深入人心。英国经济学家哈比森在《作为国民财富的人力资源》中提出："人力资源是国民财富的最终基础。资本和自然资源是被动的生产要素，而人是积累资本，开发资源，建立社会、经济和政治并推动国家向前发展的主动力量。显而易见，一个国家如果不能发展人们的知识和技能就不能发展任何新的东西。"至此，对人力资源的研究越来越多，国内外学者也从不同的角度对人力资源的含义进行了界定。我们可以归纳为如下两种解释：一种主流的解释是，人力资源是"人所具有的一种能够推动组织绩效提升（结合诸如资金、原料、信息等其他信息资源）的能力"，这种观点认为人力资源是指人的劳动能力，是从能力的角度来界定人力资源的含义；另一种解释是，人力资源是指总人口在经济上可提供利用的最高人口数量或指具有劳动能力的人口，这种观点认为人力资源是指具有劳动能力的人口，是从人口数量的角度来界定人力资源的含义。从事管理学研究的学者多采用第一种观点，而从事教育学和人口学的学者多采用第二种观点。

我们认为，从能力的角度出发来理解人力资源的含义更接近于它的本质。前面已经指出，资源是指资财的来源，而人对财富的形成起贡献作用的是人所具有的知识、技能、经验、体质和健康等的能力。所以，人力资源是指存在于劳动人口之中的、对价值创造有贡献作用的体力劳动能力和脑力劳动能力。

人力资源是质与量的统一。人力资源的量包括以下五个方面：

（1）处于劳动年龄之内、正在从事社会劳动的人口，称为"劳动就业人口"。

（2）尚未达到劳动年龄、已经从事社会劳动的人口，称为"未成年劳动者"或"未成年就业人口"。

（3）已经超过劳动年龄、继续从事社会劳动的人口，称为"老年劳动者"或"老年就业人口"。

（4）处于劳动年龄之内、具有劳动能力并要求参加社会劳动的人口，称为"待业人口"；

（5）处于劳动年龄之内而未从事劳动的人口，称为"暂时未参加劳动的适龄人口"，其中包括求学人口、从事家务劳动的人口、服军役的人口及其他人口。

其中前三类人口属于现实的人力资源，后两类属于潜在的人力资源。

人力资源的质量是指劳动者的素质，即个体完成一定活动与任务所具备的基本条件和基本特点，是行为的基础与根本，包括生理素质与心理素质两个方面。

人力资源的生理素质包括体质、体力和精力，人力资源的心理素质则包括文化素质、智能素质、品德素质、心理健康素质和其他个体素质。

1.1.2 人力资源的特征

1. 生物性

人力资源是以人为载体的，是有生命的、"活"的资源，与人的生理特征紧密相连。

2. 能动性

人不同于自然界的其他生物，人有思想、情感、意识，具有明显的主观能动性，能够有目的地进行活动，能动地改造客观世界。人具有的意识不是低级动物所具有的动物意识，而是对自身和外界具有清晰看法的、对自身行动做出抉择的、调节自身与外部关系的社会意识。由于作为劳动者的人具有社会意识，并在社会生产中处于主体地位，因此表现出主观能动性。人力资源的能动性主要表现在以下三个方面：

（1）自我强化。人类的教育和学习活动，是人力资源自我强化的主要手段。人们通过正规教育、非正规教育以及其他各种培训，努力学习理论知识和实际技能，刻苦锻炼意志与身体，使自己获得更高的劳动素质和能力，这就是自我强化过程。

（2）选择职业。在市场经济环境中，人力资源主要靠市场来调节。人作为劳动力的所有者可以自主选择符合自己需求的职业。

（3）积极劳动。敬业，爱业，积极工作，创造性地劳动，这是人力资源能动性的最主要方面，也是人力资源发挥潜能的决定性因素。

3. 增值性

与自然资源相比，人力资源具有明显的增值性。一般来说，自然资源是不会增值的，它只会因为不断地消耗而逐渐地"贬值"。人力资源则不同，人力资源是人所具有的智力和体力，对个人来说，他的体力不会因为使用而消失，只会因为使用而不断增值，当然这种增值是有限度的；他的知识、经验和技能也不会因为使用而消失，相反会因为不断使用而更有价值，也就是说在一定的范围内，人力资源是不断增值的，创造的价值会越来越多。被称为"人力资本理论之父"的美国经济学家舒尔茨说过："土地本身并不是使人贫穷的主要因素，人的能力和素质才是决定贫富的关键。旨在提高人口质量的投资能够极大地有助于经济繁荣和增加穷人的福利。"他测算了美国1929～1957年经济增长中人力资源投资的贡献，其比例高达33%。

4. 时效性

人力资源的时效性就是指人力资源的形成和利用受到生物学意义上的时间限制。人同任何其他生物体一样，都有一个从成长到衰亡的生命过程，会经历若干生命发展阶段。人在童年及少年时期不具有现实人力资源的意义，只是一种潜在的人力资源，只有达到法定的劳动年龄之后，才能成为具有实际劳动能力的人力资源。而人进入老年时期之后，劳动能力衰退，由此又失去了人力资源的意义。因此，人力资源具有时间的界定，局限于具有实际劳动能力的劳动适龄适期。当然，不同性质的劳动对劳动者年龄的限定是不同的。例如，从事简单体力劳动的年龄上下限较低，而从事复杂劳动的年龄上下限较高。其原因在于，复杂脑力劳动者在就业前需接受更高层次的教育，智力衰退过程比体力衰退过程慢。人力资源的时效性特点，要求人类依据生物学的规律来使用自身的劳动能力，合理规定劳动年龄的上下限，充分利用劳动适龄适期（尤其是劳动最佳时期）的劳动能力。

5. 可再生性

资源分为再生性资源和非再生性资源两大类。非再生性资源（如矿藏等自然资源）自身不具有复生的机制性功能，随着消费量的增加，其总量逐步减少。再生性资源（如绝大多数植物和动物）则在一定条件下具有自我生长和繁殖的功能。人力资源是一种可再生资源。人力资源的再生以人口再生产和劳动能力再生产为基础。人类天生具有自我再生产的能力，子子孙孙代代相传，人力资源由此新陈代谢。人的劳动能力具有"消耗—生产—再消耗—再生产"的机制，劳动能力暂时消耗后，通过能量补充及适当的休养，仍可以得以恢复。此外，人力资源的质量也具有可开发性，劳动者的劳动素质，如智力、知识、技能、体质及品质状况等，可以通过各种措施加以改善。人力资源的可再生性特点，要求人们在使用人力资源的同时，提供必要的人力资源再生产的保障，如合理的工资报酬、福利及社会保障等；还要求在人力资源管理中通过培训等途径开发现有人力资源的素质潜力，以最大限度地发挥人力资源的作用。

6. 社会性

从人类社会经济活动的角度看，人类劳动是群体性劳动，不同的劳动者一般分别处于各个劳动集体之中，构成了人力资源社会性的微观基础。从宏观上看，人力资源总是与一定的社会环境相联系。它的形成、配置、开发和使用都是一种社会活动。从本质上讲，人力资源是一种社会资源，应当归属于整个社会，而不仅仅归属于某一个具体的社会经济单位。

1.1.3 与人力资源相关的概念

1. 人力资源与人口资源、劳动力资源及人才资源

人口资源是指一个国家或地区所拥有的人口总量，它是最基本的人口数量的底数，主要表现为一个国家和地区人口的数量。劳动力资源是指一个国家或地区，在一定时点或时期内，拥有的劳动适龄人口数量。我国劳动就业制度规定，男性18～60岁，女性18～55岁，都为劳动力资源。劳动力资源以人口资源为基数。人才资源是指一个国家或地区中具有较多科学知识、较强劳动技能，在价值过程中起关键或重要作用的那部分人，人才资源是优质的人力资源。

在这几个概念中，人口资源更强调数量的概念，人才资源更注重质量的概念，而人力资源则是指人的体力和脑力劳动能力。三者在数量上存在包含关系，人口资源数量最大，其次是人力资源，最小的是人才资源。

2. 人力资源与人力资本

人力资本理论最早起源于经济学研究。20世纪60年代，美国经济学家舒尔茨和贝克尔创立了人力资本理论，开辟了关于人类生产能力的崭新思路。该理论认为物质资本是指物质产品上的资本，包括厂房、机器、设备、原材料、土地、货币和其他有价证券等，而人力资本则是体现在人身上的资本，即对生产者进行教育、职业培训等的支出与其在接受教育时的机会成本等的总和，表现为蕴含于人身上的各种生产知识、劳动与管理技能以及健康素质的存量总和。

人力资源与人力资本是两个既有联系又有区别的概念。首先，两者都以人为基础，研究的对象都是人所具有的智力和体力。其次，两者又有一定的区别，主要表现在：

（1）在与社会财富和社会价值的关系上，两者是不同的。人力资本是由投资形成的，强调以某种代价获得的能力或技能的价值，且该投资价值可在提高生产力的过程中以更大的收益收回。它与社会价值的关系是一种由因索果的关系。而人力资源更强调人力作为生产要素在生产过程中的生产、创造能力，它在生产过程中可以创造产品，创造财富，促进经济发展。它与社会价值的关系是一种由果溯因的关系。

（2）两者研究问题的角度和关注的重点不同。人力资本是通过投资形成的存在于人体中的资本形式，是形成人的智力和体力的物质资本在人身上的价值凝结，是从成本收益的角度来研究人在经济增长中的作用，强调投资付出的价值以及收回，关注的重点是收益问题。人力资源将人作为财富的来源看待，是从投入产出的角度来研究人对经济发展的作用，关注的重点是产出问题，即人力资源对经济发展的贡献有多大，对经济发展的推动力有多强。

（3）两者的计量形式不同。资源是存量概念，而资本是兼有存量和流量的概念，人力资源和人力资本也同样如此。人力资源是指一定时间、一定空间内人所具有的对价值创造起贡献作用并且能够被组织利用的体力和脑力的总和。而人力资本，如果从生产活动的角度看，往往是与流量核算相联系的，表现为经验的不断积累、技能的不断增进、产出量的不断变化和体能的不断损耗；如果从投资活动的角度看，它又与存量核算相联系，表现为投入教育培训、迁移和健康等方面的资本在人身上的凝结。

1.2 人力资源管理概述

1.2.1 人力资源管理的概念

人力资源管理这一概念是在1954年德鲁克提出人力资源概念之后出现的,虽然它出现的时间不长,但是发展的速度非常快。对于人力资源管理,国内外学者给出了诸多的解释,综合起来,我们可以将其归纳为以下五类:

第一类主要是从人力资源管理的目的出发进行解释,认为组织的人力资源管理是借助对生产活动中必不可少的人力资源进行管理以实现组织目标。例如:

(1)人力资源管理就是通过各种技术和方法,有效运用人力资源来达成组织目标的活动(Mondy & Noe,1996)。

(2)人力资源管理就是通过各种管理功能,促进人力资源的有效运用,以达成组织的目标(Schuler,1987)。

(3)人力资源管理是利用人力资源实现组织目标(R. Wayne Mondy,1998)。

第二类主要是从人力资源管理的过程或承担的职能出发来进行解释,把人力资源管理看成一个活动过程。例如:

(1)人力资源管理是负责组织人员的招聘、甄选、训练及支付报酬等功能的活动,以达成个人与组织的目标(Sherman,1992)。

(2)人力资源管理是指对全社会或一个企业的各阶层、各类型的从业者从招工录用、培训、使用、升迁、调动直至退休的全过程管理(陈远敦、陈全明,1995)。

第三类主要揭示了人力资源管理的实体,认为它就是与人有关的制度和政策等。例如:

(1)人力资源管理包括一切对组织中的员工构成直接影响的管理决策和实践活动(张一驰,1999)。

(2)人力资源管理包括影响公司和员工之间关系的性质的所有管理决策与行为(Beer & Specktor,1984)。

(3)人力资源管理是指影响雇员的行为、态度以及绩效的各种政策、管理实践和制度(Raymond A. Noe,2001)。

(4)人力资源管理是根据组织和个人发展的需要,对组织中的人力资源这一特殊的战略性资源进行有效开发、合理利用与科学管理的机制、制度、流程、技术和方法的总和(彭剑锋,2014)。

第四类主要是从人力资源管理的主题出发解释其含义,认为它是人力资源部门或人力资源管理者的工作,持这种观点的人所占的比例不大。例如:

人力资源管理是指那些专门的人力资源管理职能部门中的专门人员所做的工作(余凯成,1997)。

第五类则是从目的、过程等方面出发综合地解释,持这种观点的人所占的比例较大。例如，人力资源开发与管理是指运用现代化的科学方法，对与一定物力相结合的人力进行合理的培训、组织与调配，使人力、物力经常保持最佳的比例，同时对人的思想、心理和行为进行恰当的诱导、控制与调配，充分发挥人的主观能动性，使人各尽其才、事得其人、人事相宜，以实现组织目标（张德，2001）。

由此可见，从综合角度来解释人力资源管理的含义更有助于我们全面理解它的内涵。我们认为，所谓人力资源管理就是人事管理发展的更高阶段，是组织为了获取、开发、保持和有效利用组织生产与经营过程中必不可少的人力资源，通过运用科学、系统的技术和方法进行各种相关的计划、组织、领导及控制活动，以实现组织目标。

1.2.2 人力资源管理的职能

人力资源管理的职能是指它所要承担或履行的一系列活动，人力资源管理的功能和目标都是通过它所承担的各项职能来实现的。美国人力资源管理协会（Society for Human Resource Management，SHRM）认为人力资源管理的职能分为六种，即人力资源规划、招募和甄选，人力资源开发，薪酬和福利，安全和健康，员工和劳动关系，人力资源研究。美国培训与发展协会（American Society for Training and Development，ASTD）将人力资源管理职能划分为九种，即组织和工作设计、人力资源规划、人员甄选和安排、人事研究与信息系统、薪酬和福利、员工帮助、工会/劳动关系、培训与开发以及组织开发。国内学者也对人力资源管理的职能做出了不同的划分，比较具有代表性的有：赵曙明（2001）将人力管理职能划分为预测、分析和计划，人员需求计划制订，组织人力资源所需的配置，评估员工行为、员工薪酬计划、工作环境改善以及建立、维护有效的员工关系。刘昕（2014）将人力资源管理职能划分为七个方面：组织结构与职位分析、人力资源规划与招募、员工甄选、培训与开发、绩效管理、薪酬福利以及员工关系管理。彭剑锋（2014）将人力资源管理职能划分为十个方面：人力资源战略规划、职位管理系统构建与应用、胜任力系统构建与应用、招募与配置、绩效管理、薪酬管理、培训与开发、再配置与退出、员工关系管理以及知识与信息管理。综合国内外学者的观点，我们从基础工作和核心工作两个方面将人力资源管理职能概括为以下几方面：组织结构设计、职位分析与胜任素质模型、人力资源规划、员工招聘、员工培训、绩效管理、薪酬管理、职业生涯管理和员工关系管理。其中组织结构设计和职位分析与胜任素质模型是人力资源管理的基础工作，而其他方面则为人力资源管理的核心工作。

1. 组织结构设计

这一职能包括分析组织使命、愿景、战略和影响组织结构设计的各个因素，以此进行组织结构设计。组织结构设计是职位分析的基础工作。

2. 职位分析与胜任素质模型

这一职能包括两部分：一是对组织内各职位所涉及的工作内容和承担的工作职责进

行清晰的界定；二是确定各职位所要求的任职资格。职位分析的结果是出台职位说明书。胜任素质是与特定组织特定职位上工作业绩水平有因果关联的个体特征和行为。胜任素质模型是指为完成某项工作，达成某一目标所需要的一系列不同胜任素质的组合。胜任素质模型是对职位说明书中任职资格的重要补充。职位分析和胜任素质模型是人力资源规划、员工招聘、员工培训、绩效管理、薪酬管理的基础工作。

3. 人力资源规划

这一职能包括的活动有：在组织战略的指导下，对组织在一定时期的人力资源需求和供给做出预测，根据预测结果制订人力资源供需平衡计划。

4. 员工招聘

这一职能包括四个阶段的工作：招募、甄选、录用和评估。招募是组织采用多种措施吸引应聘者前来应聘的过程；甄选是组织根据职位需要选择特定的方法对应聘者进行各种测评，以挑选最合适人选的过程；录用是组织做出确定录用人员的决定，并进行初始的安置、试用和正式录用的过程；评估是指人力资源管理者将整个招聘工作从不同的方面进行评价，从中发现招聘过程存在的问题并加以改进，为未来提高招聘工作的有效性奠定基础。

5. 员工培训

这一职能主要是指建立员工培训体系，即确定培训需求分析、编制培训计划、组织实施培训和对培训效果进行评估。

6. 绩效管理

这一职能是根据既定的目标对员工的工作行为表现和工作行为结果做出评价，发现其工作中存在的问题并加以改进，包括绩效计划、绩效监控、绩效考核和绩效反馈等工作。

7. 薪酬管理

这一职能包括确定薪酬水平和薪酬结构，设计基本薪酬、浮动薪酬和间接薪酬，确定薪酬预算与薪酬控制等工作。

8. 职业生涯管理

这一职能是指组织为了更好地实现员工的职业理想和职业追求，寻求组织利益与个人职业成功最大限度一致化，而对员工的职业历程和职业发展所进行的计划、组织、领导及控制。

9. 员工关系管理

这一职能是指组织和员工的沟通管理，这种沟通更多采用柔性的、激励性的、非强制的手段，从而提高员工满意度，支持组织其他管理目标的实现。其主要活动包括协调员工与管理者、员工与员工之间的关系，引导建立积极向上的工作环境。

本书就是按照人力资源管理的各项职能进行编排的，书中的每一章会对各项职能进行详细阐述。

1.2.3 人力资源管理的目标

人力资源管理的目标是指人力资源管理活动需要完成的职责和需要实现的绩效。人力资源管理既要考虑组织目标的实现，又要考虑员工个人的发展，强调在实现组织目标的同时实现个人的全面发展，达到组织和员工的双赢。

人力资源管理是组织管理活动的一个组成部分，从属于整个组织管理，而组织实施管理活动的目的就是要实现组织既定的目标，因此人力资源管理的目标也应当服从和服务于这一目的。虽然不同组织的整体目标可能有所不同，但是基本目的都是一样的，那就是创造价值以满足相关利益群体的需要。

人力资源是组织运行的第一资源，它的六大特征就决定了其在组织发展过程中的重要作用。我们透过不同企业产品质量、价格和服务竞争的层层迷雾，可以看到不同企业之间的竞争其实质是人力资源的竞争。所以，作为人力资源管理者对人力资源实施科学、有效的管理，提高人力资源素质，发挥人力资源潜能，使员工快乐工作，是企业追求的另一个工作目标。人力资源管理的目标，就组织而言是生产力的提高、竞争力的增强，进而是促进组织目标的实现，而就员工而言则是工作、生活质量的提高和工作满意度的增加，进而实现工作和生活的平衡。

1.2.4 人力资源管理的地位与作用

1. 人力资源管理的地位

所谓人力资源管理的地位就是指人力资源管理在整个组织管理中的位置。我们要正确地认识人力资源管理的地位，首先要清楚人力资源管理与组织管理的关系。整个组织的管理简单地说就是对投入和拥有的资源进行有效的管理，以实现组织目标。而组织投入和拥有的资源包括资金资源、信息资源、物质资源、技术资源、人力资源等，组织的管理就包括对这些资源的管理。从这个意义上来说，人力资源管理是组织整体管理的一个组成部分。在这个前提下，我们应该辩证地看待人力资源管理的地位：一方面，要承认人力资源管理是组织管理的组成部分，并且是很重要的一个组成部分；另一方面，要承认人力资源管理不能代表组织管理，它并不能解决组织管理中的所有问题。前一个方面很容易理解，人力资源是组织运行的第一资源，组织各项工作的实施都必须依靠人力资源。另外，人力资源的可变性还会影响各项工作的实施效果，而人力资源管理正是要有效地解决因可变性而产生的问题，为组织发展提供有力的支持，因此它在整个组织管理中居于重要地位。后一个方面也不难理解，虽然人力资源管理可以决定组织能否正常运转，可以影响组织运行速度，但是组织中还有很多问题是人力资源管理不能解决的，比如组织发展战略的问题、营销的战略策略问题、组织投融资问题等。

2. 人力资源管理的作用

（1）促进组织各种资源的合理配置。人力资源是组织资源的重要组成部分，或者说是关键组成部分。人力资源管理就是通过人力资源将组织其他资源进行有效的整合，发挥其组合的最大效用。

（2）提高员工工作的积极性，提升劳动效率。现代组织管理注重"以人为本"的管理思想，决定了人力资源管理必须以人性化管理为重点，营造一个员工需要的且能够接受的工作环境，让员工以饱满的热情去工作。只有这样才能真正激发出员工的潜能，使员工在工作中提高效率，为组织创造更大的效益。

（3）控制经营成本，增强市场竞争实力。人力资源管理中的人力资源费用规划可以对组织的经营人工成本、人力资源管理费用做出一个整体的规划，通过人力资源管理费用预算、核算、审核、结算、控制等步骤控制经营成本，达到削减经营成本、增强组织竞争实力的目的。

（4）能够有效利用和节约资源，带动经济效益的提高。在倡导节约、可持续发展的今天，资源的有效利用已越来越重要。人力资源管理可以使组织的资源在合理的配置下发挥作用，不是简单盲目地进行投入，而是以一种科学合理的方法助力企业的经营活动。这样做有利于企业的资源得到充分的开发和利用，减少资源的不合理运用，使组织可以以较小的资源消耗获取较高的经济效益。

1.3 人力资源管理的发展历史

1.3.1 管理科学的发展历程

纵观企业管理发展的全部历史，它可以分为：经验管理、科学管理和文化管理三个阶段。

1. 经验管理

所谓经验管理是指没有成型的管理规律、成文的管理制度可以遵循，企业完全按照经营者自己的设想，凭着经验和直觉管理企业。所以，在经验管理条件下，企业的兴衰成败完全取决于经营者的个人素质，包括决策能力、指挥能力、凝聚能力以及良好的直觉。从企业管理发展的历史来看，经验管理大致从18世纪末开始，到20世纪初大约经历了100多年的时间。经验管理主要有以下三个特点：

（1）企业的管理者一般就是企业的资本所有者。

（2）管理和生产工作主要凭借个人的经验办事。工人主要凭自己的经验进行操作，没有统一的标准；管理人员主要凭自己的经验进行管理，没有统一的管理办法。

（3）对于工人的培训主要是采用师傅带徒弟传授个人经验的办法进行。1769年，英国诞生了第一家现代意义上的企业，成为人类走向工业社会的标志。在此之后的漫漫岁月中，与这种小规模家族式的企业相伴随的是幼稚的市场和低水平的科学技术，这使管理者从实践中积累的经验不但完全可以满足对企业管理的需要，而且在一定程度上成为企业发展的积极推动力。然而，随着生产力的发展、企业规模的不断扩大及社会化大生产的形成，经验管理逐渐从不适应到成为企业发展的桎梏。

2. 科学管理

1911年，泰勒的《科学管理原理》⊖一书问世，这标志着企业管理从漫长的经验管理阶段迈进科学管理阶段。

泰勒就科学管理给出了这样的定义，"诸种要素（不是个别要素的结合），构成了科学管理，它可以概括如下：科学，不是单凭经验的方法。协调，不是不和别人合作，不是个人主义。最高的产量，取代有限的产量。发挥每个人最高的效率，实现最大的富裕。"这个定义既阐明了科学管理的真正内涵，又综合反映了泰勒的科学管理思想。泰勒科学管理思想的精髓是用精确的调查研究和科学知识来代替个人的判断、意见和经验，其理论的核心是寻求最佳的工作方法，追求最高的生产效率。

在此后长达半个多世纪的岁月里，科学管理极大地推动了生产效率的提高。泰勒认为，懒惰是所有人的共性，因此，重奖、重罚、金钱刺激是提高员工工作热情的唯一手段。但泰勒的科学管理有一定的局限性，它视员工为"经济动物"，仅仅把员工当作工具，对员工采取胡萝卜加大棒的管理思想和管理方式，忽视了员工的社会特性。随着经济和技术的发展，科学管理越来越显现出其消极的一面。

3. 文化管理

科学管理使企业的管理走上了规范化、制度化和科学化的轨道，极大地推动了生产效率的提高。但是，它在实践中暴露出了弱点：对员工的忽视。与生产高效化相伴而生的是人的工具化，以及工人对工作的厌烦、劳资矛盾的激化，为了解决这些问题，新的管理方式呼之欲出。

发端于20世纪30年代，流传于20世纪六七十年代的行为科学，力图纠正和补充科学管理的不足。20世纪80年代兴起的企业文化理论是这种努力的最新成果，它完整地提出了与科学管理不同的管理思想和管理框架。这种以企业文化为龙头的管理模式即文化管理。

文化管理是一种"以人为本"的管理模式，其本质是以人为本，以人的全面发展为目标，通过共同价值观的培育，在系统内部营造一种健康、和谐的文化氛围，使全体成员能够全身心地融入系统中，变被动管理为自我约束，在实现社会价值最大化的同时，实现个人价值的最大化。文化管理与科学管理有着本质的区别：科学管理的实质是以资本为核心，而文化管理的实质是以人为本；科学管理的目标是追求资本效益的最大化，而文化管理的目标是人的全面发展，在实现社会价值最大化的同时，实现个人价值的最大化。文化管理具有以下三个特征：

⊖ 本书中文版已由机械工业出版社出版。

（1）从理性的制度管理和灌输式的思想教育，到以企业价值观为导向，由员工来营造一种积极、和谐的文化氛围，规范和统一企业整体的行为，形成自我约束和自我激励的力量。

（2）传统的企业管理方式实际上是将企业作为封闭系统，侧重于调节企业内部运作机制，而企业文化管理则将企业视为开放系统，强化企业与社会的政治、经济和文化的联系与调适。

（3）文化管理是"以人为目的"的管理。

1.3.2 人力资源管理的兴起

与经验管理、科学管理、文化管理相对应的人力资源管理，大体上可以概括为雇用管理、劳动人事管理和人力资源管理三个阶段。

1. 雇用管理阶段

在雇用管理阶段中，人们把员工看成与机器、工具一样的简单生产手段和成本。该阶段实行以录用、安置、调动、退职和教育训练为中心的劳动力管理，主要目的是降低人力成本。

2. 劳动人事管理阶段

在劳动人事管理阶段中，管理的重点在于提高劳动效率。企业对员工管理的重要内容包括：如何挑选和招募一流工人；如何培训员工以提高生产效率；如何建立员工档案，更科学地调配和使用员工；如何进行考核和给付薪酬；如何妥善处理劳资纠纷；如何维护劳动力以维持再生产等。

3. 人力资源管理阶段

在人力资源管理阶段中，企业对员工的管理有以下几个明显的变化：

（1）员工不仅仅是生产的成本，还是投资的对象、开发的对象，是企业赖以生存和发展的首要资源。

（2）正如著名的经济学家舒尔茨所说，人力资源是效益最高的投资领域。

（3）教育和培训是人力资源开发的主要手段，也成为人力资源部门的重要职能，对人的开发重于对人的管理。

（4）人力资源管理不仅仅是人力资源管理部门的事，更是直线部门经理的事。各级经理首先是人力资源的经理，要担负起管理人、培养人的重任。

（5）随着文化管理的兴起，人已经成为企业管理的中心，人力资源管理的重要性日益增强，人力资源部已经成为企业战略支持部门。

（6）人力资源管理的重点已经从直接管理人的行为向直接管理人的思想，进而间接影响人的行为方向转变。

（7）人力资源管理的主要目的是提升人力资本。

1.3.3 我国人力资源管理的发展历史

1. 我国古代的人力资源管理

我国具有上下五千年的文明史，在我国古代文化典籍中蕴藏着丰富的人事管理思想，对于人才的重要性、如何选拔人才、如何用好人才等方面都有精辟的论述。

（1）古代的选人思想。人才选择的合理与否，直接关系到事业的成败，我国历史上有作为的政治家、军事家都注意招贤纳士、延揽人才。选人思想主要体现在选人的标准、吸引人的条件与选人的方法等方面。古代许多学者非常强调人才兼备的选人标准，如管仲提出，君主选用人才一定要审查三个问题："一曰德不当其位，二曰功不当其禄，三曰能不当其官"。司马光认为"才者，德之资也；德者，才之帅也"，阐释了德与才之间是统帅与被统帅的关系。墨子讲："良弓难张，然可以及高入深；良马难乘，然可以任重致远；良才难令，然可以致君见尊。"

古代考核人才的办法主要有考试、招贤、自荐与推荐。西周通过逐级考试选择人才，入仕考试分三级五等进行：先由乡大夫进行"秀士""选士"的考试，再由司徒进行"俊士""造士"的考试；最后由学政大司从"造士"中选出优秀者交司马量才录用，被录用者称为"进士"。先秦时期主要是通过国君派人直接招贤或出榜招贤的方式选择人才；在春秋战国时期，自荐也是一种较为普遍的方式，如"毛遂自荐"已成为人人皆知的历史故事。孔子、孟子、管仲等人主张推荐，推荐的方式有官员举荐、贤人举荐和群众举荐等。

古代考察人才的具体方法有耳听、口问、考言、视声、视色、察情、观诚、观友、观隐与综合分析等。如孔子主张"听其言而观其行""退而省其私"；诸葛亮提出"七观法"："一曰，问之以是非而观其志；二曰，穷之以辞辩而观其变；三曰，咨之以计谋而观其识；四曰，告之以祸难而观其勇；五曰，醉之以酒而观其性；六曰，临之以利而观其廉；七曰，期之以事而观其信"。这些考察人才的方法为古代正确选择人才提供了依据，也为现代的人力资源开发与管理提供了借鉴。

（2）古代的用人思想。我国古代许多政治家与思想家深知合理用人对于治国安邦的重要作用，提出了许多宝贵的用人思想。如墨子指出"尚贤者，政之本也"，唐太宗讲"为政之要，唯在得人"，司马光说"为政之要，莫先于用人"。明太祖朱元璋将这一思想发展得更为具体，他说："构大厦者必资于众工；治天下者必赖于群才。"他把"治天下"比作"构大厦"，盖大楼是百年大计，靠的是一批有精湛技艺的工匠；"治天下"更是长远大计，靠的是一大批善于治国的人才。

古代用人最忌求全责备。司马光对汉高祖刘邦的评价是"奋布衣提三尺剑，八年而成帝业……唯其知人善任使而已"。

用人不疑与疑人不用是古代使用人才的一个重要原则。管仲说："不知贤，害霸也；知而不用，害霸也；用而不任，害霸也；任而不信，害霸也；信而复使小人参之，害霸也。"这五个问题都是有关用人政策的问题，它说明只有知人才能善任，也只有知人才能用人不疑，只有用而不疑才能不使小人谗言危害霸业。宋代政治家欧阳修指出："任人之道，要在不疑。宁可艰于择人，不可轻任而不信"，意为宁可择人时多费一些精力，看准了再用，也不可轻易任用却不信任，不敢放手让其施展才干。用人不疑，就是对人才的充分信任，是一种重要的精神激励，能够增强人的事业心、责任感与向心力。

（3）古代的管人思想。中国古代的思想家倡导人本管理，而管好人的关键是要重视人的利益需求，管理要做到分工合理，恩威并用，领导者要能够身先道御，以身示范。我国古代的人力资源管理思想对今天的企业管理者来说仍有可借鉴之处。

2. 我国近代的人力资源管理

鸦片战争之后，中国演变为半殖民地半封建社会，这时的人事管理具有两个基本的特点：一是带有浓厚的封建色彩，企业大多是家族性质的小型私人企业。许多企业实行包工制度，将工作包给包工头，然后由包工头招收工人，组织生产，进行监督，发放工资。二是学习、引进西方资本主义国家的科学管理方法。一些规模较大的企业引进了泰勒科学管理的方法，开始对员工进行比较规范的管理。如天津东亚毛纺公司开始按照"雇用工人程序图"进行招工，同时取消学徒制，举办艺徒培训班，培训熟练的技术工人。该公司还引进时间动作研究，确定劳动定额，实行差别计件工资制，同时制定了一套厂训、口号等，以提高企业的凝聚力。

3. 我国现代的人力资源管理

我国现代的人力资源管理大致可以分成人事档案管理阶段、人力资源管理形成阶段和人力资源发展阶段。

（1）人事档案管理阶段。人事档案管理与我国曾实行的计划经济体制密切相连。在计划经济体制下，人才的流动受到严格的政策限制，人力资源的优势完全被忽略。员工的积极性、主动性没有完全发挥出来。人事部门的工作也大多为一些流程性极强的事务性工作，如员工人事档案管理、招工录用、制定劳动纪律、考勤、职称评定、离职退休、计发工资等。

（2）人力资源管理形成阶段。随着市场经济的建立和迅速发展，人才流动的限制被打破，人才的市场化趋势日趋明显，求才择业开始双向选择，人才作为一种资源开始受到越来越多的关注，越来越得到国家政策的支持和企业管理者的认同。同时，人才政策的开放使企业间人才流动的速度加快，企业的管理遇到了挑战。企业开始注意人才的动向，如何留住企业的人才成为企业关注的一个焦点。此阶段人事经理开始向人力资源经理的角色转换，人力资源经理初步形成了相对完整的理论体系，对人力资源的观念也有了深刻的认识，并在企业中初步建立了包含招聘管理、培训管理、绩效管理、薪酬体系管理等因素的人力资源构架。在形成阶段的基础上，随着人力资源经理对人力资源管理研究的深入，企业的人力资源管理开始逐步成熟，从追求数量转向追求质量。人力资源经理逐渐将工作重心转移到员工的绩效管理上，以建立现代化的薪酬体系。他们开始考虑整合企业人力资源，通过岗位分析和人才盘点，更加合理地配置企业人力资源；通过加大培训力度，提高员工的工作技能和绩效能力；通过改革薪酬管理体系，优化薪酬的分配作用，使之更加具有激励性。

（3）人力资源发展管理阶段。随着企业竞争的加剧，未来的不可预知性加强，企业对人才的争夺战也愈演愈烈，人才竞争成为企业竞争的核心。谁掌握了人才，谁掌握了人力资源的核心竞争力，谁就掌握了竞争制胜的法宝。这就给企业的人力资源者提出了更大的挑战。如何战略性地看待人力资源，如何战略性地管理，如何使人力资源战略与企业战略更好地配合企业整体战略，使人力资源更好地服从服务于企业的战略，是人力资源管理者必须考虑的问题。至此，企业的人力资源管理体系已经成熟并向战略人力资源管理的方向发展。

1.4 人力资源管理的环境

人力资源管理的环境（environment of human resources management），主要是指对人力资源管理活动产生影响的各种因素之和。世间万物并不是孤立存在的，都要受周围环境对它的影响。组织的人力资源管理活动亦是如此，它的存在和发展也会受到周围环境的影响，了解人力资源管理的环境，有助于实现人力资源管理活动与环境的和谐统一。

为了深入分析人力资源管理环境的组成，我们可以从不同的标准对人力资源管理环境进行分类。按照环境的稳定与否，我们可以将人力资源管理环境划分为静态环境和动态环境；按照环境与人力资源管理的关系，我们可以将人力资源管理环境划分为直接环境和间接环境；按照环境的内容，我们可以将人力资源管理环境划分为物理环境和非物理环境；从系统的角度，我们可以将人力资源管理环境划分为外部环境和内部环境。此处重点介绍人力资源管理的外部环境和内部环境。

1.4.1 人力资源管理的外部环境

人力资源管理的外部环境（external environment of HRM）是指在企业系统之外能够对人力资源管理活动产生影响的各种因素。一般来说，我们可以从政治环境、经济因素、文化因素、竞争者等方面来分析人力资源管理的外部环境。这些影响因素都处于企业范围以外，企业并不能直接地控制和影响它们，在大多数情况下只能根据外部环境的状况以及变化来采取相应的措施。

1. 政治环境

政治环境主要是指国家的政治局面稳定状况、政府的管理方式以及方针政策等对组织人力资源管理有影响的各个要素。

（1）政局局面稳定状况。国家的政治局面稳定与否虽然不是企业发展壮大的充分条件，但是企业生存的必要条件，动荡的政治局面必然会导致企业无法正常运转，进而威胁到企业以及企业内部人力资源管理活动。

（2）政府的管理方式以及方针政策。政府对企业的管理方式直接影响企业制定战略目标的自由度，而针对企业运行制定的方针政策则直接影响企业具体经营的策略。比如，在国家对企业的管理方式和方针政策的连贯性与延续性方面，连贯的政府管理方式和方针政策虽然不是企业人力资源管理活动保持稳定的充分条件，但是必要条件。如果政府的管理方式和方针政策经常发生变化，那么企业的人力资源管理也必须做出相应的调整，进而会造成企业内部人力资源管理政策的频繁变动，降低人力资源管理的效果。

2. 经济环境

经济环境主要是指一个国家或地区的社会经济体制、经济发展水平、产业结构、劳动力市场结构、物资资源状况、消费水平、消费结构及国际经济发展动态等。在众多的经济环境构成要素中，对组织人力资源管理活动有影响的因素主要是经济体制和劳动力市场状况。

（1）经济体制。经济体制是指一个国家经济运行的具体方式，它集中体现了资源的配置方式。经济体制主要有两种形式：计划经济体制和市场经济体制。在计划经济体制下，资源配置是指国家有计划地直接调配，企业基本没有决定权和控制权。在计划经济体制下，企业人力资源管理方面的决策都是由政府做出的，企业只要按照政府的决定具体实施操作即可；在市场经济体制下，市场是资源配置的主体，企业拥有独立的自主权，政府只对企业进行宏观的调控并不能直接干预企业决策。企业拥有对人力资源管理的权利，可以按照自身战略进行人力资源管理活动。

（2）劳动力市场状况。劳动力市场状况直接影响组织的人力资源规划、员工招聘、薪酬水平和薪酬管理的具体策略。比如，当劳动力供给大于需求时，组织在招聘员工时可挑选的求职者数量增加，更能保证招聘的员工适合岗位需求。再比如，当劳动力供给大于需求时，企业的薪酬水平在保证遵守法律的前提下可以适当调低，以降低企业的用工成本，因为此时企业也不会担心招不到需要的员工，反之则要提高薪酬水平。

3. 法律环境

法律是国家制定或认可的、由国家强制力保证实施的、以规定当事人权利和义务为内容的、具有普遍约束力的社会规范。法律一经颁布实施，任何个人和组织都必须遵守。当前我国能起到强制性行为约束作用的，除了立法机关颁布的法律外，国务院及其各部门所制定的具有法律效力的法规、规定、条例等也在这个范围内。

企业是社会上的一种经济组织，其日常经济活动必须遵守国家有关的法律规定，其内部的人力资源管理活动也要受到国家法律法规的约束。目前在我国，影响企业人力资源管理活动的法律有很多，如《中华人民共和国劳动法》（以下简称《劳动法》）、《中华人民共和国劳动合同法》（以下简称《劳动合同法》）、《中华人民共和国失业保险条例》（以下简称《失业保险条例》）、《中华人民共和国社会保险法》（以下简称《社会保险法》）、《中华人民共和国就业促进法》（以下简称《就业促进法》）和《中华人民共和国妇女权益保障法》(以下简称《妇女权益保障法》)等。

4. 技术环境

技术环境是指一个国家和地区的技术水平、技术政策、新产品开发能力以及技术发展动向等。技术对企业经营的影响是多方面的，企业的技术进步将使社会对企业的产品或服务的需求发生变化，从而给企业提供有利的发展机会；然而，企业的技术进步对于企业经营战略而言产生的一个重要问题是：一项新技术的发明或应用可能又同时意味着"破坏"。技术的发展对人力资源管理的影响主要表现在以下两个方面：

（1）对人力资源管理方式的改变。科学技术发展水平会影响人力资源管理工作方式的方方面面。比如，对于传统的人事管理，员工信息的归档工作量大且不易查阅，当前计算机技术的普遍应用使得员工的档案全部实现了信息化管理，大大减少了人力资源管理者的工作量，提高了工作效率；网络招聘可以使企业以较短的时间、较小的成本获取更多应聘者的信息；员工通过企业网站学习企业的规章制度和各种内部信息，提高了培训的效率，降低了培训成本。

（2）对人力资源需求的影响。技术环境对人力资源需求的影响表现在数量和质量两个方面。科学技术水平低下，企业对于劳动者的数量要求相对较大，尤其是技术含量较低的工种对人力资源的需求量大。随着科技水平的提高，企业内部较为低端的工作由机器承担，企业对技术含量低的工种的需求量相应会减少，而对技术含量高的岗位人员的需求量会增加，比如综合分析类工作或者技术研发类工作等对员工综合素质要求较高，所以对高素质的人力资源的需求量会越来越大。

5. 竞争者

竞争者是那些提供与本企业提供的产品或服务相类似并且所服务的目标顾客也相类似的其他企业。我们也可以将竞争者理解为与本企业争夺同一资源的其他企业。作为第一资源的人力资源也成为竞争者之间互相争夺的对象，竞争者的人力资源管理策略也会影响本企业的人力资源管理决策。比如竞争者的薪酬水平和薪酬结构在某种程度上会直接影响本企业留住和吸引所需要员工的能力。所以，企业在制定人力资源管理政策时一定要做到知己知彼，在充分调查、了解竞争对手人力资源管理策略的基础上制定本企业的人力资源管理策略。

1.4.2 人力资源管理的内部环境

人力资源管理的内部环境（internal environment of HRM）是指在企业系统内能够对人力资源管理活动产生影响的各种因素。由于人力资源是任何企业维持正常活动必不可少的要素之一，人力资源管理也贯穿于企业生产经营的方方面面，因此从这个意义上来讲，构成企业的所有因素都是人力资源管理的内部环境。但是，我们一般从组织战略、组织结构、组织生命周期、组织文化等方面来分析人力资源管理的内部环境。与外部环境不同，内部环境的各种因素都处于企业的范围内，因此企业可以直接影响它们。

1. 组织战略

组织战略是指组织为适应未来环境的变化，对生产经营和持续、稳定发展中的全局性、长远性、纲领性目标的谋划和决策。作为组织经营发展的最高纲领，组织战略对组织内部各项工作都具有重要的指导意义。人力资源管理工作是组织整体管理活动的一个组成部分，其必须服从并服务于组织战略。企业只有将人力资源管理与组织发展紧密结合在一起，其人力资源管理才具有强大的生命力，而组织发展是在战略指导下进行的，因此组织的人力资源管理活动必然会受到组织战略的影响。

2. 组织结构

组织结构是组织的全体成员为实现组织目标，在管理工作中进行分工协作，在职务范围、责任、权利方面所形成的结构体系。它是组织在职务范围、责任、权利方面的动态结构体系，其本质是为实现组织战略目标而采取的一种分工协作体系。组织结构影响着人力资源管理的各项活动。比如，进入20世纪，全球化和信息化程度逐渐加深，组织结构趋向扁平化。扁平化的组织结构对人力资源管理活动提出了更高的要求。扁平化的组织结构会合并或撤销组织内部的一些部门，这就导致组织对人力资源数量的要求越来越低，而对人力资源质量的要求越来越高；在扁平化的组织结构下，员工的工作内容更丰富，权限相对增加，这对组织的员工培训内容提出了新的要求，即由原来的注重工作技能的培训逐渐转变为注重除工作技能之外的组织协调、团队合作等内容的培训。

3. 组织生命周期

组织像任何有机体一样，存在生命周期。1972年，拉里·格林纳（Larry Greiner）提出了组织成长与发展的五阶段模型。他认为，一个组织的成长大致可以分为创业、聚合、规范化、成熟、再发展或衰退五个阶段。每个阶段的组织结构、领导方式、管理体制、员工心态都有其特点。企业生命周期理论的研究目的在于试图为处于不同生命周期阶段的企业找到能够与其特点相适应并能不断促其发展、延续的特定组织结构形式，使得企业可以从内部管理方面找到一个相对较优的模式来保持企业的发展能力，在每个生命周期阶段内充分发挥特色优势，进而延长企业的生命周期，实现自身的可持续发展。所以，在企业不同的生命周期阶段中，其人力资源管理的目标、内容和方式都有所不同。比如，企业在创业阶段面临的生存压力比较大，企业发展的重点是吸引优秀的人才并迅速开拓市场，以谋求生存，与此相对应的人力资源管理的各项职能活动也比较简单。企业生存下来之后，为了扩大经营，需要招聘新的员工进入企业，员工招聘、录用等人力资源管理活动日趋重要。随着员工数量的增加，提高管理的有效性、规范人力资源管理制度成为必然，建立规范的岗位职责、完善的绩效管理体系、有效的薪酬制度等成为人力资源管理的重要工作内容。企业不断发展，逐渐成熟、完善起来，但由于人的惰性和制度的惯性，不可避免地会进入衰退期，这时它面临一个再生需求的危机，即想要继续发展就必须进行新的变革，进入新的一轮发展周期。在这种情况下，企业需要从外部招聘新的管理人员，给企业注入新鲜血液，带来活力；培训与开发需要给员工灌输危机意识，为变革营造良好的环境；绩效管理也要加大对绩效优秀者的奖赏力度和对绩效不良者的惩罚力度，以推进变革。

4. 组织文化

组织文化是指在一定的条件下，组织在活动中所创造的具有该组织特色的精神财富和物质形态。它包括文化观念、价值观念、企业精神、道德规范、行为准则、历史传统、组织制度、文化环境等。其中，价值观念是组织文化的核心。组织文化对于人力资源管理的影响主要表现在对人力资源管理的方式和内容两个方面上。比如组织在招募新成员的过程中，往往会选择个人价值观与组织文化相一致的人作为候选人，而淘汰个人价值观与组织文化相冲突的人。

1.5 人力资源管理概述实训

1.5.1 实训目的

（1）加深理解人力资源管理的概念、作用和职能；
（2）灵活掌握人力资源管理的主要活动内容；
（3）深刻理解人力资源管理各个模块之间的关系，为今后走向人力资源管理岗位奠定基础。

1.5.2 实训背景资料

经过21年的发展，顺丰已经成为国内物流行业的代表性企业，拥有自己的航空公司和全货机，并且是国内员工第二多的企业。一直以来，不管是老板王卫还是顺丰的内部发展，都极具神秘色彩，顺丰也成为行业中其他企业模仿的对象。顺丰向来重视人力资源的建设，而顺丰的发展也和它完善的人力资源制度密不可分。

顺丰在人才选拔时格外谨慎。所有岗位的面试通常都要进行2～4轮，从初试、笔试、复试到岗前体验，需要经过层层筛选。除了一线快递员和分拣员，其他岗位面试合格率往往低于10%。员工入职之后，招聘人员会时时对其进行跟踪，入职3天后，会对其进行新工访谈，入职满一个月后进行2次访谈。入职一个月内，顺丰会组织新员工座谈会。员工离职后，顺丰会在一个月内进行电话回访。对于员工高流失的分点部，人力资源招聘组会协同员工关系组、分点部负责人进行走访，及时地分析问题并给出相应的报告，制定改善措施。在校招方面，顺丰也是不惜下血本，每年校招遍及全国各大高校集中的城市，对于学生的需求量至少在2 000人以上。

顺丰内部的岗位职责划分非常清晰，工作可谓一环套一环。招聘组完成招聘需求之后，所有的新人会集中进入下一个环节，由培训组负责跟进。顺丰对于人才的培训和管理极为重视，总部常年固定承包一些酒店以供培训使用，它的培训在线上、线下同时进行；各分点部除了参加全公司常规的新员工培训、业务技能加强培训外，还不定期举行回炉培训，对于一些业务能力不达标或者专业技能不够的员工进行针对性的培训。顺丰还建立了自己的内部大学，独立开发课程，印制课本，独立开发在线学习系统以及培养专业的讲师团队。

在人才管理方面，顺丰很早就提出了赛马机制，建立了很完善的人才梯队体系。所以顺丰是围绕体系制度来运行的，而非体系跟着人走。在一些其他公司中，一旦重要岗位有变动，立马会给公司带来不可估量的损失，但是顺丰能将这种损失降到最低。一个年产值上亿的地区，总经理说换就换，而且换掉之后人才储备池里的后备总经理一抓一大把，顺丰人才储备量充足，就连最基层的仓管岗位人力储备也是1:2，而且岗位越高比例越大，以保证公司随时有人用。顺丰的人才管理，不仅增强了自己的人才团队，而且让员工自身不断升值，使员工忠诚度越来越高。顺丰大学门口有一句宣传语："谋士如云，将士如雨"，这也印证了顺丰对于人才的重视以及顺丰人才团队的强大。

做好培训和人才管理，是为了让员工不断实现增值，这对员工来说是至关重要的，但是这样还远远不够。有人认为，员工流失无非两个原因：第一是钱给的不到位，第二是干得不开心，所以不仅要留住员工的心，还要留住员工的身，给予他们科学、公平、有竞争性的酬劳，才能更好地留住优秀人才。顺丰员工收入高于同行水平，这是大家众所周知的事情，特别是在北上广深这些一线城市，快递员月收入过万是很普通的事情，特别是每年的11月和12月。大家内部经常开玩笑说，这两个月薪资不过万，出门都不好意思开口。顺丰的企业文化是非常务实和低调的，所以老板或其他管理者既不会给员工画饼，也不会让员工活在宣传口号中，他们会让所有员工脚踏实地地努力工作，给每个人自己所应得的一部分。

顺丰员工的忠诚度很高，而且执行力很强，企业文化就跟老板的性格一样，非常低调又很务实。王卫不会像马云那样激情高昂地演讲，也不像柳传志一样家喻户晓，甚至在百度上很少能找到关于他的照片，但是在顺丰人眼里，王卫就像"神"一样的存在。除了每年的新年寄语之外，内部刊物上很少报道关于老板的新闻。入职十几年的员工，手里拿着"10年服务奖杯"，却没有见过一次老板的面；有些内部员工借出差的机会，在深圳总部大楼底下偷偷地等待半天，就为了能见老板一面，而且还是远距离偷偷地看一下。就是这么神秘、低调的一家公司，员工数已达到33万，而且每年还在以50%的人员净增长率疯狂扩张。外界对顺丰的认识依旧很模糊，只知道它是一家快递公司，正如王卫给所有人的神秘感一样。

外界对顺丰企业文化的褒贬不一，顺丰就像一座围城。外边的人想进去，进去之后却发现很难适应企业的文化；内部员工想出去，出去之后却又觉得难和社会接轨。有人将顺丰形容为"职业经理人的绞肉机"，有人怀疑这样的顺丰还能走多远，而国内某物流专家却说："给你10年时间和30亿元，你也打造不出第二个顺丰"。

这就是顺丰的企业文化和顺丰的人力资源，严格的招聘流程、完善公平的薪酬体系、强大的人才管理和疯狂的培训，最终造就了强大的企业文化。而正是这样的企业文化，使得顺丰成为国内发展最迅速、净利润最高、口碑最好、客户满意度最高、实效性最强和安全性最高的快递公司。顺丰还未止步，它还在地产物流、冷链运输、门店、电商产业园和国际电商以及金融保险等领域大步跨进。未来的顺丰，究竟走向哪里，更值得期待。

资料来源：http://www.360doc.com/content/16/0124/01/22551567_530139590.shtml。

1.5.3 实训任务

（1）什么是人力资源管理？顺丰的人力资源管理者做了哪些具体的工作？

（2）顺丰的人力资源管理有什么特色，它的这些特色与其快速发展之间存在怎样的关系？

（3）我们知道，在国内，顺丰快递最快、最安全，在春节这一重大节日期间，大部分快递都休假了，而顺丰还在收发快递，顺丰给人们带来方便的背后是无数顺丰快递员的辛苦付出，如果你是顺丰的人力资源管理者，你有什么创新的管理措施能够促进快递员更加积极地工作？

1.5.4 实训步骤

1. 个人阅读

课前把案例材料分发给学生，请学生在课下针对实训任务仔细阅读案例，让每位学生针对实训任务深入思考，鼓励学生提出具有创新性的问题。

2. 小组讨论与报告（10～20分钟）

在课堂上，每组5～7人，围绕"实训任务"展开课堂讨论。要求以小组为单位将达成共识的讨论要点或者关键词抄写在黑板上的指定位置并进行简要报告，便于课堂互动。

小组报告的要点或关键

任务1：
任务2：
任务3：
任务4：

3. 师生互动（25～30分钟）

在课堂上，老师针对学生的报告与问题进行互动，同时带领学生对关键知识点进行回顾，并对学生提出的观点进行追问，引发学生对问题做进一步思考，激发学生深度学习。

4. 课后任务

（1）聆听本节微课，深入理解薪酬管理内容；

（2）请同学们自觉在课后进一步查阅薪酬管理的相关理论资料和企业实战案例并进行系统回顾与总结。

复习思考题

1. 人力资源的含义是什么？
2. 人力资源与其他资源相比具有什么特征？
3. 人力资源管理的含义是什么？
4. 人力资源管理的主要职能活动有哪些？
5. 人力资源管理在组织管理中的地位和作用是什么？
6. 影响人力资源管理的因素有哪些？

Chapter 2 第 2 章

组织理论与组织设计

学习目标

1. 掌握组织及组织设计的相关理论；
2. 了解常见的组织结构和组织理论的发展；
3. 明确组织设计的相关因素。

开篇引例 美的集团的构架

何享健于 1942 年出生于广东顺德。1968 年 5 月，他和 23 位居民集资 5 000 元，创办了"北街办塑料生产组"，生产药用玻璃瓶和塑料盖，后来又制作发电机的小配件等。何享健背着这些小玩意走南闯北找市场，培养了异常灵敏的市场嗅觉。

1980 年，美的开始制造风扇，进入家电行业。

1992 年，美的进行股份制改革。

1993 年，美的在深交所上市，成为中国第一家由乡镇企业改组而成的上市公司。

1997 年，美的推动事业部制改革，为集团"二次创业"奠定了坚实的基础。

1999 年，美的在全集团范围内推行员工持股制，促进产权和分配机制改革，使员工与企业形成"命运共同体"。

2001 年，美的完成了公司高层经理人股权收购，进一步完善现代企业制度。

如今美的拥有总资产 90 亿元，累计纳税 30 亿元，美的商标品牌价值达 378.29 亿元。美的空调、压缩机、电风扇、微电机等九大主导产品产销量均居全国前三名。2001 年，美的在中国家电企业综合排名中名列第二。2002 年，美的实现销售收入 150 亿元，出口创汇 3.3 亿美元。2003 年，美的开始进军汽车制造业。2005 年，美的整体实现销售收入达 456 亿元，同比增长 40%，其中出口额超过 17.6 亿美元，同比增长 65%。2007 年，美的整体实现销售收入达 750 亿元（其中海外营收 31.2 亿美元），在揭晓的"2007 年中国最有价值品牌"的评定中，美的的品牌价值已从 2004 年的 201.18 亿元跃升到 378.29 亿元，位居全国最有价值品牌排行榜第七位。2009 年，美的的收入达到了

950亿元，其中出口额突破了34亿美元。2010年，美的销售收入超过1 000亿元，集团提出了"再造一个美的"的宏大目标。2015年，美的进入了全球500强，是中国家电业唯一一家500强公司。2016年，美的的销售收入在1 600亿元左右，其产品销往200多个国家，几乎全世界的每一个角落都有美的的产品。2017年，美的的目标是实现2 000亿元的销售收入，其中1 000亿元来自海外。

资料来源：http://price.ea3w.com/jdbk/jdrw/2444.html，本书采用时略有改动。

2.1 组织设计概述

2.1.1 组织的定义

组织是人与社会联系和沟通的中介，是人类社会普遍存在的社会现象。在原始的狩猎和农耕活动中，人类的先祖就发现集体的力量要远远大于个体的力量，并自然地形成相互协作的、以部落、氏族为代表的组织。我们多数人除睡觉以外的大量时间都是在组织中度过的，组织对人类社会的渗透和影响无所不在，每个人都不能逃避组织对他的影响。组织的影响如此大，因此对组织的认识和对组织的研究，也就成为管理学的基本任务。

像银行、学校、政府机关和食品公司这样各式各样的组织都有着共同的特征。本书用以下定义来描述组织：

组织是指这样一个社会实体，它具有明确的目标导向、精心设计的结构与有意识协调的活动系统，同时又与外部保持密切的联系。

2.1.2 组织的构成要素

组织是一个开放的、具有特定目标的协作系统。结合切斯特·巴纳德、弗里蒙特·卡斯特和詹姆斯·罗森茨韦克对组织要素的研究，我们认为，组织具有开放性、系统性、目的性和协作性的特征。作为系统，组织同时又具有整体性的特征。根据这些特征，我们将组织要素分为：组织环境、组织目的、管理主体和管理客体。这四个基本要素相互结合，相互作用，共同构成一个完整的组织。

1. 组织环境

组织环境分为外部环境和内部环境。组织的外部环境是指组织的成员或群体向组织的外部观察时的视角。任何组织都处于一定的外部环境中，并与外部环境发生着物质、能量或信息等各种交换关系。组织的宏观外部环境有政治环境、经济环境、社会环境、文化环境等；组织的微观环境是指组织的利益相关者所构成的环境，如地方政府、顾客、供应商以及竞争者等。

组织的内部环境是指组织内部的成员或群体之间的关系模式所构成的环境，如结构环境、制度环境以及文化环境等。组织的内部环境必须和外部环境发展相一致。外部环境的发展具有很大的不确定性,组织必须根据外部环境的变化调整内部环境,才能使组织的内外要素相协调。

2. 组织目的

所谓组织目的,就是组织所有者的共同愿望,需得到组织所有成员的一致认同。任何一个组织都有其存在的目的。我们建立一个组织,首先必须有目的,然后制定具体的组织目标。如果没有目的,组织就不可能成立。已有的组织如果失去了目的,就会名存实亡,失去存在的意义。

企业组织的目的,就是向社会提供用户满意的商品和服务,从而获得尽量多的利润。政府行政部门的目的是提高办公效率,更好地为广大市民服务。

3. 管理主体和管理客体

组织的构成要素应当是相互作用的或者说是耦合的。在组织中,两个相互作用的要素是管理主体和管理客体。管理主体是指具有一定的管理能力、相应的权威和责任,从事现实管理活动的人或机构,也就是通常所说的管理者。管理客体是在组织的管理过程中所能预测、协调和控制的对象。管理主体与管理客体之间的相互联系和相互作用构成了组织系统及其运动,这种联系和作用是通过组织这一形式实现的。管理主体相当于组织的施控系统,管理客体相当于组织的受控系统。组织是管理主体与管理客体依据一定的规律相互结合,且具有特定功能和统一目标的有序系统。

在管理的过程中,管理主体领导管理客体,管理客体实现组织的目的,而管理客体对管理主体又有反作用,管理主体根据管理客体对组织目的的完成情况,相应调整自身的行为。它们通过这样的相互作用,形成了耦合系统,从而更好地实现组织的目的。

2.1.3 组织的使命、愿景

组织的总目标通常称为使命,即组织存在的原因,陈述了组织的愿景、共享的价值观和信念,它对组织具有强有力的影响。使命有时又称官方目标,是对组织想要实现的结果和业务范围的正式说明,同时也限定了企业的业务经营活动。使命侧重于强调组织的价值观及其市场和客户等,体现了组织的根本目的,既反映了外界社会对本组织的要求,又体现了组织的创办者或高层领导人的追求和抱负。很多企业通常都会把有关组织的目的和理念写入组织的政策手册或者年度报告中。如图2-1所示,CVS健康集团的使命说明书说明了它的总目标和价值观。

组织的可持续成长与发展,必须依赖以下两个方面:一是可持续发展的理念依据,即使命与愿景;二是可持续发展的客观依据,即市场与客户。所谓使命,就是组织存在的理由和价值,即回答为谁创造价值,以及创造什么样的价值。所谓愿景,最早由美国著名的管理学家和组织行为专家彼得·圣吉在其著作——《第五项修炼》中提出,即愿景就是组织渴求的未来状态,回答组织在未来将成为什么样的问题。

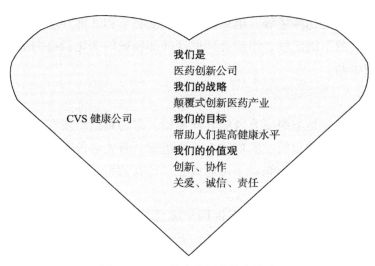

图 2-1　CVS 健康集团的使命描述

2.1.4　组织战略

组织中存在多种类型的目标，每种目标又有不同的作用。企业为了取得成功，将其组织目标和战略常常聚焦在战略意图上。战略意图意味着组织将所有的精力和资源都用在重要的、统一的以及备受关注的总体目标上。微软公司早期的战略为"让每一个家庭的桌子上都有一台电脑"，可口可乐公司的战略为"让全世界的人都喝可口可乐"，这些都是组织战略意图的典型例子。战略意图是企业的动力之源，能够为企业带来情感和智能上的双重能量，使企业迈上未来的成功之旅。

"竞争战略"是由当今全球第一战略权威人士，被誉为"竞争战略之父"的美国学者迈克尔·波特（Michael E. Porter）于 1980 年在其出版的《竞争战略》（Competitive Strategy）一书中提出的。波特研究了大量商业组织，提出了一个描述竞争战略的框架：成本领先战略、差异化、集中化。

雷蒙德·迈尔斯和查尔斯·斯诺在企业战略研究中从另一个角度对战略进行了分类。他们的分类模型建立在这样的认识基础上，即管理者都试图制定出与外部环境相匹配的企业战略。组织要设法保持内部组织特征、战略与外部环境相适应。组织可采用的四种战略是：探索型战略、防御型战略、分析型战略和反应型战略。

2.1.5　组织理论的内容

组织理论是指人类在社会组织活动中按一定形式安排事务的理论，是对组织发展过程中基本经验与基本规律的系统概括与理性分析。它一方面是组织发展过程中不断积累与深化的经验性认识，另一方面又是指导组织实践的行动指南。

组织理论根据研究方向不同，包括如下内容：组织的目标、价值系统、组织结构；正式组织与非正式组织及其关系；组织成员的激励、沟通与控制过程；权力、职权与影响；群体行为和个体行为；管理策略和技术；系统组成部分及其相互关系；组织与环境的平衡；组织的稳定与发展等。总之，组织理论研究组织的生存、适应和发展，综合了行政学、政治学、社会学、人类学、社会心理学、哲学、经济学等多种学科的研究成果。

组织理论可以让管理者理解组织是怎么运行的，从而使管理者更有才能、更有影响力。对组织的研究可以帮助人们看到和理解别人看不到与理解不了的问题。组织理论提供思想、理念、思维方式，并且帮助管理者有效地指导他们的组织。当老的方法不再奏效时，组织理论可以帮助管理者了解其中的原因并且找到适应环境变化的新方法。

2.1.6 组织结构与形式

现今，随着科技的发展和各种各样的生产活动的出现，组织显得越发重要。大到一个国家，小到一个小组，若想要合理地运行并获得结果，都需要为组织内的成员进行工作分配。这时我们就需要通过组织结构来划分成员的工作内容，只有这样，组织才能将工作合理、高效地完成。

组织结构（organizational structure）是指对工作任务如何进行分工、分组、协调，是表明组织各部分的排列顺序、空间位置、聚散状态、联系方式以及各要素之间相互关系的一套形式化系统，是整个管理系统的"框架"。组织内各成员的互动模式，例如合作、竞争和冲突等，在一定程度上都会受到组织结构的影响。

组织结构的本质是为实现组织战略目标而采取的一种分工协作体系，它必须随着组织的重大战略调整而调整。合理的组织结构可以清楚地界定每个组织成员的权责角色，使组织的工作效率提高，组织的整体表现更出色。反之，若组织的结构与其管理之间出现脱节，则会导致决策延误、应变失误、成本高涨及士气低落等各种问题。

1. 直线制

直线制是一种最早出现的，也是最简单的组织形式。它的特点是：企业各级行政单位从上到下实行垂直领导，下属部门只接受一个上级的指令，各级主管负责人对所属单位的一切问题负责。一切管理职能基本上都由行政主管自己执行，这就要求管理者（尤其是企业的最高管理者）是"全能式"的人才。

直线制组织结构的优点是：结构比较简单，责任分明，命令统一。其缺点是：它要求行政负责人通晓多种知识和技能，亲自处理各种业务。在业务比较复杂、企业规模比较大的情况下，把所有管理职能都集中在最高主管一人身上，这显然是不可能的。因此，直线制只适用于规模较小、生产技术比较简单的企业，不适用于生产技术和经营管理比较复杂的企业。

2. 职能制

职能制组织结构是指用按职能实行专业分工的管理办法来取代直线结构的全能式管理者，各级行政单位除主管外，要相应地设立一些职能机构，下级既要服从上级主管人员，也要听从上级各职能部门的指挥。这种结构要求主管把相应的管理职责和权力交给相关的职能机构，这样各职能机构就有权在自己的业务范围内向下级行政单位发号施令。

职能制的优点是：可以适应现代化工业企业生产技术比较复杂、管理工作比较精细的特点；可以充分发挥职能机构的专业管理作用，减轻主管的工作负担。但它也有很明显的缺点：形成了多头领导，对必要的集中领导和统一指挥形成障碍，不利于建立与健全各级管理人员和职能科室的责任制。除此之外，当上级行政领导和职能机构的指导与命令发生矛盾时，下级将无所适从，这会影响工作的正常运行，容易造成纪律松弛、秩序混乱的结果。

3. 直线－职能制

直线－职能制，也叫生产区域制或直线参谋制。它是在直线制和职能制的基础上，吸取这两种形式的优点、弥补其缺点而建立起来的。

直线－职能制的优点是：在保证直线统一的前提下，充分发挥专业职能机构的作用。其缺点是：职能部门之间的协作和配合性较差，职能部门的许多工作要直接向上层领导报告请示才能处理，在加重了上层领导的工作负担的同时也带来了办事效率低等问题。为了克服这些缺点，组织可以设立各种综合委员会或建立各种会议制度，以协调各方面的工作，起到沟通作用，帮助高层领导出谋划策。

4. 事业部制

事业部制最早是由美国通用汽车公司总裁斯隆于1924年提出的，故有"斯隆模型"之称，也叫"联邦分权化"，是一种高度（层）集权下的分权管理体制。它适用于规模庞大、产品种类繁多、技术复杂的大型企业，是国外较大的联合公司所采用的一种组织形式。

事业部制是分级管理、分级核算、自负盈亏的一种形式，即一家公司按地区或按产品类别分成若干个事业部，从产品的设计、原料采购、成本核算、产品制造，一直到产品销售均由事业部及所属工厂负责，实行单独核算，独立经营；公司总部只保留人事决策、预算控制和监督大权，通过利润等指标对事业部进行控制。

5. 矩阵制

在组织结构上，我们把既有按职能划分的垂直领导系统，又有按产品（项目）划分的横向领导关系的结构，称为矩阵制。

矩阵制组织是为了弥补直线职能制横向联系差、缺乏弹性的缺点而形成的一种组织形式。矩阵制的优点包括：机动、灵活，可随项目的开发与结束进行组织或解散；由于这种结构是根据项目组织的，任务清楚，目的明确，各方面有专长的人都是有备而来的。因此，在新的工作小组里，成员能沟通、融合，能把自己的工作同整体工作联系在一起，为攻克难关，解决问题而献计献策，并且由于从各方面抽调来的人员有信任感、荣誉感，增加了责任感，激发了工作热情，促进了项目的完成；不同部门之间的配合和信息交流得以加强，克服了直线制组织中各部门互相脱节的现象。

矩阵制的缺点包括：项目负责人的责任大于权力，因为参加项目的人员都来自不同的部门，隶属关系仍在原单位，只是为"会战"而来，所以项目负责人在管理方面存在困难，没有足够的激励手段与惩治手段，这种人员上的双重管理是矩阵结构的先天缺陷；由于项目组成员来自各个职能部门，当任务完成以后，仍要回原单位，因而对工作有一定的影响。

6. 超事业部制

20 世纪 70 年代中期，出现了事业部制的变种——超事业部制（又叫作"执行部制"）。随着大企业的迅速扩张，事业部越来越多，在事业部制组织结构的基础上，在组织最高管理层和各个事业部之间增加了一级管理机构，负责管辖和协调所属各个事业部的活动，使领导方式在分权的基础上又适当地集中。这样做的好处是可以集中几个事业部的力量共同研究和开发新产品，可以更好地协调各事业部的活动，从而能够增强组织活动的灵活性。

超事业部制可以更好地协调各事业部之间的关系，甚至可以同时利用若干个事业部的力量开发新产品；可以减轻公司总部的工作负荷，强化对各事业部的统一领导和有效管理。但是，超事业部制增加了需要配备的人员和支付的各项费用。超事业部制对规模很大的公司尤为适用。

7. 团队结构

团队结构是指团队成员的组成成分，是团队协调、协作、协同工作的基础，因此团队的组织结构在队形保持中起着重要的作用。团队是由一群背景不同、技能不同及知识不同的人员组成的，通常组成的人数比较少。团队里的人来自组织中的不同部门，组成团队后，他们共为某项特殊的任务而工作。

团队结构的特点在于：

（1）打破部门界限，并把决策权下放到团队成员，要求成员既是全才又是专才，团队负责活动的全部责任。

（2）适合于组织中具有特定的期限和工作绩效标准的某些重要任务，或者任务是独特的、不常见的，需要跨职能界限的专门技能。

（3）是对官僚结构的补充，既提高了标准化的效率，又增强了灵活性，是一种自我管理的团队。

团队结构的两种方式分别为：一是小型组织，以团队作为整个组织形式；二是大型组织，以团队结构作为正规化结构的补充，以弥补正规化结构的僵化和刻板。

2.2 组织结构设计和体系设计的要素

2.2.1 组织结构设计

组织通常会围绕工作专业化、部门化、管理宽度与组织层次、指挥链、集权与分权、正规化来进行结构设计，通过对这些要素的优化或修改，提升组织对内外环境的适应性。

1. 工作专业化

工作专业化（specialization of task/work specialization）是指组织把工作任务划分成若干步骤来完成的细化程度。组织把一项工作分成几个步骤，这些步骤规定了执行者要做什么。通俗地说，工作专业化就是一个人并不承担一项工作的全部，而只是完成某一步骤或某一环节的工作。

实行工作专业化，有利于提高组织的培训效率。对于具体的、重复性工作，组织易于挑选员工，成本也较低。对于高度精细和复杂的操作工作，组织则需要挑选具备专业知识技能或一定学习能力的员工，同时培训成本高，培训难度大。组织在遇到这类问题时应该考虑员工是否适合这项培训的内容，同时还要考虑是否与公司的发展战略相匹配。

2. 部门化

部门是指组织中管理人员为完成规定的任务有权管辖的一个特定的领域。部门化（departmentalization）是将若干职位组合在一起的依据和方式。它是将组织中的活动按照一定的逻辑划分为若干个管理位，其目的是确定组织中各项任务的分配以及责任的归属，以求分工合理、职责分明，实现组织的目标。

在实际工作中，任何组织很少根据一个标准来划分部门，而是同时采用两种或两种以上的部门化方式，形成组合式的组织结构。例如大学里设置的教务处、科研处、财务处等部门是按照职能划分的，而本科生部、硕士生部、博士生部等是按照"产品"划分的。

3. 管理宽度与组织层次

管理宽度又称"管理跨度"或"管理幅度"，是指管理人员有效监督、管理的直接下属的人数是有限的。若超过一定的限度，管理的效率可能会下降。因此，管理人员要想有效地领导下属，就必须考虑能有效管辖多少直接下属的问题，即管理宽度。若超过了管理宽度，这时组织就必须增加一个管理层次（administrative levels）。这样，组织可以通过委派工作给下一级主管人员以减轻上层主管人的负担，如此往复，就形成了有层次的结构。

较大的宽度意味着较少的层次，较小的宽度意味着较多的层次。层次的增加意味着要配备更多的管理者，管理者又需要一定的设施和设备的支持，同时管理人员的增加又加大了协调和控制的工作量，这些都意味着费用的不断增加。另外，随着管理层次的增加，沟通的难度和复杂性也将加大。一道命令经由层次自上而下传达时，难免会产生曲解、遗漏；由下往上的信息流动同样也困难，存在扭曲和速度慢等问题。随着层次和管理者人数的增多，控制活动会更加困难，但也更为重要，因此需要管理人员具备一定的管理能力。

4. 指挥链

指挥链（chain of command）是一条权力链，表明组织中的人是如何相互联系的，以及谁向谁报告。指挥链涉及两个原理：统一指挥（unity of command）和阶梯原理（the scalar principle）。统一指挥涉及谁对谁拥有权力，阶梯原理则涉及职责的范围。因此，指挥链是决定权力、职责和联系的正式渠道。

指挥链影响着组织中的上下级之间的沟通。按照传统的观念，上级不能越过直接下级向两三个层次以下的员工下达命令，反之亦然。现代的观点则认为，当组织相对简单时，统一指挥是合乎逻辑的。在一些情况下，成员严格遵循统一指挥可能会造成某种程度的不适应，降低组织效率。只要组织中的每个人对情况都知情，越级下达命令或汇报工作并不会给管理带来混乱，而且还能够使组织氛围更加健康，员工之间更加信任。

5. 集权与分权

集权和分权是一个相对的概念。集权是指决策权在组织系统中较高层次的一定程度的集中。在组织管理中，集权和分权是相对的，绝对的集权或绝对的分权都是不可能的。

我们衡量一个组织的集权或分权的程度，主要有下列几项标准：

（1）决策数量。组织中较低管理层次做出的决策数目越多，则分权的程度就越高；反之，上层决策数目越多，则集权程度就越高。

（2）决策范围。组织中较低层次决策的范围越广，涉及的职能越多，则分权程度越高。反之，上层决策的范围越广，涉及的职能越多，则集权程度就越高。

（3）决策的重要性。如果组织中较低层次做出的决策越重要，影响面越广，则分权的程度越高；相反，如果下级做出的决策越次要，影响面越小，则集权程度就越高。

（4）对决策控制的程度。对于组织中较低层次做出的决策，上级要求审核的程度越低，分权程度越高；如果上级对下级的决策根本不要求审核，分权的程度最大；如果做出决策之后必须立即向上级报告，则分权的程度就小一些；如果下级必须请示上级之后才能做出决策，则分权的程度就更小。总之，下级在做决策时需要请示或照会的人越少，其分权程度就越大。一些历史悠久、根基稳固的组织一般倾向于采取集权。

6. 正规化

正规化即规范化，是指有关工作的方法及程序具体化和条文化的程度。一种工作的正规化程度越高，表示从事该工作的人对工作内容、时间、手段的自主权越低；员工被期望以完全相同的方式工作，以保证其工作结果的稳定与产出一致。当工作的正规化程度低时，工作行为相对不固定，员工对自己工作的处理权限也比较大。

2.2.2 组织体系设计的外部因素

1. 组织级制造技术类型

英国的工业学家琼·伍德沃德（Joan Woodward）是制造业技术研究的开拓者。她通过对 100 家制造业组织进行调研，搜集了关于制造业组织的组织结构、管理方法、经营绩效以及制造流程的数据。根据这些数据，伍德沃德按照组织制造技术的复杂程度对制造业组织进行了分类。其中，技术复杂性是指制造过程中采用机械化生产的程度。技术复杂性越高，机械化程度越高，反之机械化程度越低，伍德沃德提出了制造业组织的三种基本技术类型，按照技术复杂性的排列由低到高分别为（见图 2-2）：单件小批量生产（small batch production）、大规模生产（large batch production）以及连续生产（continuous process production）。

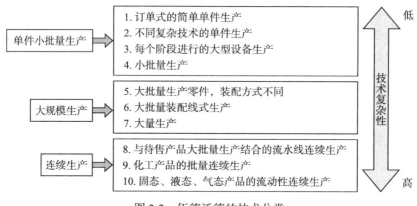

图 2-2　伍德沃德的技术分类

2. 组织级服务技术

（1）服务技术的特性。服务业组织的目标不同于制造业组织的目标，因为它是通过提供服务来实现其总目标的，其产品是无形的。如表 2-1 所示，服务业组织的技术与传统制造业的技术非常不同，深入理解服务业技术的特点有助于更好地调整组织战略、结构和工作流程，做好服务业组织的设计。

表 2-1　服务业组织的技术与制造业组织的技术的差异

服务业组织的技术	制造业组织的技术
无形的产品	有形的产品
消费与生产同时发生	产品可以储存后消费
劳动和知识密集型	资金密集型
与顾客有很强的互动	很少与顾客直接互动
人的因素至关重要	人的因素可以不太重要
质量能够被感知，但不宜度量	质量可以用标准度量
快速响应	可以存在较长的反应时间
机构地点选择非常重要	机构地点选择的重要程度适中

一直以来，服务业都偏向于按照顾客的想法和需求提供服务，即一种定制化的产出。但制造业技术的大规模定制变革，使得越来越强调个性化和多样化的社会需求飞速增加，也对服务业的定制服务以及服务质量改进产生了进一步的要求。服务业组织必须利用包括信息技术等在内的一切手段来满足顾客需求。在信息技术等的推动下，现代服务业出

现了新的趋势，也必然出现更适合的技术。不同于过去以生活消费服务为主的传统服务业，现代服务业开始转向生产消费服务。随着服务业的转型，知识密集型服务业组织所占的比重加大，地位日益重要。服务业的技术也在发生改变，逐渐向密集型技术靠拢。

（2）服务业组织的设计。服务技术的特点对组织结构和控制系统的显著影响在于要求技术核心雇员与顾客保持密切的关系。服务业组织与制造业组织之间的差异性表明，表2-2中的顾客联系是必要的。

对服务技术性质的认识有助于管理者将那些与产品基础或传统制造技术不同的战略、结构和管理过程结合起来。此外，如前面所提到的，制造业正在把重点放在服务上，管理者能够运用这些概念和思想来强化公司的服务导向。

表2-2　服务业组织和制造业组织的构成与结构特点

结构	服务	产品
1. 分离的边界作用	少	多
2. 地域性分布	多	少
3. 决策	分权化	集中化
4. 规范化程度	较低	较高
5. 雇员技能水平	较高	较低
6. 技能重点	人员相互间	技术

3. 部门级技术

这里我们将转向部门层级，因为不是每一个部门都是技术核心部门，但组织中的每一个部门都含有由独特技术组成的生产过程，如通用汽车设有工程、研究与开发、人力资源、广告、质量控制、财务及其他许多职能部门。

（1）部门技术类型：查尔斯·佩罗（Charles Perrow）提出了对理解部门技术具有重大影响的框架。他的模型对较大范围的技术是有用的，并使深入研究部门活动成为理想的方法。

佩罗提出的考察技术的两个维度和各类部门活动的示例如图2-3所示。他将任务多样性和可分析性两个维度结合起来，在此基础上区分出四种主要类型的技术：常规技术、手工技术、工程技术和非常规技术。

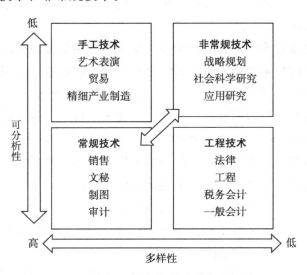

图2-3　部门级技术分析框架图

①常规技术。使用常规技术的任务可分析性很高，但多样性较低，一般采用规范、程序化的方法完成。这通常是指一些经常发生、没有太多例外且其处理方法明确可循的事件，如一些行政事务的处理，重复性高的采购、销售及审核等程序。

②手工技术。手工技术的特点是不可分析且任务稳定。手工技术通常涉及一些简单的任务，没有太多复杂的问题需要处理，不过由于可分析性低，对于人的素质要求很高，需要经验与培训。尽管机械技术的发展似乎已使组织中手工技术的数量减少，但是这类技术依然存在，多存在于设计、艺术创作中。

③工程技术。使用工程技术的任务一般比较复杂，且具有很高的多样性，但同时任务的可分析性也很强，这就可以实现任务的分解，使用标准、规范的方法按照既定的范式和流程去操作。这包括一些工程、会计、财务、税务、法律等相关事务的处理，这类任务虽然会遇到许多未曾出现过的问题，但是能够依赖现有的规章、准则，加以分析、推理，予以解决。

④非常规技术。非常规技术适用的任务可分析性低，任务多样性程度高，必须根据每项任务的特点进行分析、讨论，形成适合特定问题的解决方法。对于完成这类任务而言，经验和知识是必需的，还需要大量的时间和精力。这类技术通常存在于组织战略规划、组织变革等中高层管理工作中。

（2）部门设计：部门的整体结构可以概括为有机式的或者机械式的，常规技术往往与机械式的结构和过程相关联，这样的部门具有正式的规则和刻板的管理程序；与非常规技术相联系的是有机式结构，部门管理富有灵活性和流动性。正规化、集权与分权、员工的技术熟练程度、管理幅度、沟通与协调方式等设计特征都依各部门技术的不同而各异。

①正规化。对于采用常规技术的部门来说，其特征是标准化程度高，劳动被划分为细小的部分，并由正式的规则和程序来规范。对于非常规技术来说，部门结构的特征是低正规化、低标准化。如果部门技术多样性很高，比如研究部门，则很少会有什么活动可以遵循某种正规的程序。

②集权与分权。常规技术中有关工作活动的绝大多数决策都由管理部门做出。而在工程技术类部门中，受过技术培训的员工通常享有中度的决策权，原因是技术知识对任务的完成起着重要的作用。而在手艺技术中，拥有长期实践经验的生产工人享有决策权，因为他们知道如何对问题做出反应。在非常规技术条件下，员工的分权程度是最高的，其突出表现是许多决策都是由员工做出的。

③员工的技术熟练程度。常规技术部门中的工作人员通常并不需要接受很高的教育或具有丰富的经验，这是与其重复性的工作活动相一致的。在多样性高的工作单位中，工作人员的技能比较熟练，经常要在技术学校或大学里接受正规的培训。对于可分析性低的手艺工作来说，员工往往通过工作获得相关技能。而非常规技术类的活动，则既需要有正规的教育，也需要具备工作经验。

④管理幅度。管理幅度是指直接向一个管理者或监督人员报告工作的属员的数目。

这个结构特征通常受到部门技术的影响，越是复杂、非常规的任务，主管人员要介入其中予以解决的问题就越多，管理幅度就越窄。尽管管理幅度还受其他诸如员工技术熟练程度等因素的影响，但是，复杂性高的任务中管理幅度通常应窄一些。这是因为对于这种任务，主管人员与部属间应该保持频繁的接触。

⑤沟通与协调方式。沟通的频率随着任务多样性的增强而提高。经常出现问题的单位需要更多地共享信息，以便于解决问题，确保工作活动的完成。一般说来，在非常规技术类单位中，沟通的方向通常是横向的，而在常规技术类单位中，沟通的方向多数是纵向的。沟通的方式也随任务可分析性程度的不同而变化，在任务可分析性高的情况下，统计的和书面方式的沟通（如备忘录、报告、规则和程序等）更为常用。在任务的可分析性低的情况下，信息通常是通过面对面的方式交流的，如打电话或召开小组会议等。

4. 组织环境的影响

环境是由若干方面组成的，每个方面又是具备相似要素的外部环境子系统。对于任何组织而言，其环境领域都涉及以下 10 个方面：行业、原材料、人力资源、金融资源、市场、技术、经济形式、政府、社会文化以及国际环境。

任何组织要实现生存与发展的目的，都需要从外部环境中取得必要的能量、资源、信息，例如人力、财力、物力和有关信息等，并对这些输入进行加工、处理，然后将生产出来的产品与劳务输出给外部环境。组织与外部环境间的关系表现为两个方面：其一，环境对组织的作用；其二，组织对环境的适应。

环境是如何影响组织的？总的来说，环境对组织的影响有两种基本方式：对环境信息的需要和环境资源的需要。复杂多变的环境条件，造就了组织对信息收集以及基于信息做出反应的强烈的需要。另外，组织也关心稀缺的物资和金融资源，因此存在保证资源供应的需要。

外部环境会因变化程度和复杂程度的不同而呈现出不同的状态。接下来，我们要面对的问题就是：如何设计组织结构，使其适应不同类型的环境不确定性？面临不确定性环境的组织通常更倾向于采用横向型组织结构，从而鼓励跨职能沟通和合作，以帮助组织适应外部环境。

2.2.3 组织体系设计的内部因素

1. 组织规模

（1）大规模：大企业往往是以一种模式化甚至是机械化的方式运作，并且呈现出高度的复杂性。复杂性意味着组织中有大量的职能专家，他们能完成复杂的任务，生产出复杂的产品，提供精致的服务。此外，大型组织一旦发展成为运行稳定的机构，就能在市场上持续生存很多年。管理者乐于加入这样的组织并预期自己获得像 20 世纪五六十年代的"组织者"那样的职业生涯。这样的组织可以为员工提供稳定的就业机会以及广阔的发展前景。

（2）小规模：一种对立的观点认为小的就是美的。该观点主张在全球化竞争的时代要能在瞬息万变的市场中保持灵活性和应变能力。小型组织在快速应对顾客投诉及环境和市场的条件时会显示出巨大的优势。另外，小型组织由于规模小，员工更容易融入自我，所以组织会获得更高的组织承诺和忠诚度。目前，绝大多数服务性公司仍然保持着较小的规模，以加强其对市场和顾客的应变能力。小型组织实行的是一种扁平化的结构和机动灵活的管理风格，因而有助于激发创新精神和创造力。当今领先的生化药品几乎都是由小企业开发出来的。除此之外，员工在小企业经营中的个人高度参与感也极大地激发了他们的工作积极性和对企业的全身心投入。这些企业的员工已认同了公司的使命。由此可见，公司的规模铺得太大并不能获得想象中的快速发展，组织规模的大小问题值得我们思考。

（3）大规模与小规模的混合体：强调分权化和减少层级，这样开发出来的新的组织形式使企业比以往更容易同时兼具大企业和小企业的特点，从而获得两类组织各自的优势。这种转变可以从美国的军队身上看到，例如，今天的"反恐战争"绝不同于第二次世界大战那样使用大量由军方高层指挥的士兵，而是采用分权化的决策同时依靠拥有高技能的小股作战力量来获得及时的信息。大企业找到了不同的方法来同时实现大型组织和小型组织的优势。

2. 组织生命周期

（1）生命周期演进的阶段："生命周期"这一概念为研究组织的成长和变化提供了一个便捷的思路。生命周期是指一个组织的诞生、成长直至最后消亡的过程，包括创业阶段、聚合阶段、正规化阶段、精细化阶段。随着组织向生命周期的下一阶段演进，其结构、领导风格及管理系统都会演变为一种可预见的模式。

（2）企业生命周期各阶段的组织特征：组织规模大小的问题源于我们对组织成长的认识。很多组织迫于市场生存和竞争的压力，需要扩大规模。我们可以用表2-3来总结四个阶段的组织特征。

表2-3 生命周期四个阶段的组织特征

特征项	创业阶段	聚合阶段	正规化阶段	精细化阶段
结构	非正规的，一人全权指挥	基本非正规的，有一些程序	正规化程序，劳动分工，设立职能部门	行政式机构内的团队工作，小企业思维
产品或服务	单一的产品或服务	以一种主导产品为主，有些变异	形成一个系列的产品或服务	多个系列产品或服务
激励或控制系统	家长式作风	人格化的，但开始强调贡献	非人格化的，通过规范化的制度	广泛、多方面的，与产品或部门情形相适应
创新力量	作为所有者兼管理者的个人	管理者和一般员工	独立的创新小组	制度化的研发部门
目标	生存	成长	内部的稳定和市场扩张	获得声望，形成完善的组织
高层管理风格	个人主义的，具有创业精神	极具魅力的方向指引	控制之下的授权	团队式，抨击行政式机构

2.3 组织文化与创新

2.3.1 组织文化与价值观

1. 组织文化的含义

组织文化是一个组织中为所有成员所共享并作为标准传递给新成员的价值观、信念和思维方式的总和。它代表组织中不成文的部分。每个组织成员都参与到组织文化中，并受其影响，但这种影响常常不为人察觉。只有当组织试图推行一些与组织行为规范和价值观相悖的战略或方案时，文化的力量才会被组织成员深切地感受到。组织文化是组织的重要组成部分，对于组织成员对事物的看法和对周围环境的反应起重要的决定作用。当组织行动时，组织文化约束了组织成员的行为，并为组织成员采用的行动提供方向性的指导。

组织文化作为一个完整的体系，其基本要素可划分为三个部分，即组织精神、组织价值观和组织形象。

以上三个部分在组织文化体系结构中处于不同的地位。组织精神和组织价值观是抽象的，是组织文化的深层次内涵。组织形象是具体的、直观的，是组织文化的表层反映。外在的、可被观察到的组织形象折射出组织文化的精神和价值观。表层文化由深层文化决定。

2. 组织文化的作用

组织文化在组织中发挥两大重要的作用：一是实现组织的内部整合；二是提高组织的外部适应性。

（1）实现组织的内部整合：组织文化为组织树立一种集体价值观，引导组织成员产生组织认同感，指导组织成员的沟通方式及工作行为，并且决定组织中的权力格局。这些成为组织实现内部整合的基础和前提。组织文化的内部调整作用，包括自我凝聚、自我调节和自我完善。

①自我凝聚。组织文化通过培养组织中成员的归属感与认同感，加强组织与其成员之间的联系，将个人与组织有机统一，凝聚成一个整体，使组织成员为了组织目标而共同努力。组织文化的这种凝聚功能，正是促进组织不断发展壮大的强大动力。

②自我调节。组织文化是组织成员共同认可的价值观，它会不断渗透和内化个人价值观，进而从根本上改变成员的旧价值观，以一种软管理的方式，使之与组织的行为保持一致，对组织成员的行为具有修正、调节作用。

③自我完善。组织文化并非一成不变，而是组织在不断发展的过程中，逐渐沉积下来的、经过淘汰和强化的理念。随着组织的进一步发展，组织文化不断更新、丰富与升华，积极的组织文化又进一步推动组织的发展。组织文化是一个自我完善的良性循环，并且在组织中具有持久的历史延续性，并不会因为组织成员的变动而立即发生变化。

（2）提高组织的外部适应性：组织的外部适应性是指组织达成目标的方式及如何处理与外部环境的关系。组织文化在组织成员中建立了一种行为规范，不仅能指导组织成员的工作活动以达成既定目标，而且能促进组织对外部环境的变化做出快速的反应，如顾客需求和竞争对手行为等。组织文化为组织与外部环境的沟通提供了途径，通过长期作用，逐渐加强组织与社会的联系，提高组织对外部环境变化的适应性。

3. 组织文化的产生

组织文化的形成并不是一蹴而就的，而要经历一定的演变过程，并与组织生存的环境以及组织自身的发展密切相关。一个组织在其生存与发展过程中，必然会形成某种共同的观念、价值观和行为准则，从而构成了组织文化。

组织文化也不是一成不变的。组织文化通常源自组织创始人或者早期领导者的积极倡导。他们的理念或者价值观表达出来并且获得成功之后，在组织中逐渐制度化，形成反映组织创始人或领导者愿景和组织目标的组织文化。在组织不断发展的过程中，面对市场和环境的迅速变化，组织文化通过吸收集体的智慧，不断补充、修正，从而完善和丰富自身，以便更能适应组织的生存发展。一个良好的组织文化必然是不断进步的。

4. 组织文化的类型与组织结构

组织文化应该与组织的战略、结构和环境相匹配，这样的组织文化才是积极的，才有助于提高组织的绩效。对于组织文化与组织结构，我们可以从多个维度进行分析，这里，我们主要分析两个特殊的维度：一是竞争环境所要求的灵活性或稳定性程度；二是战略焦点是集中在内部还是外部。根据这两个维度，我们可以将组织文化分为四种类型，分别为适应型文化、使命型文化、团体型文化和行政机构型文化。此外，本节还特别介绍了另外两种类型的组织文化，即灵修组织文化和内部创业型组织文化。

（1）适应型文化：适应型文化的特点是组织战略焦点集中于外部环境且灵活性高。适应型文化通过提高自身灵活性、进行变革来适应外部环境的变化。适应型文化提倡组织加强对环境的适应能力，但它并不只是对环境变化做出快速反应，而是积极地创造变化，鼓励革新、创造和风险。

如今，公司迎来了 80 后、90 后员工，有些企业管理者开始患上 80 后、90 后管理恐惧症。因此，为适应 80 后、90 后员工的个性化发展需要，企业 CEO 及管理层必须顺势转变管理理念和公司文化，建立起一套适应 80 后、90 后个性和未来职业发展的企业文化。

中国网通公司在这方面的做法值得借鉴。其员工基本上出生于 20 世纪 70 年代末和 80 年代初，平均年龄不到 40 岁。一方面，它要做好员工的职业指引，即入职前做一个月的封闭式培训，接着采取轮岗方式进行半年的工作体验式学习，再区分他们的职业倾向；另一方面，它要营造信任、进取、热情和争创业绩的组织氛围，建立起沟通渠道和工作坊，让员工各抒己见、快乐工作。因此，即使中国网通公司的员工不用打卡考勤，也很少有人迟到，而且离职率仅有 3%。这自然要归功于该公司能及时意识到年轻一代的个性转变及对公司文化转轨的内在诉求，能顺应外界环境的变化，建立起一套符合员工特点和适应人才市场环境的企业文书，为企业的未来发展奠定良好的基础。

（2）使命型文化：使命型文化的特点是组织战略聚焦于外部，但环境稳定性高。它更适于那些关注满足外部环境中特定顾客的需求而无须反应迅速的组织。拥有这种文化的组织对外部环境的变化保持高度关注，但并不需要做出快速的反应。使命型文化强调对组织目标要有清晰的认识，通过销售额增长、盈利能力和市场份额的提高来促进组织目标的实现。管理者可以通过设定组织预期状态来引导员工的行为。

古井贡酒是中国八大名酒之一，其生产者古井酒厂是以名优白酒生产为龙头，致力于多元化经营和国际化发展、集科工贸为一体的大型集团公司。古井集团在从一个传统的手工酿酒作坊向多元化经营的企业集团发展的过程中，以"效忠古井、业绩报国"为使命，树立了"敢为人先"的古井精神，通过"两场效应"管理法，走出了一条"名牌、名企、名人"的发展道路，培育了独具特色的"以人为本、天人合一"的古井文化。2013 年，古井人秉承缔造"中华第一贡"的"贡献文化"，以酿造中国最好的酒、提供最好的产品和服务、让消费者乐享生活作为企业的使命。从贡酒到贡献，从共享到共赢，是古井人一以贯之的理想。贡献美酒、乐享生活能够代表古井集团各产业的共同属性及其存在价值，是古井人名副其实的使命。

（3）团体型文化：团体型文化的特点是组织战略聚焦于内部且灵活性高。这种文化主要关注组织成员的参与，并且要对外部环境的变化做出迅速、有效的反应。它强调满足员工的需要是获得高绩效的关键。积极参与会使员工产生责任感和主人翁意识，从而得到员工对组织更大的承诺和贡献。团体型文化最重要的价值观就是关心员工，满足员工的需求以提高其幸福感和工作效率。

诺基亚公司的企业文化包括四个要点：客户第一、尊重个人、重视成就感、不断学习。公司的团队建设完全以企业文化为中心，并一致持续进行。各个部门都积极参与。这使员工认识到他们是团队的一分子，每个人都是这个团队有价值的贡献者。"没有完美的个人，只有完美的团队。"基于这样的主导文化，在诺基亚的研发团队中，上下级之间、同事之间都变成了团队中合作伙伴的关系，所有人沟通顺畅，为一个团队目标而群策群力。因此，诺基亚的研发团队就成为一个人人主动的领导力聚合体。

（4）行政机构型文化：行政机构型文化的特点是组织战略聚焦于内部且追求环境的稳定性。行政机构型文化适应外部稳定的环境，并强调组织内部行为的一致性。拥有这种文化的组织注重业务经营的程序化方法，通过仪式表征和英雄人物等促进员工之间的合作，发扬组织的优良传统。既定的政策、惯例对组织成员的约束力较高，要求组织员工遵守。在这种组织中，个人的参与度是很低的且并不重要，主要强调的是个体与组织的一致性以及成员之间的沟通合作。

富士康科技集团创立于 1974 年，在总裁郭台铭先生的带领下不断发展壮大。它的愿景为：透过提供全球最具竞争力的"全方位成本优势"使全人类皆能享有 3C 产品所带来的便利生活。富士康的工厂管理理念是：走出实验室，没有高科技，只有执行的纪律。企业的核心竞争力是：速度、品质、技术、弹性、成本。富士康尤其重视纪律观念，希望牢牢确立一种秩序和文化，其实施的是领导的强势文化，即所谓的"铁腕统治"。企业内部等级森严，上级对下级十分严格，达到军事化管理，具有高效的执行力，强调纪律的严肃性。

上述四种文化没有孰优孰劣之分，组织要建立何种类型的文化，都必须充分考虑组织战略和组织环境两个要素。关于组织文化还有很多其他的分类，如威廉·大内将组织文化分为J型文化、A型文化和Z型文化。杰弗里·桑南菲尔德将组织文化分为学院型文化、俱乐部型文化、垒球队型文化和学习型文化等。下面我们将另外介绍灵修组织文化和内部创业型组织文化，分析它们的特点及内涵。

（5）灵修组织文化：灵修是指有计划、有组织的宗教活动，而灵修组织文化强调的是人们的内心生活会支持社会背景下的有意义工作，与此同时，个体的内心生活也会受到有意义的工作的支持。致力于发展灵修文化的组织认为，既有思想又有灵魂的人会寻求工作中的意义和目标，希望与其他人建立联系，并成为整个社会的一员。

灵修组织文化的建立源于对员工内心生活的关注以及对工作意义和目的的追寻。其意义在于缓解压力和焦虑，寻求有别于宗教信仰的精神支柱，摆脱对工作意义的质疑和动力不足的状态，实现个人职业生活与生活价值观相统一的渴望，同时获得单纯追求物质无法获得的满足感。灵修组织文化的特点包括：拥有意义明确的目的，关注个体发展，坚持信任和开放，强调个性化的工作实践，容忍员工表达自己。尽管存在对灵修组织文化的科学性、合法性及灵修与利润兼容问题的批评，但其仍不失为一种新的组织文化探索。

（6）内部创业型组织文化：企业的内部创业是企业成长的持续动力和竞争优势的重要来源。内部创业体现的是在已有组织内部重新整合资源，重视企业内外部环境的变化与变革，以实现产品开发、组织结构变化以及新事业部创建等创新活动。它可以通过改变公司的文化和组织体系，诱导员工以创业的方式来适应不断变化的环境。内部创业的形成、发展与繁荣，离不开企业文化的深刻影响。

内部创业型组织文化，是从企业文化与内部创业相结合的角度提出的，它强调企业的动态成长，其基本特点在于，除保留创新与冒险之外，能够把个体企业家精神和公司战略规划有机结合起来。内部创业型组织文化的最大功能在于激发凝结在每一位员工身上的个人创业激情，在实现组织目标的过程中，追求个人目标的实现，同时还倡导理性的专业化管理，以便为这些目标的实现提供物质基础。对于内部创业型文化，企业应当置身于成长的动态过程中，从各方面综合考虑。

内部创业型文化是企业独有的、有价值的资源，能够为企业内部创业注入新的活力，引导企业内部创业的正确方向，实现企业的持续竞争优势。

5. 组织伦理价值观

专家、学者从不同角度对组织伦理价值观的塑造提出了自己的理解，可谓见仁见智。有的学者认为通过建立组织中正式的结构和系统，可以帮助领导者塑造组织伦理价值观。

鉴于公司的实际情况，伦理决策中最重要的单个因素是高层管理者在兑现承诺、领导和伦理价值观方面扮演的角色。首席执行官和其他高级管理者必须认同特定的价值观，并且在提出和更新这些价值观方面，给予组织一定的指引。价值观可以以多种方式进行宣扬，比如演讲公司出版物、政策陈述等，高层领导要对创造和维持一种强调每个雇员日常生活伦理、行为重要性的文化负责。当首席执行官做出了非伦理性的行为，或不能对别人的非伦理性行为做出果断、严厉的反应时，这个态度将会迅速渗透到整个组织内部。如果领导不设定维持伦理行为的高标准，那么正式的伦理准则等就会毫无用处。

综合来看，对于组织伦理价值观的塑造，我们可以从战略和战术两个层面上进行阐述。在战略层面上，组织伦理价值观的塑造，要以组织制度的特征为基础，反映组织的伦理守则，明确组织的伦理方向和目标；在战术层面上，组织伦理价值观的塑造，要重视把组织伦理价值观付诸实践，把组织行为与组织伦理价值观紧密结合。组织生产经营和管理实践过程要充分贯彻与体现组织伦理价值观。

2.3.2 组织变革

1. 组织变革的原因

组织变革是组织必须经历的过程。导致组织变革的主要原因有三个：一是组织外部环境的变化；二是组织内部环境的变化；三是组织特征及其自身成长的要求。

（1）组织外部环境的变化：组织作为一个开放的系统从属于社会大环境，所以必须适应外部环境的变化才能更好地发展。当外部环境发生变化时，组织必须做出新的调整，以便抓住环境中的新机遇。组织的外部环境可以分为宏观环境和微观环境两种，其中宏观环境包括政治、经济、社会和技术等，微观环境包括组织所在行业或市场的环境等。

在宏观环境中，促使组织变革的因素包括：国际形势及本国外交政策的变化、政府经济政策的调整和国民经济增长速度、人口结构的变化、科学技术的发展引起的产品和工艺的变革等。在微观环境中，促使组织变革的因素包括：国家产业政策的调整与产业结构的变化、国际和国内市场需求的变化及市场竞争程度的加剧等。

（2）组织内部环境的变化：除了外部环境，组织要想生存、发展还必须关注内部环境的变化，因为组织内部条件的变化也会影响组织结构及目标，从而引发组织的变革。导致组织内部环境变化的因素包括以下几个方面。

①组织业务水平的变化。当组织的业务水平变得更加复杂时，组织对专业化以及协作的要求会更高，管理工作也会变得更复杂。相应地，组织的结构也变得复杂，此时组织要重视对职能部门的管理，对人员的素质也提出了新要求。

②技术条件的变化。当组织现有的技术水平已经无法适应市场需求时，组织必须进行技术改进或新技术开发，加强对技术研发部门的支持，并对相关部门进行调整。

③管理条件的变化。当组织的管理水平提高时，组织会精简管理人员，减少管理层级，重新设置组织部门，重新分配组织权力与资源。

④人员条件的变化。当组织人员的素质提高时，原有的组织结构已不能满足新的要求，此时组织必须做出适当的人员调整，以做到人尽其才，充分发挥每个员工的积极性。

（3）组织特征及其自身成长的要求：随着组织的成长，任何组织都不可避免地要进行变革。每个组织由于具有独特的特点，对组织变革的要求也不同。通常当组织拥有某种特定的特征时，它才开始关注变革的可能性。组织特征包括组织的发展阶段、组织的规模等，这些特征对组织变革的影响如下。

①组织所处的生命周期的变化。组织的生命周期一般包括四个阶段。处于不同阶段的组织的特征及发展要求均不同，一般在最后两个阶段需要进行组织变革。例如，组织处于衰退阶段时，会面临机构庞杂、决策迟缓、沟通环节增多等问题，此时组织必须进行变革才能保持持续发展。

②组织的规模变化。随着组织的发展，组织的规模会越来越大。当组织规模扩大到一定程度时，组织将面临"大企业病"等问题，从而迫使组织进行变革。

2. 组织变革的模式

组织变革的模式包括激进式组织变革和渐进式组织变革两种，这两种模式在时间、范围、过程上表现不同。

（1）激进式组织变革：激进式组织变革力求在短时间内，对组织进行大规模的全面调整，以彻底打破组织现状并迅速建立新的组织目标。这种变革模式是指对组织进行大规模、全面的调整，以较快的速度达到目标状态。激进式组织变革会降低组织的稳定性，严重时会导致组织混乱，使组织受到较大的影响。

（2）渐进式组织变革：渐进式组织变革是指对组织进行小规模的局部调整，以实现组织目标的渐进式转变。这种变革模式依靠持续、小规模的变革来达到目标状态，具有调整规模小、波动次数多、变革持续时间长等特点，因此有利于维持组织的稳定。

2.3.3 技术变革

在当今商界，任何一家公司如果不能持续地开发、获取新技术，都很可能在几年内就从商界消失。然而，组织在进行技术变革时又会面临矛盾，因为传统型的机械式组织强调规章制度，遏制了创新，但是它往往是有效生产传统产品的最佳结构形式。因此，一个有机式组织往往与变革相联系，被认为是适应动荡环境的最好组织形式。有机式结构有助于人们自由地产生和导入新构思，鼓励自下而上的创新过程。下游雇员可以自由地提出构思并进行实验，从而促使组织进行有效的变革。

组织面临的挑战是同时在内部创造有机式和机械式组织形式，以便于同时获得创新和效率。为了实现技术变革的两方面的目标，许多组织采用双管齐下的策略。

2.3.4 实施管理变革的组织结构设计

有关管理和技术变革比较研究的结果表明，机械式组织结构适合于频繁进行管理变革（具体包括目标、战略、结构、控制系统以及人事等方面的变革）的组织。一些通常具有由下而上的技术创新模式的商业组织，突然会面临危机并需要进行重新组织，此时情况会如何呢？或许，我们可以以一家技术创新型的高科技公司为例。该公司必须进行经常性的重组，或突然重新回到原来的状态以适应生产技术或外界环境的变化。技术创新型公司可能会突然调整结构，减少雇员，变更工资系统，解散团队，或组成一个新的事业部。解决的办法是使用一种由上而下的变革流程，最高管理层拥有战略和结构变革的权力，应该提出并执行新的战略和结构，以适应环境条件，他们更有责任来指导变革。在快速变化和全球竞争的年代，小型化、结构重组和组织再造是常见的概念。随着新的高层管理者就职，企业往往会进行强有力的、由上而下的变革。高层经理也要记住，由上而下的变革意味着构思向上产生而向下执行，但这并不意味着低层员工不能进行有关变革的教育，不参与变革。

2.4 组织理论与设计实训

2.4.1 实训目的

（1）掌握组织设计的相关因素；
（2）尝试进行组织结构再设计。

2.4.2 实训背景资料

宝瓶官广告代理公司是一家中型企业，它为客户提供两种基本服务：①按客户需要策划广告宣传的内容（如广告语、广告版面设计）；②制订媒体（如广播、电视、报纸、露天广告牌、杂志等）的全套计划。此外，该公司还提供另外一些服务项目，包括提供市场营销和产品分销方面的帮助以及进行广告效果检测的市场调研等。

该公司是按传统的方式组织的。其正式组织图如图2-4所示。每一个部门都包括若干类似的职能。

公司对每一个客户提供的服务都由一名客户经理来协调。他在客户和公司内多个方面的专家（包括广告制作、市场营销部门的职业人员）之间起联络官的作用。如表2-4所示，客户和专家之间、客户和客户经理之间以及专家和客户之间的每个交叉格的数据反映了他们之间直接接触的频度。

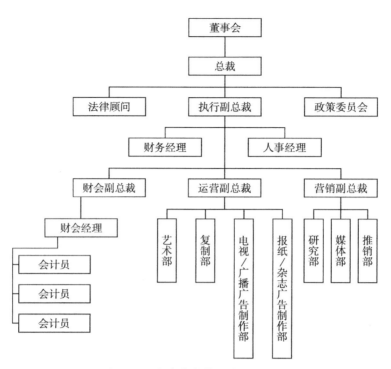

图 2-4　宝瓶宫广告代理公司组织图

表 2-4　宝瓶宫职员和客户间接触的社会学量值

客户/职员	客户	财会经理	会计员	电视/广播专家	报纸/杂志专家	复制专家	艺术专家	推销专家	媒体专家	研究专家
客户	X	F	F	N	N	O	O	O	O	O
财会经理		X	F	N	N	N	N	N	N	N
会计员			X	F	F	F	F	F	F	F
电视/广播专家				X	N	O	O	N	N	O
报纸/杂志专家					X	O	O	N	O	O
复制专家						X	N	O	O	O
艺术专家							X	O	O	O
推销专家								X	F	F
媒体专家									X	F
研究专家										X

注：F 代表经常，每天。

O 代表偶尔，每个项目一两次。

N 代表零次。

尽管客户经理被任命为客户和公司内各专家间的联络官，但是客户代表和专家避开该联络官而进直接沟通的情况实际上相当常见。这类直接沟通所采用的方式包括会议、电话、信件等。大量的直接沟通也发生在宝瓶宫公司专家和其客户单位的专家之间。例如，作为某特定客户服务项目团队的成员而工作的美术专家，会经常直接与客户单位内部的美术专家接触；公司的研究人员也会与客户企业的研究人员直接沟通。此外，有时候还会因为事前并未正式安排的沟通导致被迫召开正式会议来解决问题。在这样的会议上，宝瓶官广告代理公司职员会发表一些演讲，向客户解释公司的政策并做出辩护，同时会承诺公司将采取某些行动。

在广告制作和市场营销相关业务部门中，职权层级关系和专业系统关系两条线同时并存。从职权层级链看，每个业务部门中都配有一位主管和一位助理主管，下辖若干层级单位。与此同时，专业系统内的沟通也很频繁，这主要涉及有关知识和技术的共享、工作的专业评价和职业兴趣的开发等。宝瓶官广告代理公司对每一个部门的控制主要是通过对下级所做的工作进行监督等来实施的。然而，许多客户经理觉得他们需要有更强的影响力。其中一个这样说道："创造力和艺术，这是我在这里听到的所有的一切。就像遇到六七个艺高而自负的人，他们声称只做自己的事情，你要有效地管理他们不知有多么困难。他们每个人都想将自己的想法推销给客户，而对于他们这样做的大部分情况我都一无所知，直到一周后我才知道发生了什么事情。如果我是个有足够大的权力的管理者，我会要求他们所有人都首先同我商量，得到我的批准。这样，这里的事情才能确实有所改变。"

环境的变化使公司的重组需求更加迫切。在一个很短的时期内，宝瓶官广告代理公司的大客户流动迅速。伴随着消费行为和生活方式的改变以及频频的产品创新，没有征兆地很快失去或得到客户，已成为广告代理商通常面临的现实。

宝瓶官广告代理公司的重组是高层管理者提出的一个解决方案，目的是增强公司在这种无法预见的环境中经营的灵活性。这项重组活动的目标是，缩短公司对环境变化的反应时间，增进各部分专家之间的合作和沟通。公司高层管理者并不明确哪一种重组方案是最适合的。

2.4.3　实训任务

（1）简述组织设计的理念及与组织设计相关的因素；

（2）结合相关理论，对目前宝瓶官公司的组织结构进行分析，并提出一个新的组织结构建议。

2.4.4　实训步骤

1. 案例现状分析

（1）"每一个部门中都包括若干类似的职能""通过对下级所做的工作进行监督等来实施"——相对组织规模来讲，每个部门还包括若干职能部门，会导致职级冗余，使员工升职空间变小，缺少激励性，属于典型的职能控制型结构。

（2）"公司对每一个客户提供的服务由一名客户经理来协调……起联络官的作用""许多客户经理觉得他们需要有更强的影响力"——组织将"客户经理"定位为"联络官"，

其欲管理、协调各部门的工作，但实质上联络官的主要职责在于协调沟通。因此特定项目团队只能是临时任务组，团队成员的合作意识差，同时客户经理的权限也受限制。

（3）"同时会承诺公司将采取某些行动……"——私自承诺，有可能为公司带来麻烦。

（4）"大客户流动迅速""没有征兆地很快失去或得到客户"——对市场的变动、客户的去留缺少掌握和计划，这将导致公司面临事业下滑的危险局面。

2. 调整与建议

（1）取消各业务部门下设的其他职能部门；

（2）对客户经理重新定位——项目或团队负责人，给予其相关权限；

（3）对于市场的变化应增设专门负责的部门及人员。

复习思考题

1. 组织的定义是什么？开放系统与封闭系统的区别是什么？
2. 为什么说人类的组织比机器的系统更为复杂？这种复杂性对于管理者来说意味着什么？
3. 组织设计的因素有哪些？
4. 公司的员工发展目标与创新变革目标有什么关系？
5. 作为人力资源管理者，进行组织设计时应该考虑哪些因素？
6. 变革与创新对组织有哪些影响？

Chapter 3 第 3 章

职 位 分 析

学习目标

1. 理解职位分析的概念及其相关术语；
2. 掌握职位分析的目的和价值；
3. 掌握职位分析的步骤和方法；
4. 掌握胜任素质模型的概念及操作方法。

开篇引例　为何会有工作争执

估税员办公室每天上午 8 点开始一天的工作。它的全体员工包括一个主任、两个秘书、两个打字员和三个档案管理员。在去年以前，由于均衡的工作量和明确的责任，该办公室一直运转平稳。但是，从去年开始，主任注意到打字员和档案管理员之间出现了越来越多的争执。当他们找到主任讨论这些争执时，主任可以确定问题是由于对特定职责的误解造成的。一方面，打字员因感到档案员有过多的空闲时间而流露出强烈的不满；另一方面，秘书和打字员必须经常加班来做他们认为档案管理员很容易承担起来的工作。而档案管理员强调他们不应承担任何额外的职责，因为他们的薪水没有反映额外的责任。这个办公室每个人都有一份几年前编写的一般工作说明书。然而，从那以后，由于实施了计算机系统，绝大多数职位的本质都发生了相当大的变化，但这些变化一直未被写入书面材料之中。

资料来源：匿名，https://zhidao.baidu.com/question/1796382176585577067.html。

3.1　职位分析概述

3.1.1　职位分析的概念和相关术语

1. 职位分析的概念

职位分析（job analysis）是分析者采用科学的手段与技术，直接收集、比较、综合有关工作的信息，就工作岗位的状况、基本职责、资格要求等做出规范的描述与说明，为组织特定的发展战略、组织规划、人力资源管理及其他管理行为提供基本依据的一种管理活动。

职位分析作为一种活动，其主体是职位分析者，客体是整个组织体系，对象是工作，包括战略目标、组织结构、部门职能、岗（职）位的工作内容、工作责任、工作技能、工作强度、工作环境、工作心理与工作方法、工作标准、工作时间及其在组织中的运作关系。通过职位分析，我们要回答或者说要解决以下两个主要问题：

第一，职位描述，即某一职位是做什么事情的。这一问题与职位上的工作活动有关，包括职位名称、职责、工作要求、工作场所、工作时间、工作条件等一系列内容。

第二，职位要求，即什么样的人来做这些事情最适合。这一问题实际上是职位任职资格，包括专业、年龄、必要的知识和能力、必备的证书、工作经历、心理要求等内容。

2. 职位的相关术语

要更好地理解什么是职位分析，我们必须先了解什么是工作及相关的术语，包括工作要素、任务、职责、职位、职务以及职业。区分这些相关术语的概念可以帮助我们进一步理解职位分析的对象——工作的真正含义，以免产生混淆。

（1）工作要素。工作要素是指工作中不能继续再分解的最小动作单位。例如，酒店里负责接待客人的服务员在客人刚刚来到酒店时要帮助客人运送行李，运送行李这项工作就含有将行李搬运到行李推车上、推动行李推车、打开客房的行李架、将行李搬运到行李架上等四个工作要素。

（2）任务。任务是指工作中为了达到某种目的而进行的一系列活动。任务可以由一个或多个工作要素组成。例如，在生产线上给瓶子贴标签这一任务只有一个工作要素，而上面提到的运送行李的工作任务就包含四个工作要素。

（3）职责。职责是指任职者为实现一定的组织职能或完成工作使命而进行的一个或一系列工作任务。例如，营销部的经理要实现新产品推广的职责就需要完成一系列工作任务，包括制定新产品推广的策略、组织新产品推广活动和培训新产品推广人员等。

（4）职位。职位也叫岗位，即在完成一项或多项责任的组织中一个任职者所对应的位置。一般来说，有多少个职位就有多少个任职者，例如总经理、秘书、出纳、招聘主管、营销总监等。应该注意的是，职位是以"事"为中心确定的，强调的是人所担任的岗位，而不是担任这个岗位的人。例如，李强是某公司的生产部经理，当我们在对生产部经理这个职位进行职位分析时，我们所指的生产部经理是一个职位的概念，而不是指李强这个人。

（5）职务。职务也称工作，是由组织上主要责任相似的一组职位组成的。在规模大小不同的组织中，根据不同的工作性质，一种职务可以有一个职位，也可以有多个职位。例如，营销人员的职务中可能有从事各种不同营销工作的人，但他们的主要工作责任是相似的，因此可以归于一类职务中。

（6）职业。职业是一个更为广泛的概念，它是指在不同的组织中从事相似活动的一系列职务。职业的概念有着较大的时间跨度，处在不同时期，从事相似工作活动的人都可以被认为从事相同的职业。例如老师、工程师、工人、司机等都属于职业。

3.1.2 职位分析在人力资源管理中的地位与作用

1. 职位分析在人力资源管理中的地位

人力资源管理是现代组织管理体系的基础，其中职位分析通过搜集、整理和分析组织中工作岗位的全方位信息，为人力资源管理工作各个具体方面的决策提供所需的依据。在人力资源管理过程中，员工招聘要以职位描述和任职资格为依据，员工培训要以工作内容和要求为依据，绩效考核要以工作目标和工作标准为依据，薪酬水平要以岗位职责、任职技能要求和对组织的贡献大小为依据等，所有这些工作的基础依据都来自职位分析。可以说，职位分析对于组织中人力资源管理各个模块的规范和有效实施具有举足轻重的作用，以至于它被称为人力资源管理所有工作的基础。

2. 职位分析在人力资源管理中的作用

如图 3-1 所示，职位分析不但是人力资源开发与管理中的一种手段，而且是整个人力资源开发与管理的奠基工程，具有十分重要的作用和意义，主要表现在以下几个方面。

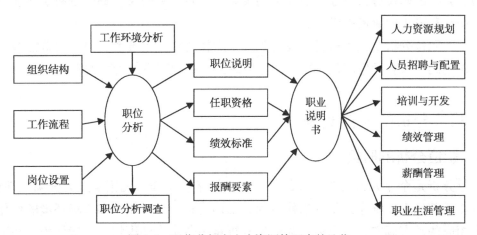

图 3-1 职位分析在人力资源管理中的地位

（1）职位分析是人力资源规划的重要基础和依据。人力资源部门对组织的发展所提供的战略性支持主要体现在人力资源规划方面，其中职位分析可以帮助组织确定未来的工作需求以及完成这些工作的人员需求。

（2）职位分析为人员招聘与配置提供基础参照标准。科学的职位分析为招聘过程中用人标准的确定、招聘信息的发布、应聘简历的筛选、面试工具的选择和设计，提供了重要的参考与基础信息。

（3）职位分析使员工培训与开发更具针对性。员工培训是现代组织人力资源开发的主要手段之一，是开发人的潜能、调动广大员工积极性、提高员工综合素质的有力保障。而职位分析犹如提供了岗位的刻度，可测出上岗人员的水平高低，因而有了职位分析，培训工作就更加具有针对性。

（4）职位分析为建立客观、公正的绩效考评体系提供依据。绩效考评是人力资源管理的关键环节，而要实现绩效管理，最基本的便是制定评价标准。职位分析对工作的任务、性质以及期望的绩效水平做了相关的规定，因而为制定客观、公正的价值评价体系奠定了基础。

（5）职位分析是岗位评价、薪酬体系设计的基础。对组织的目标及各自职责的分解，以及对各自岗位职责的确定，为通过岗位评价进一步确定职位级别提供了条件。岗位评价的内容通常包括职责范围大小、工作复杂程度和难易程度、工作强度、工作条件等。它确定了组织内部各个职位的相对重要性，解决了内部薪酬公平性评价的基础问题。有了职位等级和薪酬方案，组织便可以确定每个职位的薪酬水平。

（6）职位分析为个人职业发展规划提供了帮助。岗位说明书对上岗人员的知识、技能、经验与能力做了明确的规定。同时，组织在工作过程中对绩效标准的传达，使员工明确了其期望。岗位说明书可以促进员工自身行为的改进，使员工体验到成就感、责任感。同时，岗位说明书明确了职位上升的空间，便于员工个人根据组织的目标来拟定个人的发展规划。

（7）完整的职位分析对建立雇用劳动关系具有重要的意义。职位分析资料能为有关升职、调动和降职的决策提供依据。

总之，职位分析是人力资源开发与管理中起核心作用的要素，是人力资源开发与管理的工作基础。只有做好职位分析，才能做好人力资源开发与管理的其他工作。

3.2 职位分析的具体实施

3.2.1 职位分析的时机

职位分析是企业人力资源管理的一项基础性常规工作。无论是人力资源管理经理，还是各业务部经理，都应该根据工作目标、工作流程、企业战略和市场环境的变化对工作做出相应的动态调整，而不能认为职位分析是一劳永逸的事情。一般认为，在下列情况下，组织最需要进行职位分析：

（1）新成立的企业。新成立的企业要进行职位分析，这样可以为后续的人力资源管理工作打下基础。对于新成立的企业时，职位分析主要用于人员招聘。由于很多职位是空缺的，所以职位分析应该通过企业的组织结构、经营发展计划等信息来粗略地进行。职位分析能给出招聘人员的职位职责和任职资格即可，对于更为详细的内容可以在企业稳定运作一段时间后再给出。

（2）企业由于战略的调整、业务的发展，工作内容、工作性质发生变化，需要进行职位分析。

（3）企业由于技术创新、劳动生产率提高，需重新进行定岗、定员。在职位变更时，企业要及时进行职位分析，以保证职位分析成果信息的有效性和准确性。

（4）建立制度的需要，比如建立绩效考核、晋升、培训机制时，企业需要进行职位分析。

（5）企业没有进行过职位分析。有些企业由于一直没有人力资源部，或者人力资源部人员工作繁忙，一直没有进行职位分析。特别是这些企业新上任的人力资源部管理者，有时会发现人力资源工作一团糟，根本无法理出头绪，这时就应该考虑从职位分析来切入工作。

3.2.2 职位分析的原则

由于职位分析的对象各不相同，所以企业采用的方法也有可能存在差异，但是在职位分析的过程中，企业需要遵循一些基本原则。

1. 系统分析原则

每一职位所需要完成的任务可能会很多，但是在进行职位分析的时候，并不是简单地把该职位所需要完成的任务罗列出来，而是需要对该职位进行系统分析。系统分析有几个方面的含义：其一，要求至少从组织设计与流程的角度，对该职位的合理性进行分析；其二，要求不仅要对职位进行描述，还要从职位设计的角度考虑职位的优化；其三，要求将职位所要完成的工作分解或者归纳为几个重要的组成部分，同时以一种有助于了解的方式将其进行组合，形成明确的职责。

职位分析反映职位上的工作情况，但这种反映不是直接反映，而要经过一定的加工。我们在进行分析时应当将某项职责分解为几个重要的组成部分，然后再将其重新进行组合，绝不是对任务或活动的简单列举和罗列。例如对于公司前台人员转接电话这项职责，公司经过分析后应当这样描述："按照公司的要求接听电话，并迅速转接到相应的人员"，而不应该将所有的活动都罗列上去："听到电话铃响后，拿起电话，放到耳边，说出公司的名字，然后询问对方的要求，再按下转接键，转接到相应的人员。"

2. 关注职位原则

职位分析所分析的应该是职位，而不是任职者。职位分析之所以需要与任职者访谈，让任职者填写调查问卷，是因为任职者对该职位比较了解，能够提供职位分析所需要的信息。但是，在进行职位分析的时候，企业不应过多受任职者的能力、个性特征、绩效等的影响，而应该客观地对职位进行分析。例如，某一职位本来需要本科学历的人，由于各种原因，现在只是一个中专生在这一职位上，那么在分析这一职位的任职资格时就要规定为本科，而不能根据现在的状况将学历要求规定为中专。

3. 以当前工作为依据原则

职位分析的任务是为了获取某一特定时间内职位的情况，因此应以工作现状为基础来进行分析，而不能把自己或别人对这一职位的工作设想加到分析中去。企业只有如实地反映出职位目前的工作状况,才能够据此进行分析判断,发现职位设置或职责分配上的问题。

3.2.3 职位分析的步骤

在人力资源管理系统中,职位分析是一项技术性强的工作。为了保证实施的效果,企业在实际操作过程中必须遵循一定的步骤并注意相关的问题。一般来说,职位分析包括以下几个步骤:准备阶段、调查阶段、分析阶段和完成阶段,如图3-2所示。

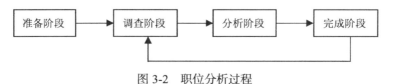

图 3-2 职位分析过程

资料来源:董克用.人力资源管理概论[M].4版.北京:中国人民大学出版社,2015:117.

1. 准备阶段

在这一阶段中,企业主要完成以下几项任务。

(1)确定职位分析的目的和用途,也就是说要明确分析的资料到底是要用来干什么的,要解决什么问题。职位分析的目的不同,所要搜集的信息和使用的方法也会不同。

(2)成立职位分析小组,从人员上为这项工作的开展做好准备。小组的成员一般由以下三类人员组成:一是企业的高层领导;二是职位分析人员,主要由人力资源管理专业人员和熟悉本部门情况的人员组成;三是外部的专家和顾问,他们具有这方面的丰富经验和专门技术,可以防止职位分析的过程出现偏差,有利于保证结果的客观性和科学性。

(3)对职位分析人员进行培训,为了保证职位分析的效果,还要由外部的专家和顾问对本企业参加职位分析小组的人员进行业务培训。

(4)做好其他必要的准备。例如,由各部门抽调参加职位分析小组的人员,部门经理应对其工作进行适当的调整,以保证他们有充足的时间进行这项工作;企业对这项工作进行宣传,消除员工不必要的误解和紧张。

2. 调查阶段

这一阶段需要完成以下主要任务:

(1)制定职位分析的时间计划进度表,以保证这项工作能够按部就班地进行。

(2)根据分析的目的,选择搜集工作的内容及相关信息的方法。

(3)搜集工作的背景资料。这些资料包括公司的组织结构图、工作流程图、职位分类标准,如果有的话还包括以前保留的职位分析资料。但是,我们在使用这些资料时,绝对不能照搬照抄,而应当根据企业现有的具体情况,有选择地加以利用。

- 组织结构图指明了某一职位在整个组织中的位置以及上下级隶属关系和平级工作关系;

- 工作流程图指明了工作过程中信息的流向和相关的权限,这些都有助于更加全面地了解职位的情况。
- 职位分类标准和以前的职位分析资料也有助于更好地了解职位分类的情况。

(4)搜集职位的相关信息。在完成以上工作之后,我们就可以正式开始搜集与职位相关的信息。一般来说,对于职位分析,我们需要搜集的信息主要有以下几类:

- 工作活动,包括承担工作必须进行的与工作有关的活动、活动的记录、进行工作所运用的程序、个人在工作中的权力和责任等。
- 工作中人的活动,包括人的行为,如身体行动以及工作中的沟通;作业方法分析中使用的基本动作;工作对人的要求,如精力的耗费、体力的耗费等。
- 在工作中所使用的机器、工具、设备以及工作辅助用品,例如电话、电脑、传真机、汽车、对讲机、仪器、车床等。
- 与工作有关的有形和无形因素,包括完成工作所要涉及或者要运用的知识,例如公司的会计需要运用会计方面的知识,法律事务主管需要懂得法律知识等;工作中所加工处理的材料;所生产的产品或所提供的服务。
- 工作绩效的信息,例如完成工作所耗费的时间、所需要投入的成本以及工作中出现的误差等。需要注意的是,这里只是搜集与绩效相关的信息,并不是要制定出与各项工作相对应的绩效目标,后者是分析阶段所要完成的任务。
- 工作的背景条件,包括工作时间;工作地点,例如是在室内还是在室外;工作的物理条件,例如有没有噪声、是不是在高温条件下等。
- 工作对人的要求,包括个人特征,如个性和兴趣;所需要的教育与培训水平;工作经验等。

上述工作信息的获取渠道包括:工作执行者本人、管理监督者、顾客、分析专家、职业名称辞典以及以往的分析资料。我们在通过这些渠道搜集职位分析所需的信息时需要注意,由于各种主客观原因,不同的信息源提供的信息会存在一定的差异。例如,工作执行者本人在提供信息时往往会夸大工作的难度,而顾客在提供信息时也往往会从自己的利益出发,从而导致某些信息特别是与绩效有关的信息与实际情况不符,因此职位分析人员应站在中立的立场来听取各方面不同的意见,条件允许或者必要的时候还要亲自实践一下有关工作活动,以掌握比较准确、可靠的信息。

3. 分析阶段

在搜集与职位相关的信息之后,企业就要进入职位分析的下一个阶段,即分析阶段。在这一阶段中,企业需要进行以下几项工作:

(1)整理资料。企业要将搜集到的信息按照职位说明书的各项要求进行归类整理,看是否有遗漏的项目,如果有的话再返回到上一个步骤,继续进行调查搜集。

（2）审查资料。将资料进行归类整理以后，职位分析小组的成员要一起对所获得的工作信息的准确性进行审查，如有疑问，则需要找有关的人员进行核实，或者再返回上一个步骤，重新进行调查。

（3）分析资料。如果搜集的资料没有遗漏，也没有错误，那么接下来就要对这些资料进行深入分析，也就是说要归纳总结出职位分析的必需材料和要素，揭示出各个职位的主要成分与关键因素。

4. 完成阶段

该阶段是整个职位分析过程的最后一个阶段，其任务是：

（1）编写职位说明书。首先，根据对资料的分析，按照一定的格式，编写职位说明书的初稿；其次，反馈给相关的人员进行核实，意见不一致的地方要重点进行讨论，对于无法达成一致的，要返回到第二个阶段，重新进行分析；最后，形成职位说明书的定稿。

（2）对整个职位分析过程进行总结，找出其中成功的经验和存在的问题，以利于以后更好地进行职位分析。

（3）将职位分析的结果运用于人力资源管理以及企业管理的相关方面，真正发挥职位分析的作用。近几年，随着人力资源管理的逐渐升温，很多企业也投入了大量的人力物力进行职位分析，但是这项工作结束以后，却将形成的职位说明书束之高阁，根本没有加以利用，这无疑是一种极大的浪费。

需要强调的是，作为人力资源管理的一项活动，职位分析是一个连续不断的动态过程，企业绝不能有一劳永逸的思想，不能认为做过一次职位分析，以后就可以不用再做了，而应当根据企业的发展变化随时进行这项工作，使职位说明书能及时地反映职位的变化情况。

3.2.4 职位分析的方法

在实践过程中，进行职位分析有很多种方法，这主要是针对搜集与职位有关的信息而言的。按照搜集信息的性质，我们将这些方法分为定性的方法和定量的方法两类。

1. 定性的方法

这类方法主要是一些传统的方法，包括访谈法、非定量问卷调查法、观察法、关键事件技术（CIT）、工作日志法、工作实践法等。这类方法搜集的信息多以定性的内容为主，叙述较多，带有较强的主观色彩。

（1）访谈法。访谈法是指通过面对面的交谈来获取职位信息的一种方法。访谈法是目前国内外企业运用较为广泛、相对比较成熟和有效的方法。采用这种方法，企业一般需要根据情况对任职者、该职位的直接上级以及其他对该职位比较了解的人员进行访谈。根据访谈对象数量的不同，企业可以将访谈法分为两种类型：个别访谈法和集体访谈法。个别访谈法就是同一时间只对一个人访谈；集体访谈法就是同一时间对多个人访谈。个别访谈法主要是在各职位的工作职责之间有明显差别时使用；集体访谈法则主要在多名员工从事同样的工作时使用。

在运用访谈法时，企业需要注意几个关键问题：一是要对访谈人员进行培训，具体包括访谈的目的、内容、安排、技巧与注意事项等；二是要慎重选择访谈对象，访谈对象必须是对该职位比较了解，能够客观陈述该职位主要信息的人员；三是要合理安排访谈，包括访谈的时间、地点、访谈的提纲、录音设备等；四是要熟练掌握访谈技巧，访谈水平的高低直接决定了访谈的质量，在访谈过程中，访谈人员一定要注意尽量营造轻松、愉悦的氛围，多鼓励被访谈者全面、客观地提供信息。

访谈法的优点在于能够简单、迅速地搜集职位分析资料，适用性强；缺点是被访谈者往往夸大其承担的责任和工作的难度，容易引起职位分析资料的失真与扭曲。

为了保证访谈的效果，企业在访谈前一般都要准备一个大致的提纲，列出需要提出的主要问题。这些问题主要包括：

- 你平时需要做哪些工作？
- 主要的职责有哪些？
- 如何去完成它们？
- 在哪些地点工作？
- 工作需要怎样的学历、经验、技能或专业证书？
- 基本的绩效标准是什么？
- 工作有哪些环境和条件？
- 工作有哪些生理、情绪与情感上的要求？
- 工作的安全和卫生状况如何？

（2）非定量问卷调查法。非定量问卷调查法有些类似于访谈法，只是调查者不与工作者直接见面访谈，而是将需要回答的问题制作成问卷发给员工，让他们当场或在一定时间内填写，以此来搜集信息。这种方法成败的关键在于问卷设计的质量。在一定程度上，一份设计良好的问卷可以将员工回答问题时可能出现的误差减至最小。一般来说，为了保证信息搜集的效果，提问题时要尽量简单易懂，避免理解上的偏差；问题的范围要尽量广泛，避免出现遗漏；问卷的设计要尽量结构化。

非定量问卷调查法的优点是能够迅速得到进行职位分析所需的资料，速度快；节省时间和人力，实施费用一般比其他方法低；问卷可以在工作之余填写，不会占用工作时间；可以使调查的样本量很大，适用于需要对很多工作者进行调查的情况。其缺点是设计理想的调查问卷要花费很多时间、人力和物力，设计费用比较高；填写问卷是由工作者单独进行的，缺少交流；被调查者可能不积极配合与认真填写，从而会影响调查的质量。

（3）观察法。这种方法就是由职位分析人员直接观察所需分析的工作，记录某一时期该职位工作的内容、形式、过程和方法，并在此基础上进行分析。观察法是最为简单的一种方法，它的优点是职位分析人员能够比较全面、深入地了解工作的要求和内容。但是这种方法通常只适用于那些工作内容主要是利用身体活动来完成的、重复性较大、重复期较短的工作，例如装配线工人、保安人员所从事的工作；不适用于脑力劳动成分较高的工作或处理紧急情况的间歇性工作，例如，律师、教师、急救站的护士等所从事的工作。

使用观察法时，观察者要注意工作样本选择的代表性，如果没有代表性，有些行为可能在观察中就发现不了。此外，观察者在观察时，要注意不要干扰员工的活动，尽量不要使其分心，以免影响工作的正常进行，影响观察结果的准确性；如果有可能的话，应由几个观察者在不同的时间进行观察，以尽量消除观察结果的偏差。

（4）关键事件技术（CIT）。关键事件技术是通过一定的表格，专门记录工作者工作过程中那些特别有效或特别无效的行为，以此作为将来确定任职资格的一种依据。记录的内容大致如下：

- 导致事件发生的原因；
- 有效和无效行为的特征；
- 行为的后果；
- 工作者可以控制的范围及努力程度的评估。

关键事件的记录可由任职者的直接主管或其他目击者完成，按照行为发生的顺序来记录。为了给确定任职资格提供事实依据，企业往往需要大量的有效和无效的关键事件，并要把它们划分成不同的类别和等级。实际操作的步骤如下：

① 把每个关键事件打印在卡片上。

② 让多位有经验的职位分析者对所有卡片进行分类，分类的标准可以统一，也可以不统一，对那些分类有争议的事件要讨论，直到达成一致。

③ 对类别予以明确的概括和定义，将所有收集的多个相关的关键事件概括为一个名称，体现为一个具体的能力维度。

④ 资格条件比较，即从关键事件分类与概括中，可能得出数个任职资格条件，其中一些可能比另一些重要，重要程度可按下面的标度评分：1= 一点也不重要；2= 有点重要；3= 重要；4= 非常重要；5= 极其重要。然后以大家的平均分数值作为各个任职资格条件的权重值。

（5）工作日志法。工作日志法就是由职位的任职者本人按照时间顺序记录工作过程，然后经过归纳、提炼取得所需资料的一种方法。这种方法适用于工作循环周期短、工作状态稳定的职位；适用于确定工作职责、工作关系、劳动强度等方面的信息。它的优点在于搜集的信息比较全面，一般不容易遗漏。其缺点是使用范围较小，信息整理量大，归纳工作烦琐。

（6）工作实践法。顾名思义，工作实践法就是指由职位分析人员亲自从事所需研究的工作，以搜集相关信息。这种方法的优点在于能够获得第一手资料，可以准确地了解工作的实际过程以及在体力、知识、经验等方面对任职者的要求。但是这种方法只适用于短期内可以掌握的工作或者比较简单的工作，例如餐厅服务员，不适用于需要进行大量训练和有危险的工作。

2. 定量的方法

针对定性方法存在的问题，为了搜集到更加量化和客观的信息，在这些方法的基础上又发展出来一些新型的职位分析方法。这些方法主要是一些量化的方法，其中包括职位分析问卷、管理职位描述问卷、通用标准问卷等。

（1）职位分析问卷。职位分析问卷是一种利用清单的方式来确定工作要素的方法，该问卷包括194个标准化的问项，这些问项代表从各种不同的工作中概括出来的各种工作行为、工作条件以及工作本身的特点，可以分为以下6个方面：

- 信息投入，即从哪里以及如何获得完成工作所必需的信息。
- 脑力过程，即完成工作时需要完成的推理、决策、计划以及信息加工活动。
- 体力过程，即在执行工作时所发生的身体活动以及所使用的工具和设备。
- 同他人的关系，即在执行工作时同他人之间发生的关系。
- 工作环境，即执行工作过程中所处的物理环境和社会环境。
- 其他特点，即其他与工作有关的内容，比如工作时间安排、报酬等。

对某项工作进行分析时，分析者首先要确定每一个问项是否适用于被分析的工作；然后要根据6个维度来对有效问项加以评价，这6个维度分别是：信息使用度、耗费时间、对工作的重要性、发生的可能性、适用性以及特殊计分。分析者将这些评价结果输入计算机中，会产生一份报告，说明某项工作在各个维度上的得分情况。

该方法的优点在于，它可以将工作按照上述维度的得分进行排序，这样就可以对不同的工作进行比较。但是这种方法也存在一些问题，即它只对体力劳动性质的职业适用性高，对管理性质、技术性质的职业适用性较差。

（2）管理职位描述问卷。管理职位描述问卷是专门针对管理性工作而设计的职位分析问卷，共有193个项目。经过20多年的发展，目前已形成从如下9个方面对管理工作进行评定的新版管理职位描述问卷。

- 人员管理。这是指管理者要通过和下属一起工作来分析他们的优势与不足，以提高他们的业绩；提供培训，培养技能，安排工作并制定绩效目标。
- 计划和组织。这是指管理者要制订并贯彻落实短期计划，编制预算，确定资源的最优化分配和利用；将长期的计划转化成短期的操作性目标；制定操作性的政策和程序。

- 决策。在非结构性情况下,管理者要快速做出决策;允许为了解决新的或不一般的问题对已有程序做出修改。
- 组织发展。管理者要监控外部和内部可能会影响公司的因素,包括业绩指标、企业资本和资金、市场条件以及文化、社会和政治气氛。
- 控制。管理者要估计生产产品或提供服务所需的时间,并制定时间进度表;跟踪生产过程,确保产品的质量和服务的有效性;分析生产流程的有效性。
- 代言人。作为代言人,管理者要回答有关问题或对外界的抱怨做出反应;与外界沟通以促进公司与外界的关系;与外界谈判;组织活动以维护或树立公司形象。
- 协调。管理者要能和公司内部没有上下级关系的人沟通,以分享信息,按时完成工作任务,解决问题或达成目标;和同事保持良好的工作关系;协调关键员工间的不一致和矛盾。
- 咨询。管理者要跟踪某一领域的技术进展,帮助公司引进新的技术,能作为专家、咨询师为其他管理人员提供咨询或解决问题。
- 行政管理。管理者要从事基本的行政管理活动,包括分析例行的信息,维护详细和准确的文档资料等。

(3)通用标准问卷。通用标准问卷是标准化的职位分析问卷。与以前的职位分析问卷相比,通用标准问卷不管是在内容方面还是在形式方面都弥补了以前标准化职位分析问卷的一些不足,同时也应用了最新的测量理论,因此是现在比较流行的标准化职位分析问卷之一。该问卷从如下几个方面对工作进行评定:

- 接受管理和实施管理,即该职位接受哪些职位的管理,并对哪些职位进行管理。
- 知识和技能,即完成该职位的工作,需要具备哪些知识和技能。
- 语言的运用,即该职位对语言有哪些特殊要求。
- 利用视觉信息或其他感觉信息,即在工作中利用视觉信息(如图片)和其他感觉信息(听觉)的情况。
- 管理和业务决策,即在哪些方面参与决策,决策的权限有多大。
- 内部联系,即与单位内部哪些人员有联系。
- 外部联系,即与单位外部哪些人员有联系。
- 主持或发起会议,即主持或发起的会议有哪些。
- 参与会议,即经常参加哪些会议。
- 体力活动,即工作中需要哪些体力活动。
- 设备、机器和工具的使用,即需要使用哪些设备、机器和工具。
- 环境条件,即工作的环境条件如何,这些环境条件对任职者是否有危害性。
- 其他特征,即与工作有关的其他一些特征,如任职者的工作是否经常被他人所打扰,工作时是否要求与生病或受伤的人相处等。

与以前的职位分析问卷相比，通用标准问卷有了明显的改进：不仅可以用来分析技术、半技术工作，而且可以用于分析管理职位和专业职位；分析结果不仅可以用来撰写职位说明书，而且可以用来辅助培训需求分析和设计绩效评价量表；更为行为化、具体化，更容易进行评定；所使用的语言对评定者的要求更低，只要被调查者有初中以上的知识水平就能看懂问卷，并进行评定。

3.3 职位说明书的编写

职位说明书是职位分析的直接结果之一，包括两大部分：一是职位描述，反映职位的工作情况，是关于职位所承担的任务、职责以及责任的目录清单；二是职位要求，反映职位对承担这些工作活动的人的要求，是人们为了完成这些工作活动所必须具备的知识、技能、能力和其他特征的目录清单。

完整的职位说明书需要包括三个方面：职位描述、任职资格和其他信息等。其中职位描述包括以下几个具体的项目：职位标识、职位概要、履行职责、业绩标准、工作关系、使用设备、工作环境和工作条件。

下面我们将结合这些项目来解释一下如何编写职位说明书。

3.3.1 职位描述

1. 职位标识

职位标识就如同职位的一个标签，让人们能够对职位有一个直观的印象，一般包括以下几项内容：职位编号、职位名称、所属部门、直接上级以及职位薪点。

2. 职位概要

职位概要就是要用一句或几句比较简练的话来说明这一职位的主要工作职责，要让一个对这一职位毫无了解的人一看职位概要就知道大概要承担哪些职责。例如，人力资源部门的经理的职位概要可以这样描述："制定、实施公司的人力资源战略和年度规划，主持制定、完善人力资源管理制度以及相关政策，指导解决公司人力资源管理中存在的问题，努力提高员工的绩效水平和工作满意度，塑造一支敬业、团队协同的员工队伍，为实现公司的经营目标和战略意图提供人力资源支持。"而公司前台的职位概要则应这样描述："承担公司前台服务工作，接待、安排客户的来电、来访，负责员工午餐券、报纸的发放，以及做好管理等行政服务工作，维护公司良好的形象。"

3. 履行职责

履行职责是职位概要的具体细化，要描述出这一职位承担的职责以及每项职责的主要任务活动。在实践过程中，这一部分是相对比较难的，要经过反复的实践才能准确地把握。首先，企业要将职位所有的工作活动划分为几项职责，然后再将每项职责进一步细分，分解为不同的任务。将职位的活动分解完之后，企业就要针对每项任务进行描述，描述时一般要注意下面几个问题。

（1）要按照动宾短语的格式来描述，即按照"动词＋宾语＋目的状语"的格式进行描述。动词表明这项任务是怎样进行的；宾语表明活动实施的对象，可以是人，也可以是事，宾语有时也可以是双宾语；目的状语则表明这项任务要取得什么样的结果。

（2）要准确地使用动词。使用动宾短语进行描述时，动词的使用是最关键的，一定要能够准确地表示出员工是如何进行该项任务的以及在这项任务上的权限，不能过于笼统。

在职位分析中，针对不同的任务和主体，企业应当选择使用不同的动词。下面我们就列举一些例子供大家参考（见表3-1）。

表3-1 职位分析中常用的动词

对象或主体	动词
针对计划、制度	编制、制定、拟定、起草、审定、审查、转呈、转交、提交、呈报、存档、提出意见
针对信息、资料	调查、收集、整理、分析、归纳、总结、提供、汇报、通知、发布、维护、管理
思考行为	研究、分析、评估、发展、建议、参与、推荐、计划
直接行动	组织、实行、执行、指导、控制、采用、生产、参加、提供、协助
上级行为	主持、组织、指导、协调、指示、监督、控制、牵头、审批、审定、批准
下级行为	核对、收集、获得、提交、制作
其他	维持、保持、建立、开发、准备、处理、翻译、操作、保证、预防、解决

资料来源：董克用.人力资源管理概论[M].4版.北京：中国人民大学出版社，2015:134.

为了让大家能更直观地理解上面所讲的内容，我们来看一个具体的例子（见表3-2）。

表3-2 履行职责描述的示例

设备维护	1. 根据维护时间的要求更换零部件以及添加润滑剂 2. 做好对机器设备所进行的保养维护的所有记录 3. 定期检查机器设备上的量器和负荷指示器，以发现可能表明设备出现问题的不正常现象 4. 根据要求完成非常规性的维护任务 5. 承担对执行维护任务的操作工进行有限监督和培训的任务
设备修理	1. 对设备进行检查并提出报废或修理某一零部件的建议 2. 如果设备需要修理，则需要采取任何必要的措施来使该零部件恢复正常工作，其中包括使用各种手工工具和设备来对该零部件进行部分或者全部重组，最主要的是内燃机和水压机的全面大修以及故障排除
测试与批准	1. 确保所有要求完成的保养和维修工作均已完成，并且必须是按照设备生产商所提供的说明书来进行的保养和维修 2. 批准或否决某设备已经达到在某工作中使用的条件
库存保持	1. 保持设备保养和维修所需要的库存零部件 2. 以最低的成本，采购令人满意的零部件
其他职责	上级分配的其他职责

资料来源：董克用.人力资源管理概论[M].4版.北京：中国人民大学出版社，2015:135.

在履行职责部分中，还有一个问题需要注意，如果某一职位是由多项职责组成的，就要将这些职责按照一定的顺序进行排列，而不能胡乱地堆砌。在排列职责时，有以下两个原则：

（1）按照这些职责的内在逻辑顺序进行排列。也就是说如果某一职位的职责具有逻辑上的先后顺序，就要按照这一顺序进行排列。例如，人力资源部培训主管这一职位由拟定培训计划、实施培训计划、评估培训效果、总结培训经验这几项职责组成，这些职责在时间上有一个先后的顺序，因此在排列时就要按这一事件顺序依次进行。

（2）按照各项职责所占用的时间多少进行排列。有些职位的职责并没有逻辑顺序，此时就要按照完成各项职责所用的时间多少进行排列。当然，这一时间比例并不需要非常准确，只是一个大概的估计，一般来说以 5% 作为最小的单位。

4. 业绩标准

业绩标准就是职位上每项职责的业绩衡量要素和衡量标准。衡量要素是指对于每项职责，应当从哪些方面来衡量它是履行得好还是履行得不好；衡量标准则是指这些要素必须达到的最低要求，这一标准可以是具体的数字，也可以是百分比。

5. 工作关系

工作关系主要是指某一职位在正常的情况下，主要与企业内部哪些部门和哪些职位发生工作关系，以及需要与企业外部哪些部门和人员发生工作关系。这个问题比较简单，需要注意的问题是偶尔发生联系的部门和职位一般不列入工作关系的范围之内。

6. 使用设备

使用设备就是工作过程中需要使用的各种仪器、工具、设备等。

7. 工作环境和工作条件

工作环境和工作条件包括工作的时间要求、地点要求、物理环境条件等。

以上内容属于职位描述的范畴，职位描述是否清楚明了，可以用一种简单的方法来测试。编写职位描述的分析人员可以问自己："一个从来没有接触过这一职位的人看了职位描述之后，如果让他来从事这一职位，他是否知道自己要干什么以及如何去干？"如果不能得到肯定的回答，说明这份职位描述还要继续修改。

3.3.2 任职资格

任职资格属于职位要求的范畴，一般来说任职资格应包括以下几项内容：所学的专业、学历水平、资格证书、工作经验、必要的知识和能力以及身体状况。需要强调的是，不管任职资格包括什么内容，其要求都是最基本的内容，即承担这一工作的最低要求。

3.3.3 其他信息

这属于备注的内容，即如果还有其他需要说明但是又不属于职位描述和职位要求范围的，可以在其他信息中加以说明。

3.4 胜任素质模型

传统的人力资源管理都是通过职位分析来确定职位说明书的职位要求的。采用职位分析来确定职位要求时，企业主要关注的是完成工作所需要具备的知识、技能、经验等，这些对工作的完成很重要，但是有了这些并不一定就能出色地完成工作。在现代人力资源管理中，越来越多的企业开始采用胜任素质模型来分析完成工作所需要具备的深层次特征，作为职位分析所确定的职位要求的补充，弥补职位分析的不足。

3.4.1 胜任素质概述

胜任素质的定义

胜任素质是指能将某一工作（或组织、文化）中表现优秀者与表现一般者区分开来的个体行为特征，即鉴别性胜任素质，以及能将某一工作（或组织、文化）中表现合格者与表现不合格者区分开来的个体行为特征，即基准性胜任素质。胜任素质包括六个方面的内容。

（1）知识：某一特定领域的有用信息。

（2）技能：从事某一活动的熟练程度。

（3）社会角色：希望在他人面前表现出来的形象（如以企业领导、主人的形象展现自己）。

（4）自我概念：对自己的身份、个性和价值的认识与看法（如将自己视为权威还是教练）。

（5）特质：个体行为方面相对持久、稳定的特征（如善于倾听他人、谨慎等）。

（6）动机：那些决定外显行为的自然而稳定的思想（如总想把自己的事情做好，总想控制、影响别人，总想让别人理解、接纳、喜欢自己）。

3.4.2 胜任素质的构成要素

一项胜任素质应该包含以下六个要素。

（1）名称。图3-4给出的胜任素质名称是"成就欲"。

（2）定义，即该胜任素质的具体内容是什么。表中的"成就欲"是指希望更好地完成工作或达到一个优秀的绩效标准。

（3）维度。图3-4给出了"成就欲"的其中两个维度："激励成就的强度和完整性""成就的影响范围"。

（4）分级，即对每一个维度划分等级。如"成就欲"的"成绩的影响范围"分为7个级别（A1～A7）。

（5）等级标准，即每一个等级的具体标准，如A1的等级标准为"不符合工作上的标准"。

（6）行为描述。通过行为描述，我们来对每一个等级进行界定，具体体现等级之间的差别。例如，图 3-3 对"激励成就的强度和完整性"的第 4 级（A4）是通过这样的行为描述进行界定的："工作符合管理上的标准，例如预算的管理符合销售的业绩品质的要求等。"

成就欲：希望更好地完成工作或达到一个优秀的绩效标准

A 激励成就的强度和完整性

A1 不符合工作上的标准。在工作上漫不经心，只符合基本要求却很关心工作以外的事，如社交活动、地位、兴趣、家庭活动和朋友关系

A2 只专注在任务上。虽然努力工作，但对于产出没有证据显示达到杰出的标准

A3 想把工作做好，想要努力工作，以符合工作上要求的标准。想要把工作做好、做对，偶尔对于浪费与无效率表现出沮丧，例如抱怨时间浪费和想要做得更好，但没有实质性的进步

A4 工作符合其他人的标准。工作符合管理上的标准，例如预算的管理符合销售的业绩品质的要求等

A5 自己设立衡量优异的标准。使用自己特定的方法来衡量产出，而不是使用一套来自上面管理要求的优异标准，例如费用、时间管理、淘汰率、打击竞争者等，或是设立的目标达不到 A7 设立的程度

A6 持续不断地改善绩效。在系统上或工作方法上做出改变以改善绩效，例如降低成本、提高效率、改善品质、使顾客满意、提升士气、增加收益，而没有设定任何特别的目标

A7 设定挑战性的目标。设定及达成具有挑战性的目标，例如六个月改善销售/品质/生产力 15%。具有挑战性表示目标有一定的难度但并不是不可能达成。开始设定及执行具有挑战性的目标就可以计分，即使目标没有达成也给予计分，设定的所谓安全目标不具备挑战性，不予计分

B 成就的影响范围

B1 只关心个人的表现。通过时间管理技术及良好的工作方式，只为改善个人的工作效率或只影响单个人，如主要部属及秘书的工作效率

B2 影响一个或两个人，影响其在财务上小额的承诺

B3 影响一群人（4～15 人），获得中等数量的销售或财务承诺，通过使工作更系统或使其他人更有效率来改进群体绩效

B4 影响一个部门的人（超过 15 人），获得一项大的业绩或一定程度的财务承诺

B5 影响一个中型组织或是一个大组织的部门

B6 影响一个大型组织

B7 影响整个产业

图 3-3　胜任素质的六要素示例图

资料来源：董克用. 人力资源管理概论 [M]. 4 版. 北京：中国人民大学出版社，2015:142.

3.4.3　胜任素质模型概述

1. 胜任素质模型的定义

胜任素质模型（competency model）就是指为完成某项工作，达成某一目标所需要的一系列不同胜任素质的组合，包括不同的动机表现、个性与品质要求、自我形象与社会角色特征以及知识与技能水平。它描述的是特定组织特定职位所要求具备的胜任素质，以及这些胜任素质之间的权重关系。

通常来说，胜任素质模型：①最好由 5～9 项胜任素质组成，不能太多；②每项胜任素质在整个模型中有一定的权重（重要性程度）；③每项胜任素质都有明确的界定；④部分胜任素质还界定了所必须达到的等级。

胜任素质模型是某（类）职位任职人员胜任素质构成的直观呈现，这种呈现既可以是详细的文字说明，也可以是形象的图形勾勒，或二者的结合。

2. 胜任素质模型的分类

（1）根据所预测的绩效标准，胜任素质模型可以划分为基准性胜任素质模型和鉴别性胜任素质模型。

基准性胜任素质模型所预测的绩效标准为"胜任"，它所区分的是"能胜任工作但绩效表现并不出色者"和"不能胜任工作者"。

鉴别性胜任素质模型所预测的绩效标准是"优异"，它所区分的是"绩效优异者"和"能胜任工作但绩效表现并不出色者"。

（2）根据不同的工作性质和特点、不同的时空范围与目标以及需求，胜任素质模型可以划分为以下四种类型：

- 职位胜任素质模型。它是胜任素质模型中范围最狭窄的一种，仅适用于某一特定职位，比如销售总监的胜任素质模型、研发总监的胜任素质模型。
- 职能胜任素质模型。它是根据职能部门中专业性非常强的某类职位任职者的成功实践，总结归纳出来的胜任素质模型，如市场营销人员、技术研发人员、财务管理人员、物流管理人员、工业工程管理人员、质量控制人员、人力资源管理人员等的胜任素质模型。
- 角色胜任素质模型。它是从组织中员工个人所扮演的角色出发，通过深入比较、研究、总结概括出来的一种胜任素质模型。它跨越了某类职位人员的专业性和单一性，是对功能性胜任素质模型的进一步提升，如企业家的胜任素质模型、职业经理的胜任素质模型以及各级主管人员的胜任素质模型。
- 组织胜任素质模型。它是从组织发展愿景和目标出发，与组织的核心理念紧密结合，为满足组织总体战略的发展需要而确立起来的胜任素质模型。它高于其他层次的胜任素质模型，是要求组织内不同工作领域、不同层次和不同职位上所有人员需要具备的胜任素质。

3. 胜任素质模型的建立

胜任素质模型的建立通常有以下六个关键步骤。

（1）确定绩效标准。管理者首先对不同绩效水平的员工进行比较，找出他们之间的根本性区别（胜任素质），然后用这些胜任素质去预测一个人的绩效。因此，我们要建立胜任素质模型，首先就需要确定绩效标准，也就是用什么标准来衡量一个人是表现优秀、表现一般，还是表现不尽如人意。这是建立胜任素质模型的第一步，也是最关键的一步。如果绩效标准选择出现了错误或者偏差，后面选出来的胜任素质不可避免地会发生偏差。

（2）确定效标样本。根据第一步确定的绩效标准，企业对现有的人员进行评价与判断，看哪些人明显超过绩效标准（表现优秀者），哪些人达到但未明显超过绩效标准（表现一般者),哪些人明显没有达到绩效标准(表现不尽如人意)。如果需要建立的是鉴别性胜任素质模型,则企业需要找出表现优秀者与表现一般者两组人;如果需要建立的是基准性胜任素质模型,则企业需要找出表现一般者与表现不尽如人意者两组人。一般来说,我们建立的都是鉴别性胜任素质模型,找的也是表现优秀者(优秀组)与表现一般者(普通组)两组人。从理论上来说,在建立胜任素质模型时,每一组应该不少于10人,具体根据情况灵活确定。

(3)获取样本数据。获取样本数据的方法有行为事件访谈法、专家小组评议法、问卷调查法等,但一般以行为事件访谈法为主。后面我们会对行为事件访谈进行专门介绍。

(4)数据处理分析。在这一步骤中,企业要对搜集的数据资料加以分析,以确认区分杰出表现者与一般表现者的胜任素质,这个过程称为成立假设、主体分析或概念形成等环节。如果采用的是行为事件访谈法,本步骤需要完成的工作就是对访谈收集的资料进行编码分析;如果采用的是问卷调查法,本步骤就需要对问卷进行分析。

(5)建立初步的胜任素质模型。企业通过对数据处理分析(如访谈资料的编码分析和问卷分析)的结果进行整理归纳,建立初步模型。这一工作具体是指对优秀组和普通组在每一胜任素质上出现的频次和等级的差别进行比较、分析与检验,找出两组的共性与差异特征,根据不同的主题进行特征归类,确定胜任素质项目;根据频次的集中程度,估计各类特征组的大致权重,然后确定每项胜任素质的等级;描述胜任素质等级;以文字和图表或是二者结合的形式将胜任素质模型呈现出来。

(6)验证胜任素质模型。验证胜任素质模型可以采用已有的优秀者与一般者的有关标准或数据进行检验,其关键在于组织选取什么样的绩效标准来做验证。验证胜任素质模型可以采用三种模式来确认其有效性。

研究人员可以搜集优秀者与一般者的第二个效标样本,再次用行为事件访谈来收集数据,分析建立的胜任素质模型是否能够区分第二个效标样本(分析员事先不知道谁属于优秀组或普通组),即考察交叉效度;根据胜任素质模型编制评价量表,来评价第二个效标样本在上述胜任素质模型中的关键胜任素质,考察绩效优秀者和一般者在评价结果上是否有显著差异,即考察构想效度;使用行为事件访谈或其他测验,按所提取的胜任素质模型中的胜任素质选拔人员,或是根据胜任素质模型对相关人员进行培训,然后跟踪这些人,考察他们在以后的工作中是否表现更出色,这是最有力的验证方法,即考察预测效度。

3.5 职位分析实训

3.5.1 实训目的

(1)加深理解职位分析的概念、目的和结果;
(2)灵活掌握职位分析的步骤和方法。

3.5.2 实训背景资料

A 公司是一家位于我国中部省份的房地产开发公司。近年来,随着当地经济的迅速发展,房产需求强劲,公司也有了飞速的发展,规模持续扩大,逐步发展为一家中型房地产开发公司。随着公司的发展和壮大,员工人数大量增加,众多的组织和人力资源管理问题逐渐突显出来。

公司现有的组织机构,是基于创业时的公司规划,随着业务扩张的需要逐渐扩充而形成的。在运行的过程中,组织与业务上的矛盾已经逐渐突显出来。部门之间、职位之间的职责与权限缺乏明确的界定,扯皮推诿的现象不断发生。有的部门抱怨事情太多,人手不够,任务不能按时、按质、按量完成;有的部门又觉得人员冗杂,人浮于事,效率低下。

在公司的人员招聘方面,用人部门给出的招聘标准往往非常含糊,招聘主管往往无法准确地加以理解,使得招来的人大多差强人意。同时目前的许多岗位不能做到人事匹配,员工的能力不能得以充分发挥,这严重挫伤了士气,并影响了工作的效果。公司员工的晋升以前由总经理直接做出。现在公司规模大了,总经理已经几乎没有时间来与基层员工和部门主管打交道,基层员工和部门主管的晋升只能根据部门经理的意见来做出。而在晋升中,上级和下属之间的私人感情成为决定性的因素,有才干的人往往并不能获得提升。因此,许多优秀的员工由于看不到自己未来的前途,而另寻高就。在激励机制方面,公司缺乏科学的绩效考核和薪酬制度,考核中的主观性、随意性非常严重,员工的报酬不能体现其价值与能力,人力资源部门经常可以听到大家对薪酬的抱怨和不满,这也是人才流失的重要原因。

面对这样严峻的形势,人力资源部门开始着手进行人力资源管理的变革,变革首先从进行职位分析、确定职位价值开始。职位分析、职位评价究竟如何开展,如何抓住职位分析、职位评价过程中的关键点,为公司本次组织变革提供有效的信息支持和基础保证,是摆在 A 公司面前的重要课题。

首先,它开始寻找进行职位分析的工具与技术。在阅读了国内目前流行的基本职位分析方面的书籍之后,他们从其中选取了一份职位分析问卷,以作为收集职位信息的工具。然后,人力资源部门将问卷发放到了各个部门经理手中,同时还在公司的内部网上发了一份关于开展问卷调查的通知,要求各部门配合人力资源部门的问卷调查。

据反映,问卷在下发到各部门之后,却一直搁置在各部门经理手中,而没有发下去。很多部门直到人力资源部门开始催收时才把问卷发放到部门每个人手中。同时,由于大家都很忙,很多人在拿到问卷之后,都没有时间仔细思考,草草填写。还有很多人在外地出差,或者任务缠身,自己无法填写,而由同事代笔。此外,据一些较为重视这次调查的员工反映,大家都不了解这次问卷调查的意图,也不理解问卷中那些陌生的管理术语,何为职责、何为工作目的,许多人对此并不理解。很多人想就疑难问题向人力资源部门进行询问,但是不知道具体该找谁。因此,他们在回答问卷时只能凭借自己个人的理解来进行填写，无法把握填写的规范和标准。

一个星期之后，人力资源部门收回了问卷。但他们发现，问卷填写的效果不太理想，一部分问卷填写不全，一部分问卷答非所问，还有一部分问卷根本没有收上来。这些问卷并没有发挥其应有的价值。

与此同时，人力资源部门也着手选取一些职位进行访谈。但在试着谈了几个职位之后，它发现访谈的效果并不好。因为，在人力资源部门中，能够对部门经理访谈的人只有人力资源部门经理一人，主管和一般员工都无法与其他部门经理进行沟通。同时，由于经理都很忙，能够把双方凑在一块，实在不容易。因此，两个星期之后，人力资源部门经理只访谈了两个部门经理。

人力资源部门的几位主管负责对经理级以下的人员进行访谈，但在访谈中，出现的情况却出乎意料。大部分时间都是被访谈的人在发牢骚，指责公司的管理问题，抱怨自己的待遇不公等。而在谈到与职位分析相关的内容时，被访谈人往往又言辞闪烁，顾左右而言他，似乎对人力资源部门的这次访谈不太信任。访谈结束之后，访谈人都反映对该职位的认识还是停留在模糊的阶段。这样持续了两个星期，访谈了大概1/3的职位。王经理认为时间不能拖延下去了，因此决定开始进入项目的下一个阶段——撰写职位说明书。

但是，这时各职位的信息收集还不完整。怎么办呢？人力资源部门在无奈之中，不得不另觅他途。于是，它通过各种途径从其他公司中收集了许多职位说明书，试图以此作为参照，结合问卷和访谈收集到一些信息来撰写职位说明书。

在撰写阶段中，人力资源部门还成立了几个小组，每个小组专门负责起草某一部门的职位说明，并且各组要在两个星期内完成任务。在起草职位说明书的过程中，人力资源部门的员工都颇感为难，一方面不了解别的部门的工作，问卷和访谈提供的信息又不准确；另一方面，大家缺乏写职位说明书的经验，因此，写起来都感觉很费劲。规定的时间快到了，很多人为了交稿，不得不急急忙忙，东拼西凑了一些材料，再结合自己的判断，最后成稿。

职位说明书终于出台了。人力资源部门将成稿的职位说明书下发到了各部门，同时，还下发了一份文件，要求各部门按照新的职位说明书来界定工作范围，并按照其中规定的任职条件进行人员的招聘、选拔和任用。但这引起了其他部门的强烈反对，很多直线部门的管理人员甚至公开指责人力资源部门，说人力资源部门的职位说明书是一堆垃圾文件，完全不符合实际情况。

于是，人力资源部门专门与相关部门召开了一次会议来推动职位说明书的应用。人力资源部门的经理本来想通过这次会议来说服各部门支持这次项目。但结果恰恰相反，在会上，人力资源部门遭到了各部门的一致批评。同时，人力资源部门由于对其他部门不了解，对于其他部门所提的很多问题，也无法进行解释和反驳，因此，会议的最终结论是，让人力资源部门重新编写职位说明书。经过多次重写与修改，职位说明书始终无法令人满意。最后，职位分析项目不了了之。

人力资源部门的员工在经历了这次失败的项目后，对职位分析彻底丧失了信心。他们开始认为，职位分析只不过是"雾里看花，水中望月"的东西，说起来挺好，实际上却没有什么大用，而且认为职位分析只能针对西方国家那些管理先进的大公司，拿到中国的企业来，根本就行不通。原来雄心勃勃的人力资源部门的经理也变得灰心丧气，但他一直对这次失败耿耿于怀，对项目失败的原因也是百思不得其解。

那么，职位分析真的是他们认为的"雾里看花，水中望月"吗？该公司的职位分析项目为什么会失败呢？

资料来源：https://max.book118.com/html/2016/1121/64465333.shtm.

3.5.3 实训任务

（1）该公司为什么决定从职位分析入手来实施变革，这样的决定正确吗？为什么？
（2）在职位分析项目的整个组织与实施过程中，该公司存在哪些问题？
（3）该公司所采用的职位分析工具和方法主要存在哪些问题？
（4）如果你是人力资源部门的新任主管，让你重新负责该公司的职位分析，你如何开展工作？

3.5.4 实训步骤

1. 个人阅读

课前把案例资料分发给学生，请学生在课下针对实训任务仔细阅读案例，让每位学生针对实训任务深入思考，鼓励学生提出具有创新性的问题。

2. 小组讨论与报告（10～20分钟）

在课堂上，每组3～5人，围绕"实训任务"展开课堂讨论。要求以小组为单位将达成共识的讨论要点或者关键词抄写在黑板上的指定位置并进行简要报告，便于课堂互动。

小组报告的要点或关键

任务1：
任务2：
任务3：
任务4：

3. 师生互动（25～30分钟）

在课堂上，老师针对学生的报告与问题进行互动，同时带领学生对关键知识点进行回顾，并对学生提出的观点进行追问，引发学生对问题做进一步思考，激发学生深度学习。

4. 课后任务

（1）聆听本节微课，深入理解职位分析的内容；

（2）请同学们自觉在课后进一步查阅职位分析的相关理论资料和企业实战案例并进行系统回顾与总结。

复习思考题

1. 编写职位说明书应遵循哪些原则？
2. 简述职位分析在人力资源管理中的作用。
3. 简述企业进行职位分析的时机。
4. 什么是工作日志法？它有何优缺点？
5. 什么是职位分析的问卷调查法？它有何优缺点？
6. 人力资源部门主管在职位说明书的编写中应承担何种责任？
7. 简述访谈分析法的优缺点。
8. 简述职位分析的流程以及各环节的主要工作。
9. 论述职位分析对于企业经营管理的重要意义。

Chapter 4
第 4 章

人力资源规划与员工招聘

学习目标

1. 理解人力资源规划的含义和内容；
2. 掌握人力资源规划的程序；
3. 掌握人力资源需求和供给预测的方法；
4. 掌握人力资源供给和需求的平衡措施；
5. 理解招聘的含义和原则；
6. 掌握招聘的渠道和程序；
7. 掌握甄选常用的方法。

开篇引例 缺人背后的原因是什么

D集团在短短5年之内由一家手工作坊发展成了国内著名的食品制造商。它最初不制定招聘规划，缺人了，就去人才市场招聘。企业步入正轨后，开始每年年初制定规划：收入多少，利润多少，产量多少，员工定编人数多少等，人数少的可以进行招聘，人数超编的就要求减人，一般在年初招聘新员工。可是，因为一年中不时有人升职、平调、降职、辞职，年初又有编制限制不能多招，而且人力资源部门也没把握应当多招多少人或者招什么样的人，结果人力资源部门的经理一年到头地忙于招聘工作。

近来由于3名高级技术工人退休、2名跳槽，生产线立即瘫痪，集团总经理召开紧急会议，命令人力资源部门的经理3天之内招到合适的人员顶替空缺，恢复生产。人力资源部门的经理两个晚上没睡觉，频繁奔走于全国各地的人才市场和面试现场之间，最后勉强招到2名已经退休的高级技术工人，使生产线重新开始运转。人力资源部门的经理刚刚喘口气，地区经理又打电话给他说自己的公司已经超编了，不能接收前几天分过去的5名大学生。人力资源部门的经理怒气冲冲地说："是你自己说缺人，我才招来的，现在你又不要了！"地区经理说："是啊，我两个月前缺人，你现在才给我，现在不缺了。"人力资源部门的经理分辩道:"招人也是需要时间的,我又不是孙悟空,你一说缺人,我就变出一个给你?"……

资料来源:www.chinahrd.net,本书采用时略有改动。

4.1 人力资源规划

4.1.1 人力资源规划概述

在现实工作中,不少公司人力资源部门经常忙得不可开交:招聘、办理员工离职手续、组织公司员工培训等。其实在很多情况下,人力资源部门之所以这么忙,是为了应对其他部门提出的一系列用人问题,比如生产部员工数量不足、财务部人员过剩、销售部员工业绩远远低于预期等。其中一个重要的原因在于公司没有有效的人力资源规划,因此导致人力资源的数量、质量、结构等方面出现了不合理的现象。

1. 人力资源规划的含义

人力资源规划也叫人力资源计划,是指企业为实现自身发展目标,而对所需人力资源进行供给和需求预测,制定系统的政策与措施,以满足企业不同时期对人员数量和质量的要求。具体来讲,人力资源规划要根据企业的目标和人力资源战略目标来制定,科学预测企业未来的人力需求,并预测人力资源的供给,确定供给和需求之间的差距,用以指导招聘、培训、开发、晋升和调动等人力资源管理活动,确保企业在需要的时候获得所需要的人力资源(这种需要包括数量和质量两个方面)。

要准确地理解人力资源规划的含义,我们应该把握以下几个要点:

第一,人力资源规划要以企业的战略目标为指导。人力资源管理是企业管理的一个子系统,人力资源规划必须以企业发展目标为指导,确保满足实现企业目标所需要的人力资源的数量和质量要求。

第二,人力资源规划包括不同时期人力资源的供给和需求预测,同时还包括供给和需求的平衡。预测是前提和基础,平衡是目的。

第三,人力资源规划工作中人力资源的预测包括两个方面,即数量和质量,这二者缺一不可。因此,对于岗位人员的供给和需求的预测不仅有数量上的,还应该有质量上的。

组织为了谋求长期的发展,必须有效地利用现在的人力资源,并获取外部合适的人力资源。在进行人力资源规划的过程中,组织要重视员工的需求和个人发展规划,一方面要实现组织的目标,另一方面也要关心员工个人的目标,达到企业目标和个人目标的有机协调,将个人的发展与组织的发展有机地结合起来。有效的人力资源规划是战略导向的,是人力资源战略的延伸与具体实施,是人力资源管理其他各职能发挥作用的基础。

2. 人力资源规划的内容

人力资源规划的内容包括两个层次：一是企业的人力资源总体规划；二是企业的人力资源业务规划。人力资源总体规划要确定在规划期内人力资源规划的总目标、总原则、总方针政策以及总的预算安排。人力资源业务规划包括人员补充计划、人员配置计划、人员接替和提升计划、人员培训与开发计划、薪酬激励计划、员工关系计划以及退休解聘计划等。每一项业务计划都以总体规划为指导，是总规划的具体化。每项业务规划都有各自的目标、任务、政策和预算，人力资源业务规划的具体内容如表 4-1 所示。

表 4-1　人力资源业务规划的内容

规划名称	目标	政策	预算
人员补充计划	类型、数量、层次及人员素质结构的改善	任职资格、人员的来源范围、人员的起薪	招聘选拔费用
人员配置计划	部门编制、人力资源结构优化、职位匹配、职位轮换	任职资格、职位轮换的范围和时间	按使用规模、类别和人员状况决定薪酬预算
人员接替和提升计划	后备人员数量保持、人员结构的改善	选拔标准、提升比例、未来提升人员的安置	职位变动引起的工资变动
人员培训与开发计划	培训的数量和类型、提供内部的供给、提高工作效率	培训计划的安排、培训时间和效果的保证	培训与开发的总成本
薪酬激励计划	劳动供给增加、士气提高、绩效改善	工资政策、激励政策、激励方式	增加工资奖金的数额
员工关系计划	提高工作效率、员工关系改善、离职率降低	民主管理、加强沟通	法律诉讼费用
退休解聘计划	劳动力成本降低、生产率提高	退休政策及解聘程序	安置费用

资料来源：董克用．人力资源管理概论 [M]．4 版．北京：中国人民大学出版社．2015:161．

3. 人力资源规划的类型

根据不同的分类标准，人力资源规划可以分为不同的类型。

（1）按照规划的时间划分，人力资源规划可以分为短期、中期和长期规划。短期规划的时间一般为一年及一年以内；长期规划的时间一般为五年或者五年以上；中期规划的时间介于短期规划和长期规划之间。一般来讲，长期规划适用于确定的和稳定的环境，而短期规划适用于不确定的和不稳定的环境。

（2）按照规划的性质划分，人力资源规划可以划分为战略性的人力资源规划和战术性的人力资源规划。前者是全局的、长期的规划，后者是具体的、短期的规划。战略性人力资源规划是与企业长期战略相适应的人力资源计划，其内容涉及未来企业人力资源的总体需求和供给、人力资源的结构和素质层级，以及有关的人力资源政策和策略。战术性人力资源规划要在战略性人员规划的指导下制定，要确定具体的目标和政策，要制定得详细一些。

（3）按照规划的范围划分，人力资源规划可以划分为总体的人力资源规划、部门的人力资源规划以及项目的人力资源规划。部门的人力资源规划是各业务部门的人力资源计划，如技术部门的人员补充计划、销售部门的培训计划等。部门的人力资源规划是在公司总体人力资源规划的基础上制定的。项目的人力资源规划是针对某个具体项目或特定课题制定的人员规划。部门的人力资源规划与项目的人力资源规划不同，部门的人力资源规划只涉及单个部门，而项目的人力资源规划是为某种特定任务而制定的，有时会横跨多个部门。

4. 人力资源规划的作用

组织间的竞争，归根结底是组织人才的竞争，因此人力资源作为组织的首要资源备受成功企业的重视和爱护。组织目标的实现需要保质保量的人力资源，并使人力资源充分发挥效能。组织要想有科学、合理的人力资源数量和结构，保证人力资源的有效供给，就必须进行人力资源规划。人力资源规划的作用重点体现在以下几个方面：

（1）人力资源规划有助于满足企业对人力资源的需求。任何企业所处的外部环境都在不断变化，很多外部环境的变化会对企业的人力资源的数量和结构产生重大的影响，甚至直接影响人力资源的配置。例如，科学技术的发展会在很大程度上提高劳动生产率，这使得企业对人员的需求量减少；国家关于劳动用工政策的变化，会影响企业的用工数量和结构。同时，企业内部的环境也在不断地变化，这种变化严重影响着人员的内部供给以及企业对人员的需求。例如，人员的离职、退休、调职，人员的知识、能力和技能的不断变化，企业的相关政策的调整等，都在一定程度上影响着组织人力资源的供给和需求状况。人力资源规划是在对内外部环境预测的基础上制定的。面对这些变化，如果没有有效的人力资源规划，则企业很难在需要的时候获得所需的人才，因此，人力资源规划是企业人力资源需求的有效保障。

（2）人力资源规划有助于调动员工的工作积极性。人力资源管理要求在实现组织目标的同时，也要满足员工的个人需要，包括物质需要和精神需要，这样才能激发员工持久的积极性。人力资源规划展示了企业未来的发展机会。在人力资源规划的条件下，员工可以知道企业未来能有哪些适合自己的机会，能满足自己的哪些需求，进而努力进取。人力资源规划将企业的发展需要和员工的发展需要充分结合起来，进行人员的岗位配置、培训与开发，结合企业的发展进行员工的职业生涯规划，提高员工的满意度和归属感，从而提高员工的工作积极性。

（3）人力资源规划有助于企业降低人工成本。公司有效的人力资源规划管理工作有利于留住员工，特别是优秀员工，并将员工安置在合适的岗位上。企业通过人力资源规划预测人员的变化，调整人员结构，进行人力资源的合理配置，留住优秀人才，避免招聘不合适的人员，将企业人员的数量和质量控制在合理的范围内，从而减少用工成本，提高人力资源的利用效率。

（4）人力资源规划对人力资源管理的其他职能具有统领与协调作用。人力资源规划涉及人力资源管理的方方面面，是企业制定各种人力资源管理决策的基础。比如，人力资源规划是组织招聘、选拔人才的基础，它使组织了解哪些岗位需要补充员工，补充多少员工，需要员工具有何种技能，所需员工是从组织内部还是从外部招聘。人力资源规划也是组织人员培训和开发的基础，对于现有绩效不佳的员工，需要分析是否需要培训才能满足绩效要求，需要什么培训，何时培训等。职业生涯规划和培训计划为员工提供了更为广阔的发展空间。因此，有效的人力资源规划对于人力资源管理的其他职能具有一定的指导意义。

5. 人力资源规划的程序

为了达到人力资源规划的目标，企业在进行人力资源规划时必须按照一定的程序进行。组织所处的内外部环境在不断地变化，组织的人员情况也在不断地变化，因此要使人力资源规划有效，必须根据组织内外部环境的变化进行适应性调整。人力资源规划的过程一般包括以下几个步骤：准备阶段、预测阶段、制订供需平衡计划、执行阶段和评估阶段。

（1）准备阶段。在准备阶段中，企业主要进行组织内部与外部的环境分析，进行企业内部人力资源的分析。人力资源规划工作必须在充分了解和分析组织内部与外部环境的基础上进行，组织的内部环境分析主要对组织的经营战略、发展规划、管理风格、管理体系、组织的特点、产品与服务的情况等方面进行分析。企业对于现有人员的分析应该注重现有人员的详细情况，如现有人力资源的数量、人力资源的结构、人力资源的质量和潜能、人员的职业发展需求、受教育和参加培训的情况以及工作绩效等。企业对于外部环境的分析主要注重组织经营所涉及的政治、经济、文化、法律法规和相关政策因素。不同的组织内部和外部环境，会对人力资源提出不同的要求，因此，组织的内部和外部环境的分析以及对现有人员的大"盘点"是人力资源规划工作必须要做的第一步工作。

（2）预测阶段。企业在充分分析内部与外部环境的基础上，根据企业目标和任务要求选用有效的预测方法分别对人力资源的需求和供给进行预测，确定不同岗位人员需求的数量和质量，明确人员需求的时间。在确定需求的基础上，企业对于人力资源的供给状况进行分析，分别从内部人力资源供给和外部人力资源供给方面进行预测。企业只有准确地预测出供给和需求，才可能采取有效的措施进行供给和需求的平衡。

（3）制订供需平衡计划。在对人力资源的需求和供给预测后，企业要根据两者的比较结果，制定人力资源的供给和需求平衡措施，包括总体规划与各项业务规划。规划的各个部分要与企业的其他计划相一致，这样才能保证人力资源计划的可行性。

（4）执行阶段。此部分的重点是要注意规划执行中的监督和控制，保证人力资源规划的有效实施，同时注意人力资源规划在实施过程中的科学性和可行性的反馈，以及对于环境和人员的变化的适用性。

（5）评估阶段。人力资源规划工作是在预测的基础上进行的，由于预测本身不可能做到完全准确，同时，组织处于内部与外部环境的不断变化过程中，因此人力资源规划也要进行适应性调整。企业通过人力资源规划的评估，一方面在规划的执行过程中，及时发现问题，随时进行调整；另一方面在规划执行后进行评价，分析规划工作的经验教训，为后续的人力资源规划工作提供借鉴和帮助。

4.1.2 人力资源需求预测

1. 影响人力资源需求的外部因素

人力资源需求是指为了实现企业的战略和发展规划，所需要的员工的数量与质量。人力资源需求随企业的发展而变化，同时受企业内部和外部多种因素的影响。

（1）劳动力市场。劳动力市场是企业外部的一个人才"蓄水池"，为企业提供所需的人才储备。外部劳动力市场时刻在发生变化，其供给变化会影响企业获取人才的数量和质量以及企业的用工成本。劳动力市场上人才的素质也影响了企业获取人才的质量，甚至影响企业对人员的录用标准。

（2）行业发展状况。行业发展状况是企业发展的一个大背景，行业所处的生命周期会影响企业的用人需求，如果企业所在行业处于成长期，企业往往也会处于上升阶段，这就会增加企业的用工需求。相反，如果企业所在行业处于衰退期，企业往往也会减少用人需求。

（3）社会经济环境。良好的经济环境利于企业的业务增长，从而使企业的人员需求量增加。相反，不良的经济环境会使企业的用人需求量减少，在影响数量的同时，也会影响企业用人的质量。

（4）社会政治和法律环境。企业要在政治和法律环境下运行，如2008年《劳动合同法》修订版实施，加强了对于企业的管理，使得很多管理不规范的单位的用工成本较以前有所增加，从而导致很多单位减少用工数量，缩减用工需求。国家的一些用工政策也会影响企业对人员的需求和人员的选择。

（5）竞争对手的用工数量和质量。企业的竞争最终是人才的竞争，竞争对手用工的数量和质量会对竞争优势产生重大的影响，从而也会影响其他企业用工的数量、质量和人才结构。

2. 影响人力资源需求的组织内部因素

（1）企业发展战略。企业发展战略是影响人力资源需求的重大因素，它的实现必须依赖企业的核心竞争力，而核心竞争力的源泉是具有竞争力的员工，是员工所拥有的知识、技能、经验、素质和学习能力等。因此，企业发展战略直接影响着企业人才梯队的整体布局，决定着人力资源的数量和质量要求。

（2）组织规模的变化。组织规模的变化主要来自两个方面：一是在原有业务范围内扩大或缩小规模；二是增加新业务或放弃旧业务。这两方面的变化都会对人力资源需求的数量和结构产生影响。一般地说，扩大组织规模和开展新业务会增加对人力资源的需求，缩小组织规模或放弃某项业务会减少对人力资源的需求。

（3）企业的经营状况和管理水平。企业的经营状况和管理水平也是影响人员需求的重要因素，如企业的产品特点、产量、工作效率等都会影响对人员需求的数量和质量要求。企业管理水平高，员工的工作效率就高，从而需要的员工数量就少。

（4）企业现有员工的素质和流动状况。员工素质和流动状况是影响人员需求的因素之一，如现有员工的素质高，工作效率高，所需的员工数量就会减少，对人员的能力和素质要求往往也会提高。同时，如果现有员工的流动率低，人员的需求量就会减少，反之，对人员的需求就会增加。

（5）企业的技术或使用设备的先进水平。技术水平越高、设备的先进程度越高，对人员的需求就会越少，但是往往对人员的质量提出了不同程度的要求。

3. 人力资源需求预测的方法

人力资源需求预测的方法有很多，包括定性预测的方法和定量预测的方法，我们选取几种代表性的方法进行简单介绍。因为每种方法都有其特点，有其适用的条件，所以在实际的预测过程中，企业往往会将多种方法结合起来使用。

（1）经验判断法。这是一种较为简单的预测方法，即管理者根据自己以往的经验，通过分析企业未来的工作目标和工作任务的要求，考虑各种可能的影响因素，对未来人员需求进行估计。在实际的操作中，各部门负责人往往会提出对未来一定时期内本部门的人员需求，然后由公司高层领导进行总体平衡和决策，从而确定企业的最终人员需求。这种方法适用于规模较小的企业，且用于短期的预测，或者用于企业经营环境不稳定的情况。因为这是一种依靠管理者经验的主观判断方法，因此，这种方法的运用要求管理者具有丰富的经验，并且能做到客观公正。

（2）德尔菲法。德尔菲法是由美国兰德公司在20世纪40年代后期发明的。和上面所讲到的经验判断法不同，德尔菲法是一种专家团体预测的方法。这种方法依靠专家团队的知识和经验，对人员的需求进行估计。德尔菲法的特点在于：一是吸取多位专家的意见，由多位专家共同进行预测，避免单个人预测的片面性；二是匿名进行，也就是说参加预测的专家互不见面，不进行讨论，各自单独完成每一轮的预测；三是多次预测，也就是说整个预测要分几次完成，每次预测之后要将所有专家的预测结果进行反馈，使专家的意见互相补充，接着再进行下一轮预测。经过几轮预测，专家的意见趋于一致。

在运用德尔菲法进行人员需求预测时，企业一般采取如下步骤进行：首先，选择该领域的专家组成预测团队，为专家提供进行人力资源需求预测所需要的背景资料。其次，设计调查问卷，列出需要专家回答的人力资源需求预测的各个问题，这些问题要能够实现统计分析。再次，将背景资料和问卷发给专家，由专家匿名对这些问题进行预测和判断，并说明判断的理由。又次，由中间人回收专家问卷，进行统计汇总，并将汇总的结果和意见反馈给专家，接着进行下一轮预测，再由中间人回收问卷，进行汇总统计，继续将汇总结果和意见反馈给专家，由专家进行下一轮预测。最后，经过以上几轮预测，专家的意见基本一致，专家预测结束，企业将预测结果用文字或图表加以表述，完成人员需求预测。

（3）回归预测法。回归预测法包括一元线性回归、多元线性回归和非线性回归。其中一元线性回归是指影响人员需求的主要因素有一个；多元线性回归是指影响人员需求的主要因素有两个以上；非线性回归是影响人员需求的重要因素与人员需求之间不存在线性关系。

此分析方法的基本思路就是找到对人员需求影响最大的因素，接着根据历史数据找出该因素与人员需求之间的函数关系，建立回归方程。其中，影响最大的因素为自变量，人员需求为因变量，然后根据未来自变量的变化情况和回归方程，确定因变量，即人员的需求量。采用回归分析的方法，关键是要找出影响人员需求的关键因素。

4.1.3 人力资源供给预测

在人力资源的需求预测结束后，企业就要考虑人力资源的供给状况，确定供给是否满足需求以及供给的来源有哪些。企业对人力资源的供给预测要从外部预测和内部预测两个方面进行。外部的供给预测主要对劳动力市场的供求状况进行调查和分析，从而得知企业可从外部获得的人力资源的类别和数量。内部的人员供给预测主要对企业内部人员进行盘点分析，从而得知组织内部可供给的人员情况。

1. 影响人力资源供给的组织外部因素

（1）劳动力市场的水平。这是影响人员外部供给的重要因素，决定了外部可以供给的劳动力总量、结构以及可供给的水平。

（2）宏观经济状况。经济状况包括一个国家或地区的经济状况、行业的经济状况，甚至国际的经济状况。经济状况好，人员的需求量大，从而外部供给量减少，反之，外部人员供给量增加。

（3）国家的相关法律法规。国家的相关法律法规会影响企业的人力资源管理政策、人力资源的供给。比如，国家相关的就业促进法规和人才流动法规，促进了人员的合理流动，从而影响外部人员的供给水平。

（4）人们的就业意识和择业偏好。人们的就业意识强，外部可就业人口就会增加，可供给的水平就会提高。人们的择业偏好决定了不同行业和不同岗位的供给水平。不同区域不同年龄的人们的择业偏好有所不同。

2. 影响人力资源供给的组织内部因素

（1）组织的战略。这是影响内部劳动力供给的重要因素，企业内部劳动力市场的可供给程度首先取决于组织发展战略。比如组织实施扩张战略或多角化经营战略，所需要的人员数量会增加，对人员质量和结构的要求也会发生变化，同时组织内部的可供给的人员就相对不足，相反，组织内部的供给量充足甚至会出现供给大于需求的情况。

（2）组织结构。不同的组织结构对人员的需求不同，因而也会影响内部劳动力的供给状况。现代管理对组织扁平化的发展提出了要求，随着组织纵向层次的减少，管理层数减少，员工垂直升迁的机会也就会减少。这时，同一层级的员工数量会大大增加，从而导致同级别的人员供给较多，容易满足横向的职位调动。

（3）企业人员流动率。人员流动率影响着内部劳动力供给，组织人员流动率高，内部供给量就会减少,相反,就会出现供给充足或过剩的情况。组织应该查明哪些岗位人员流动率异常,查明人员流动率高或低的原因,确定合理的人员流动率,从而利于有效的人力资源内部供给预测。

(4)组织的薪酬支付水平。组织的薪酬水平影响员工的满意度,从而影响员工的工作效率和人员流动率,是影响人员内部供给的重要因素。支付水平高,人员离职率相对低,人员的可供给程度提高,相反,员工离职率高,从而会降低人员内部供给的水平。

(5)组织的声望和地理位置。组织的声望越高,地理位置越好,外部劳动力前来就业的愿望就越强,企业获取外部人力资源的能力就越强,相反,获取外部人员的难度就增加。同时,良好的企业声望和优越的地理位置也是留住企业内部员工的重要因素。

在进行人力资源供给预测的时候,组织要充分分析内部可供给的人员数量和质量,同时了解外部可供给的人员情况。此时,组织可以通过专业的调研机构协助分析外部人力资源的供给状况。在这里必须注意的一点是,企业对于外部供给的预测一定是对本企业有效的人力资源进行预测,因为了解外部人力资源状况难度比较大,成本比较高,所以一般只对重点岗位和稀缺人才岗位的人力资源的供给进行外部预测。

3. 人力资源供给预测的步骤

外部的供给预测主要对劳动力市场的供求状况、可供给的渠道、竞争对手的供需状况等方面进行调查和分析,从而得知企业可从外部获得的人力资源情况。内部的人员供给预测主要对企业内部人员进行盘点、分析,统计、分析现有的各岗位人员数量、年龄、能力水平、职业发展规划、个人发展潜能以及流动率和员工其他异动的可能性,从而得知组织内部可供给的人员情况。

人力资源供给预测的具体步骤如下:

第一,进行组织内部人力资源的盘点,了解现有员工情况;

第二,根据组织职务调整政策和工作任务及员工情况确定员工异动的类型和比例;

第三,由各部门负责人提出本部门的人事调整方案;

第四,汇总内部人员的供给数据;

第五,对前面所提到的影响供给的内部和外部因素进行综合考虑,同时要考虑地域性和全国性的因素,分析企业吸引人才的竞争力以及劳动力市场的人才可供给水平;

第六,确定企业外部人力资源供给预测数据;

第七,将企业内部和外部的人力资源供给预测的数据进行汇总,得出企业各岗位人力资源的供给水平。

4. 人力资源供给预测的方法

(1)人员替代法。人员替代法是一种比较常用的方法,该方法将每个工作职位均视为潜在的工作空缺,而该职位下的每个人均是潜在的供给者。人员替代法以员工的绩效作为预测的依据,当某位员工的绩效过低时,组织将采取辞退或调离的方法,而当员工的绩效很高时,组织将提拔他或以其他方式对其进行岗位调整。这两种情况均会产生职位空缺，其工作则由有资格的替代者替代。

人员替代法以组织岗位要求和组织现有人力资源的绩效情况及潜能分析为基础，分析出组织每一个岗位的内部可供给的情况。企业使用人员替代法时要充分考虑员工的个人发展要求，只有将个人的发展规划与组织的用人需求有机结合，才能真正地实现人员的替代。人员替代法普遍应用在管理层的继任计划中。

人员替代法的操作一般按照如下步骤进行：首先要确定需要预测的空缺岗位，明确岗位要求；然后分析哪些岗位的人员可以调到空缺岗位上；接着分析这些岗位接替者的情况，通过绩效评估和潜能分析，确定接替人员可调职的可能性及调职时间，分析接替人员岗位调动的可能性，将个人的职业目标与组织目标结合起来，实现人力资源的供给与替代。

图4-1是人员替代法的一个示例图。在这个人员替代分析中，我们用字母表示岗位之间的关系，即可以直接晋升的为A，需要训练后再晋升的为B，根本不适合该职位的为C。用数字表示现有员工的表现情况，即接替者的表现优异是1，接替者的表现良好是2，接替者的表现普通是3，接替者的表现欠佳是4。通过人员替代图，我们可以清楚地看到组织内人力资源的供给与需求情况，这为人力资源规划提供了依据。

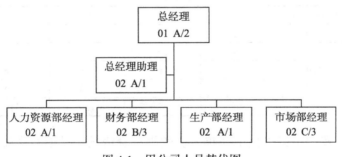

图4-1 甲公司人员替代图

（2）马尔可夫分析法。马尔可夫分析法是一种量化的统计分析方法，主要分析过去不同岗位间人事变动的规律，并假设这种变动规律与未来的变化趋势大体一致，依据过去的人事变动规律预测未来的人员供给。

这种分析方法的关键是要分析出组织内部不同岗位间的人事变动的趋势和流动概率，如升迁、平调、降职和离职等情况。这种分析方法通常通过流动可能性比例矩阵预测某一岗位上工作的人员流向组织内部另一岗位或离开的可能性。

马尔可夫分析法适用于人员流动比率相对稳定的公司。在操作中，企业首先要依据历史数据编制人员变动矩阵表，然后预测未来的人员变动情况，最后对组织人员的供给情况进行决策。企业运用此方法对历史变动率进行统计时，选择的周期越长，对未来供给预测的准确度就越高。

以下是某公司运用马尔可夫分析法对组织内的人员进行的供给预测。

首先，企业要编制人员变动矩阵表，如表4-2所示，表中的数据表示在几个固定的时间间隔内，两个职位间人事变动的平均百分比。

表 4-2　某公司的马尔可夫分析

职位	历史流动概率				
	L	M	N	E	离职
L	80%				20%
M	10%	70%			20%
N		5%	80%	5%	10%
E			15%	65%	20%

从表 4-2 中，我们可以看出不同岗位之间人员流动的概率以及离职比率。比如，对于 L 岗位，平均每年仍然有 80% 的人留在本岗位，而本岗位有 20% 的人离职；对于 N 岗位，每年有 80% 的员工留在本岗位，有 5% 的人升迁到 M 岗位，有 5% 的人降职到 E 岗位，有 10% 的人离职。

然后，企业基于以上历史流动率数据，将计划初期每一种岗位的人员数量与其各种变动概率相乘，得出该岗位人员的流动数量。

最后，企业将各岗位数据纵向相加，即得出组织内各岗位未来人员的供给量，如表 4-3 所示。

表 4-3　某公司的马尔可夫分析

职位	期初的人数	L	M	N	E	离职
L	40	32				8
M	80	8	56			16
N	120		6	96	6	12
E	160			24	104	32
人员供给量预测		40	62	120	110	68

从表 4-3 中，我们可以看出下一年人员的供给量情况。对于 L 岗位，因为本岗位留任 32 人，又从 M 岗位上升迁上来 8 人，L 岗位纵向相加，预测下一年人员的供给量为 40 人，和期初人数相同。对于 E 岗位，仍然留任在本岗位的人数是 104 的，有 6 人从 N 岗位降职到 E 岗位，预测下一年人员的内部供给量为 110，小于期初的 120。企业将这些人员供给预测的数据与公司的人员增减计划相结合，从而为后续的人员供给与需求的平衡提供决策依据。

（3）技能清单法。技能清单法在操作上是一种比较简单的方法。技能清单是一张雇员表，该表列出了与雇员从事工作相关的特征，包括员工的受教育水平、培训经历、工作经历、技能水平、专长和特长、持有的资格证书以及主管和领导的评价等一系列涉及个人岗位胜任力的信息。这张清单比较充分地显示了个人的知识和能力水平。

技能清单是员工竞争力的一个反映，可以用来帮助预测潜在的人力资源供给。人力资源工作者可以根据该清单，比较清楚地判断出该员工可胜任哪些工作岗位，从而为员工规划出几个可能的发展路径，结合员工的个人发展要求，当出现岗位空缺或需要进行人员岗位调整的时候，很容易完成岗位的人员补充工作。表 4-4 是一张技能清单的示例，在企业实际的工作中，可以根据工作需要在表格中增加所需要的内容。

表 4-4　某公司技能清单表

姓名：		部门：	岗位：	
入职日期：		职称：	填表日期：	
教育经历	类别	起止时间	学校	专业
	初中			
	高中及同等学力			
	本科			
	本科以上			
培训经历	培训时间	培训内容		培训证书
资格证书				
个人专长				
主管评价				
曾从事过的岗位				
职业发展	是否喜欢本岗位工作？喜欢的程度			
	是否愿意调到其他岗位			
	愿意调到哪个岗位？个人发展期望是什么			

4.1.4　人力资源供给和需求的平衡

实现人力资源供给和需求预测的平衡是人力资源规划的目的，我们前面所做的人力资源的需求预测和供给预测都是为了服务于供给和需求平衡的决策。企业在进行人力资源供给和需求预测时往往会出现两者不平衡的情况：一种是供给大于需求，即人员过剩；一种是供给小于需求，即人员紧缺；还有一种是总数量平衡，但是人员的质量和结构不匹配。当然，企业在进行人力资源供给和需求预测时，也可能出现供给和需求在数量与质量上都平衡的情况，这是一种理想的情况，出现的可能性极其小。下面我们看一下当人力资源供给和需求不平衡时，该如何决策以达到供求平衡。

1. 人力资源总量平衡，结构不平衡

这是供求在总量上平衡、结构上不平衡的情况。从整个组织的角度来看，员工总数量满足组织发展要求，但是有些员工不能达到岗位要求。当出现这种情况时，企业要分析情况，选择适合的供需平衡方法。一般情况下，企业可以从以下几个方法着手：

（1）调岗。企业进行人员的岗位调整，将员工调整到适合他的岗位上，如平调、降职等。

（2）培训。如果员工不胜任岗位工作的问题可以通过培训解决，则组织可以对现有人员进行培训，提高其能力和技能以使其满足岗位需求。

（3）人员替换。如果经过岗位调动或者培训都无法解决员工不胜任的问题，则组织可以采取辞退的方法，让不合适的人离开组织，重新招聘合适的人员。

2. 供给大于需求的平衡措施

这是一种人员的供给大于需求的情况，会出现富余的人员。在这种情况下，企业要充分考虑管理的要求，从组织的具体情况出发，从多个方面想出适合本组织的解决办法。企业可以从以下几个方面着手：

（1）考虑扩大经营范围，把富余的人员安置到新增加的岗位上；

（2）缩短员工工作时间，几个人共同承担一个岗位上的工作，同时减少员工收入，这种方法尤其适用于暂时性的业务紧缩的情况；

（3）对员工进行培训，储备人才，以备未来发展所需；

（4）鼓励提前退休，或者鼓励员工主动离职；

（5）如果公司的经营状况不佳，可以考虑是否能进行经济性裁员。

3. 供给小于需求的平衡措施

当供给小于需求时，就会出现人员短缺的情况，此时企业可以根据具体的情况采取相适应的措施。解决供给小于需求问题的措施包括：

（1）在法律允许的范围内，延长工作时间，支付相应的报酬；

（2）增加设备或提高设备的工作效率；

（3）从外部招聘人员；

（4）对现有员工进行培训，提高其工作效率；

（5）工作外包；

（6）聘用小时工、在校学生或退休人员；

（7）减少人员的流动，想办法留住员工。

在人力资源的供求平衡问题上，企业往往会出现某些岗位或部门供给大于需求，而另一些岗位或部门供给小于需求的情况；某些部门或岗位供给和需求平衡，一般的岗位人员富余，但有些关键岗位人员紧缺。因此，在制定供给和需求平衡措施时，企业要综合考虑以上所提到的各种措施，综合择优选用。

4.2 招聘概述

4.2.1 招聘的含义及作用

1. 招聘的含义

招聘是企业获取合格人才的主要途径。组织的竞争最终是人才的竞争，所以企业需要具备吸引、发展和保留人才的能力。为了适应环境的变化和业务发展的需要，企业要在人力资源的数量和质量上满足发展要求。所以，招聘作为补充人员的主要方法，越来越得到管理者的重视，是企业生存与发展的重要手段。成功和高效的员工招聘意味着企业有更强大的人力资源优势，从而进一步形成竞争优势。

员工招聘是指组织为了生存和发展的需要，根据人力资源规划与工作分析，发现和吸引合适的人员来填补组织的职位空缺的活动过程。

2. 招聘的作用

招聘工作的有效实施对人力资源管理工作和整个企业的管理工作都具有非常重要的意义。招聘工作不仅决定了组织能否吸引优秀的人才，而且影响员工的流动、企业的管理费用，以及企业的品牌形象。

（1）招聘有助于改善组织的劳动力结构。员工招聘以组织战略和经营规划为基础，根据人力资源计划确定人员需求数量，根据职位分析确定所需的人员的质量，然后开展招聘工作，进而通过有目的、有计划地选录人员，控制人员类型和数量，改善组织人力资源在年龄、学历、知识和能力等方面的结构，从而改善人力资源的总体质量。

（2）招聘能够调动员工的工作积极性。招聘工作为员工提供了公平竞争的上岗机会，因此在平时的工作中，员工会积极、努力地工作，争取良好的业绩，为竞聘上岗做准备。同时，岗位的调整有助于消除员工长时间在一个岗位上工作的疲劳和乏味感，从而调动员工的积极性。同时外部招聘来的人员有利于打破企业内部员工固有的、稳定的工作状态，从而促进内部员工更加积极地工作。所以，成功的招聘，可以使组织发现合适的人选，帮助员工找到适合自己的工作，提高员工工作的积极性，减少人员离职的可能性。

（3）招聘可以为组织注入新的活力，提高组织的创新能力。从外部招聘新员工可以为组织带来新的管理思想、新的工作技巧、新的工作模式等，这些都有利于组织的创新、变革和积极发展。特别地，从外部招聘的人才是企业的新生力量，除了弥补人力资源的不足之外，他们的新思想、新方法和新技术利于增强组织的创新能力。

（4）招聘有助于提高组织知名度。员工招聘过程也是企业对外宣传的一个重要窗口，招聘广告能使外界更多地了解自身，从而提高企业的知名度。也正因为员工招聘广告有此功能，所以许多企业打出招聘广告，并在其中不失时机地宣传本企业。此外，招聘工作人员的态度、能力和素质也代表了企业的形象。

3. 招聘的原则

为了保证招聘工作的合法性和有效性，使招聘工作起到应有的作用，企业在招聘工作中应该坚持一些重要的原则。

（1）合法的原则。人员招聘与甄选必须遵守国家的相关法令、法规、政策，在人力资源管理工作中绝对不能突破这道"管理底线"。一旦突破这道底线，企业不仅面临声誉受损的风险，甚至会受到法律制裁。与招聘工作相关的法律法规比较多，主要有《劳动合同法》《劳动法》《社会保险法》《就业促进法》《职工带薪年休假条例》《妇女权益保障法》等。

（2）公开原则。企业要把需要招聘的岗位、招聘人员的数量、报名的资格等涉及应聘者决定是否应聘的重要信息进行公开。这样做一方面能够尽可能地扩大应聘者的范围,广招人才,从而使企业有更多的人员选择,进而利于保证录用人员的质量,提高招聘效率;另一方面,也可以使招聘工作置于公开监督之下,防止不正之风。

(3)公平竞争的原则。企业要通过考试、面试和测试等方式对所有应聘者进行一致的考核,制定规范的考核程序、一致的录用标准,对所有应聘者一视同仁,不得制造各种不平等的限制或条件,也不能针对个别应聘者制定不平等的优先政策,防止"拉关系""走后门"、贪污受贿和徇私舞弊等现象的发生,为应聘者提供平等竞争的机会。

(4)德才兼备的原则。企业不能只注重应聘者的知识、专业和技术能力,还要注重应聘者的品质和个性特征,对应聘者从品德、知识、能力、技能、个性特征和经验等方面进行综合考察。因为一个人能否胜任某项工作或者发展前途如何,是由多个方面的因素决定的,特别是非智力因素往往对其将来的成功起着决定性作用。

(5)能岗匹配的原则。人的能力有大小,水平有高低,同时不同的工作对知识和能力的要求不同。在招聘工作中,企业对人员的选择要根据岗位的要求,选择最合适的人员,从而做到人尽其才,职得其人,促进人力资源队伍的稳定,高效地发挥人力资源的作用。

4.2.2 招聘的程序

员工招聘是一个系统的程序化操作过程,需要企业人力资源部门和用人部门共同完成。有效的招聘工作需要企业制订招聘计划,然后进行招募、甄选、录用和招聘效果评估几项重要的工作。

1. 制订招聘计划

招聘的准备阶段需要确定要招聘的岗位和人员需求数量,明确岗位要求,确定应聘人员应该具备的条件。这项工作是以人力资源规划和工作分析为前提与基础的。企业要明确招聘的时间和渠道,确定招聘预算。

招聘计划的具体内容包括:确定招聘目的、招聘的岗位和人员录用的标准、招聘对象的来源、招聘信息发布的渠道、招聘组织人员、面试考官、招聘的时间和新员工入职的时间以及招聘经费预算等。

2. 招募

根据招聘计划中所确定的录用条件和人员需求的数量,企业要选择合适的招聘渠道和有效的招聘方法,通过招聘信息的发布,最大限度地吸引合适的应聘者前来应聘。人员招募主要包括发布招聘信息以及接待应聘者,以获取企业所需的应聘者相关资料。

(1)发布招聘信息。企业要依据招聘计划确定招聘信息发布的范围、渠道和时间。招聘信息至少包括工作岗位的名称、工作内容、岗位工作要求、工作条件、人力资源相关政策、需要应聘者申请的时间和地点以及需要应聘者提交的资料。企业所发布的招聘信息必须客观、真实,不得有虚假。对于招聘信息发布的渠道,企业要根据所招岗位性质和招聘的人员数量以及用人的紧迫程度来综合确定。信息发布的范围越广,接收该信息的人就越多，应聘者就越多，组织招聘到合适人选的概率就越大，但费用支出相应也会增加。

如果企业招聘的是专业岗位或者特定层次的管理岗位，就要根据招聘岗位的要求和特点，向特定类别的人员发布招聘信息，比如招聘计算机方面的专业人才，则可以在有关计算机专业杂志或专业网站上发布招聘信息。同时在条件允许的情况下，企业应尽早发布招聘信息，从而使招聘工作处于主动地位。

不同的媒体对招聘广告的要求不同，但是不管采用哪种媒体，招聘广告都应该遵循一定的原则。第一，广告要能吸引人的注意；第二，广告要能激起人们对空缺职位的兴趣；第三，广告要能唤起人们应聘的欲望；第四，广告要能促使人们立即采取行动。

（2）接待应聘者，以获取企业所需的应聘者相关资料。应聘者在获取招聘信息后，向招聘单位提出应聘申请，例如通过信函方式、网上申请等方式提交个人资料，也可以直接填写招聘单位的应聘申请表。应聘者应提供的个人信息一般包括：应聘的职位、学历、学习经历、工作经历、技能、取得的成果和薪资要求等。个人简历一般着重说明专业、学历、工作经历、培训和学习经历、工作技能等。表4-5是应聘登记表示例。

表 4-5 应聘登记表示例

应聘职位			期望薪资				
姓名			性别			出生日期	
民族			婚姻状况			身高	
学位			政治面貌			档案所在地	
身份证号			户籍所在地			联系电话	
家庭住址							

	起止时间	毕业院校	专业	学历	证明人
教育经历					

	职业资格证书	
专业技能	电脑技能	

	英语证书等级	
语言能力	其他语种	

	起止时间	工作单位	职位	证明人及联系方式	离职原因
工作情况					

	关系	年龄	姓名	工作单位	职务	联系方式
家庭情况						

3. 甄选

人员甄选就是对应聘者进行选拔，即通过运用一定的工具和方法对招募到的应聘者进行鉴别，区分他们的知识技能水平和人格特质，从而预测未来的工作绩效，依据岗位的录用标准最终选择合适的人员到企业所需要的岗位上。甄选工作一般包括如下几个方面的内容：评价申请表和简历、选拔测试、面试、背景调查、体检。对于通过以上各环节考察的人员，公司通知录用，从而进入试用期考察阶段。在以上各环节中，只要出现不符合要求的人员，企业将不再继续进行后面的甄选环节，且不予录用。在此阶段中，企业一定要客观与公正，尽量减少面谈中各种主观因素的干扰。

4. 录用

通过人员的甄选做出初步决定后，企业还要对应聘者进行背景调查和身体健康检查，合格者将被录用。在进行录用决策时，企业要系统地对应聘者的知识、能力、技能、品质特征进行分析，考虑应聘者能做什么以及应聘者的工作意愿，从而将合适的人安排到合适的岗位上。

在进行决策时，企业还应该注意招聘的能岗匹配原则，选择最合适的而不是最优秀的人员加入企业中。在确定了录用人员的名单后，企业应该及时通知应聘者。对于没有被录用的人员，企业应该发出未被录用的通知，同时表达对应聘者的感谢。对于优秀的应聘者简历，企业可以保存到候选人人才库中，以便在企业需要的时候进行选择。在新员工入职后，招聘单位要与新员工签订劳动合同。

5. 招聘效果评估

这是招聘活动的最后一个环节，也是招聘过程中必不可少的一个部分，要对招聘活动做总结和评价，并将有关资料整理归档。招聘效果的评估可以从招聘成本、招聘的时间、录用人员的质量几个方面进行。若在招聘费用低的情况下，企业在较短的时间内招聘到了符合要求的员工，则表明招聘效果好，招聘效率高。

4.2.3 影响招聘工作的因素

企业的招聘工作会受多种因素的影响，主要包括外部因素和内部因素。

1. 影响招聘工作的外部因素

（1）国家的法律法规。国家的法律法规是企业招聘活动应该遵循的底线。整个招聘活动不应该低于这个底线，要做到守法合规。

（2）宏观经济形势。宏观经济形势好，企业的人员需求量就大，相反企业的人员需求量少，甚至会出现企业现有人员富余的情况，从而影响企业招聘工作的难易程度。同时宏观经济形势还影响着企业对人员的结构和质量要求。

（3）外部劳动力市场状况。由于外部劳动力是企业招聘的主要来源，因此外部劳动力市场的状况影响着企业招聘的效率和效果。当外部劳动力供给充分的时候，企业就比较容易获得所需人才，相反如果外部劳动力供给不充足，企业可选的人才会减少，从而会影响招聘的效率和效果。

（4）竞争对手。竞争对手的招聘政策在很大程度上决定了对人才的吸引力，从而影响其他企业获取人才的能力。如果竞争对手的招聘政策存在较大的优势，则会在很大程度上降低其他企业的招聘效率，影响其他企业的招聘效果。

2. 影响招聘工作的企业内部因素

（1）企业的政策。企业的招聘政策影响着企业对招聘方法的不同选择。例如，对于能力和技能要求较高的岗位，企业到底选择内部招聘还是外部招聘，这往往取决于企业的招聘政策。同时，企业的人力资源相关政策决定了员工的薪酬福利和未来的发展，是应聘者关心的重要问题，这些因素会对招聘活动产生重大的影响。

（2）企业自身的形象。企业在应聘者心目中的形象是影响企业号召力的重要因素，从而影响招聘活动。知名的企业品牌、良好的企业形象会对应聘者产生积极的影响。企业在公众中的声望，能使其很容易地吸引大批的应聘者。

（3）招聘预算。企业的招聘预算对招聘活动有着重要的影响。招聘资金充足的企业在招聘方法上可以有更多的选择，它们有充足的资金做广告，所选择的传播媒体更多，传播更广泛。此外，企业还可以去大学或其他地区招聘，或者请专业的招聘机构甚至是猎头公司帮助完成招聘工作。

4.3 招聘的渠道

4.3.1 内部招聘

内部招聘是指从企业内部现有员工中选聘合适的人员。

1. 内部招聘的方法

（1）内部公告法。内部公告法是将空缺的岗位、岗位职责和选拔要求等相关信息在企业内部公布，尽可能让全体员工了解。对空缺职位感兴趣的员工可以按照公告的要求进行申请。企业应该鼓励员工积极应聘，从而实现人员的合理流动。组织内部公开招聘不仅有利于激发员工的积极性、主动性和创造性，也有利于组织内劳动力的有效使用，这是内部招聘的主要方法。

（2）推荐法。推荐法一般由企业管理人员针对空缺职位的要求，向组织推荐其熟悉的员工。由于推荐人对被推荐者和岗位工作内容比较了解（被推荐者经常是其下属或者是工作合作伙伴），所以被推荐者与岗位要求的符合度往往较高。

（3）档案法。每家企业都应该有详细的人力资源信息档案。企业可以利用这些人事档案信息和相应的技术信息筛选合适的人员。人力资源档案信息应该包括员工的专业、学习培训经历、工作技能、职业发展需求和工作绩效等相关信息。企业通过员工信息档案能快速、有效地在内部员工中挑选可能的候选人来填补空缺，这样不仅节省了时间，而且提高了人力资源管理的效率。

2. 内部招聘的优点

第一，内部招聘有利于鼓舞员工士气，提高工作热情，调动内部员工的积极性。公司存在的空缺岗位，给了员工调整岗位的机会，有利于员工调整到自己期望的岗位，从而很大程度上激发员工的积极性。

第二，内部招聘有利于保证选聘工作的正确性。因为企业对内部员工比较了解，从而可以进行正确的选择。

第三，被聘者能迅速开展工作。员工对企业的现状和岗位情况比较了解，对工作流程和企业制度比较熟悉，能较快地胜任工作，工作起来要比外聘者得心应手，从而能迅速进入工作状态。

第四，选择费用低。内部招聘节省了外部招聘所需要的费用，比如招聘广告费和人工费等。同时因为企业内部员工对企业和岗位比较熟悉，也节约了一部分培训费用。

第五，节约招聘时间。相对于外部招聘，如果企业内部有合适的员工，很快可以安排面试、测试，能尽快做录用决策，缩短招聘周期。

3. 内部招聘的缺点

第一，内部招聘只限于企业内部员工，选择面较窄，数量有限，同时人才质量很难有突破，不利于企业的变革和创新。

第二，内部招聘可能会形成小团体，容易造成"近亲繁殖"、拉帮结派的现象。

第三，内部招聘可能会引起同事的不满，造成内部矛盾。有些参与竞聘的员工不能被聘用，可能会对组织的决定不满意，甚至对被录用者产生抵触或者敌意。

第四，内部招聘可能会产生以次充优的问题，从内部招聘到的人可能只是组织中最合适的人，却并非一定是最适合职位的人。

4.3.2 外部招聘

1. 外部招聘的方法

（1）广告招聘。广告是用人单位从外部招聘员工时最常用的方法之一。用人单位通过大众媒体包括广播、报纸、杂志、电视等面向社会发布招聘信息，吸引应聘者前来应聘。这种招聘方式信息传递的速度快，传播范围广。值得注意的是，利用广告招聘时，广告内容的设计和广告媒体的选择是非常关键的。不同的招聘媒体对招聘岗位的适用程度不同，对招聘广告设计的要求也不同。

（2）校园招聘。校园招聘是用人单位通过到学校招聘或者参加毕业生就业洽谈会等招聘人员。随着网络的普及，许多企业借助网络平台进行校园招聘。每年我国都有大量的应届毕业生通过校园招聘的方式走向工作岗位。企业为了吸引更多的优秀毕业生，往往会在第一时间内到学校进行宣传、开招聘会。有些企业也会通过合作培养学生的方式，与学校建立长期的稳定关系，培养自己需要的人才。学生毕业后到企业就业，使学校真正成为员工的来源之地。

（3）借助中介机构。中介机构既为单位选人，又为求职者择业。通过中介机构，单位和个人都容易获得大量的信息。此外，中介机构的专业程度在一定程度上决定了招聘的质量和效率。

中介机构包括人才交流中心、猎头公司等。其中，人才交流中心建有人才资料库，常年为企事业用人单位服务。用人单位可以很方便地在资料库中查询基本符合条件的人员。用人单位通过人才交流中心选择人员，可选范围广，费用比较低，但对一些热门专业或者稀缺人才的招聘效果不太理想。

猎头公司主要为企业寻找高级专业技术人才和高层管理人员。猎头公司一方面为企业搜寻高级人才，另一方面为各类高级人才寻找合适的工作。猎头公司拥有自己的人才库，拥有各自专长的行业和岗位，熟悉行业的人才分布情况，因此用人单位利用猎头公司进行招聘一般成功率较高，但费用也较高。

（4）员工推荐法。员工推荐法是指企业员工针对空缺职位的要求，推荐其熟悉的人员供人力资源部门和用人部门进行选择。由于推荐人对企业、岗位要求和岗位工作内容相对比较了解，同时对于应聘者也熟悉，他们的个人经历、背景信息相对来说更加可靠，所以他们推荐的人与岗位要求的符合度往往较高。企业这样进行招聘，成功的可能性更大，同时应聘者一般都是有备而来的，他们一旦被公司录用，一般不会轻易辞职。

2. 外部招聘的优点

第一，外部招聘可以带来新思想和新方法。从外部招聘来的员工一般能带来新的管理方法、专业技能，打破惯性思维，提出创新建议，犹如为企业注入了一股新鲜的血液，为企业带来生命力。

第二，外部招聘的选择范围广，有利于招聘一流人才。外部招募的人员来源广，选择余地大，能招聘到许多优秀的人才，尤其是一些稀缺的复合型人才。

第三，外部招聘有利于激励员工进取。外部招聘来的员工往往会增加现有员工的危机意识，使现有员工不至于过分懈怠，体现了典型的"鲶鱼效应"。外聘人员的加入往往会增加内部人员的斗志，增强工作主动性。

第四，外部招聘可以节约部分培训费用。从外部招聘的人才是按照岗位要求的知识和技能等要素筛选的，一般情况下比较符合岗位要求，可为企业节省部分培训费用。

第五，有效的招聘有利于树立良好的企业形象。对外招募的过程也是企业对外宣传、交流的过程，企业可以借此机会树立良好的企业形象。

3. 外部招聘的缺点

第一，外部招聘的招募成本高。外部招募需要在媒体上发布信息或者通过中介机构招募，一般需要支付广告费或者服务费用，而且由于外部应聘人员相对较多，后续的甄选过程也需要耗费人力和财力，而且占用了很多的时间，所以外部招募的成本较大。

第二，外部招聘的招聘时间长。相对于内部招聘来讲，外部招聘工作需要完成招聘的每一个环节，而且外部应聘者的数量和符合度都有很大的不确定性，因此所用的时间一般比较长。所以，对于人才稀缺的岗位，企业要提前进行人力资源规划和招聘工作。

第三，外部招聘可能会影响内部员工的积极性。如果企业中有能力的人未被选用或提拔，即内部员工得不到相应的晋升和发展机会，内部员工的工作积极性会受到打击，严重的话可能会导致现有员工离职。

第四，外部招聘选错人的风险大。企业虽然在筛选的过程中采用了一系列方法和手段，但是相对于内部招聘，对外部的应聘者只通过几次短时间的接触，不一定能全面、准确地了解，所以很可能做出不准确的判断，从而将不适合的员工招到企业中来，进而加大了用人的风险。

第五，从外部招聘来的员工进入工作状态需要的时间可能比较长。从外部招募来的员工一般需要花费较长的时间来熟悉企业和工作情况，了解企业制度与流程等。也就是说，在一般情况下，从外部招聘来的员工进入角色慢，适应期较长。

4.4 员工甄选

4.4.1 甄选的含义与程序

1. 甄选的含义

员工甄选是指通过运用一定的工具和手段对已经招募到的求职者进行鉴别和考察，区分他们的人格特点与知识技能水平，预测他们的未来工作绩效，最终挑选出企业所需要的、恰当的职位空缺填补者。有效的甄选工作能够对应聘人员进行有效识别，从而降低录用风险。

甄选要以空缺职位的要求为依据，同时由人力资源部门和用人部门共同完成。员工甄选的方法包括面试、心理测试以及知识技能测试等，具有较强的技术性。

2. 甄选的程序

为了保证甄选的效率和效果，甄选工作一般按照如下程序进行：首先按照岗位要求对应聘者的工作申请表和简历进行筛选，基本资料合格的应聘者进入选拔测试环节；在测试环节中，要对应聘者的知识、能力、技能、个性等方面进行测试，测试合格的应聘者进入面试环节；如果应聘者通过了面试，接着要对应聘者提供的材料进行真实性核查，对于一些重要或者特殊岗位的应聘者往往要进行背景调查；审查合格者进入体检环节，体检合格者进入试用期的考察阶段，试用期通过的将被企业正式录用。

4.4.2 甄选常用的方法

人员的甄选往往通过面试、心理测试、智能测试和评价中心技术等方法对应聘者的知识、能力、工作技能和个性特征等方面进行评价。心理测试和评价中心技术是在智能测试和面试基础上的进一步发展，可以检测应聘者的能力与潜力，消除面试中考官的主观因素对面试的干扰，鉴别应聘者资料中的某些虚假信息，提高录用决策的准确性，同时也提高招聘工作的公平性。

1. 面试

面试是指通过供需双方正式交谈，企业能够客观了解应聘者的业务知识水平、外貌风度、工作经验、求职动机等信息，应聘者能够更全面了解组织信息。对应聘申请表和简历的资格进行初步审查与筛选后，企业需要通过面试对应聘者的信息进行辨别并且对应聘者进行深入的了解，以便企业进行录用决策，因此面试是用人单位最常用的、必不可少的甄选手段。应聘者也能通过面试了解企业信息，了解岗位的工作要求，对于个人是否加入企业进行决策。面试是企业和应聘者双向了解的过程，是企业和应聘者双向选择的一个重要手段。

（1）面试种类。我们可以从不同的角度对面试进行分类。

①按照面试的组织方式划分，面试可分为一对一面试、小组面试和集体面试。一对一面试是一个面试考官与一个应聘者面对面地交谈，这样可以节约人力，但是面试结果易受考官个人偏见的影响，因此考官的水平要比较高。小组面试是指由面试考官组成面试小组对单个应聘者从多个角度进行面试，因为有多个考官同时进行面试，所以有利于提高面试结果的准确性，克服个人偏见，但是操作中要注意面试考官的分工。集体面试是指面试考官小组对多个应聘者同时进行面试。这种面试的效率比较高，但对面试考官的要求也比较高，如果内部面试考官达不到要求，可能需要考虑外聘专家。

②按照面试的结构化程度划分，面试可分为结构化面试、非结构化面试和半结构化面试。

结构化面试是指在面试前已设定面试内容或问题清单（包括对应的分值），面试考官按照设计好的问题对每个应聘者分别问相同的问题，控制整个面试的进程。结构化面试体现在几个方面，第一是面试过程或者说面试程序的结构化。在面试的起始阶段、核心阶段、收尾阶段中，对于面试考官要做些什么、注意些什么、要达到什么目的，事前都要有相应的计划。第二是面试试题的结构化。在面试过程中，面试考官要考察应聘者哪些方面的素质？围绕这些考察要素需要提哪些问题？什么时候提出？怎样提出？在面试前，相关人员都会对此做准备。第三是面试结果评判的结构化。对于从哪些角度来评判应聘者的面试表现，如何区分等级以及如何打分等，在面试前都要做相应的规定，并在所有面试考官间达成一致。

结构化面试的优点在于：由于对所有应聘者均按同一标准进行，因而相对比较公平。因为提前设计好了面试程序和内容，所以减少了主观性、盲目性和随意性，能比较全面地分析和比较不同的应聘者，因此结构化面试更客观，有效性更高，在一定程度上可以降低面试过程的难度。结构化面试的缺点在于：不能进行设定问题之外的提问，使面试的深度受限，收集信息的范围受限。同时所问的问题均为事先安排好的，整个过程显得过于僵化，难以随机应变，有时提问可能显得唐突。

非结构化面试就是没有既定的模式、框架和程序，考官可以"随意"向应聘者提出问题，考官提问问题的内容和顺序都取决于其本身的兴趣与水平，以及应聘者现场回答的情况。这种面试方式要求考官有较高的面试水平。

非结构化面试的优点在于：非结构化面试由于提问比较灵活，问题可因人、因情境而异，可深入浅出，因而可得到较深入、完整的信息，应聘者更容易发挥自己的能力与水平。非结构化面试的缺点在于：由于此方法缺乏统一的标准，因而易带来偏差，易受考官主观因素的影响，面试结果往往无法量化，难以将多个应聘者的评价结果进行横向比较，且对考官的要求较高，要求主考官具备丰富的经验与很高的素质。

半结构化面试是介于非结构化面试和结构化面试之间的面试。在面试之前，组织按照结构化面试的要求设计面试问题和表格。在面试中，考官可以不按照固定次序提问，并且可以在面试过程中根据情况随机增加提问的内容。半结构化面试结合了结构化面试和非结构化面试的优点，同时有效避免了单一方法上的不足。半结构化面试中的双向沟通更加充分，面试官可以获得应聘者较完整和深入的信息，并且面试过程灵活，所以，半结构化面试得到了广泛使用。

③压力面试。压力面试是指在面试时给应聘者以敌意的或是具有攻击性的、意想不到的问题，有意制造紧张气氛，以了解求职者如何面对工作压力的面试方法。通常面试考官通过提出生硬的、不礼貌的问题故意使候选人感到不舒服，针对某一事件或问题做一连串的发问，打破砂锅问到底，直至候选人无法回答。这样做的目的是确定求职者对压力的承受能力、在压力前的应变能力和人际关系能力。压力面试通常用于对压力承受能力要求较高的岗位的面试。

压力面试的优点在于：可以较真实地测定应聘者承受压力的能力和情绪调节的能力。其缺点在于：压力问题相对比较难设计，对考官的要求相对较高，要求考官有较强的控场能力。

（2）面试程序。面试的基本程序包括以下几个方面：首先进行面试前的准备，包括设计面试的问题、选择面试的类型、确定面试的时间和地点、了解应聘者的简历并确定需要进一步了解的信息。然后进入面试的阶段，一般考官首先要营造和谐的面试气氛，根据提前设计好的问题由浅入深地进行提问。最后，在面试结束前，考官应该给应聘者提问的机会，同时对应聘者的到来表示感谢。

在面试实施中，企业应该注意选择合适的面试场所。面试场所要保持清洁、安静，最好旁边有等候者休息的房间。面试考官要避免无计划的闲谈，鼓励应聘者多说，不论应聘者的回答是否正确，除非必要，否则不要做出评价，要学会倾听和观察，必要时给予目光接触以示鼓励，注意掌握和控制时间，不要轻易许诺。

（3）面试考官应具备的素质。面试考官除具备面试提问技巧外，还要具备以下素质：

①能客观、公正地对待所有应聘者。面试考官不应以个人主观因素评价应聘者，而应以录用标准加以衡量。

②良好的语言表达能力。面试考官在提问中表达要清楚、准确，不应引起应聘者的歧义和误解，并善于引导应聘者回答问题。

③善于倾听应聘者的陈述。面试考官对应聘者的陈述始终集中注意力和保持极大的兴趣，能准确理解对方的陈述。

④敏锐的观察力。面试考官对应聘者面试中表现出的如身体姿态、语言表达、面部表情、精神面貌等要善于观察。

⑤善于控制面试进程，使面试始终处于一个良好、轻松愉快的气氛中。

（4）面试中的提问技巧。面试考官有技巧地提问能获取更多信息，提高面试质量。下面一些面试技巧可供面试考官参考。

①首先制造轻松的开场。一般在面试刚开始时，采用简单提问来缓解面试的紧张气氛，消除应聘者的心理压力，使应聘者能轻松进入角色，充分发挥自己的水平和潜力。简单的提问常以问候性语言开始，比如"你一路上顺利吗？""你乘什么车来的？"

②合理运用递进提问。经过简单提问后，谈话气氛趋于轻松，此时可采用递进提问将问题引向深层次，如请应聘者详细描述自己的工作经历、技能、成果、工作动机、个人兴趣等。递进提问常采用诱导式提问如"你为什么要离职？""你为什么要到本公司来应聘？""你如何处理这件事情？"……给应聘者更多的发挥余地，以便更深入地了解应聘者的能力与潜力。

③避免提出肯定或者否定回答的问题。这种问题基本上都是无效的问题，因为面试考官不能从应聘者是与否的回答中确切了解到应聘者的相关特征。例如，"你认为这件事情这样处理对吗？""你有管理方面的经验吗？"这些都是无效的问题，除非在回答是与否的基础上，继续发问。

④合理运用比较式提问。这是指面试考官要求应聘者对两个或更多事物进行比较分析，以了解应聘者的个人品格、工作动机、工作能力与潜力。比如，"若现在同时有一个晋升机会和一个离岗培训机会，你将如何选择？""在以往的工作经历中，你认为最成功的地方是什么？"

⑤让应聘者用事实说话。这是面试的一项核心技巧，是指面试考官要求应聘者通过自己亲身经历的例子来回答问题，要求应聘者具体描述这个典型的事例。面试考官以应聘者的这个经历为基础进行发问，深入了解应聘者的能力和素质，鉴别应聘者解决实际问题的能力，如"请你举例说明你最成功的一次客户谈判"。

⑥连串式提问。这是指面试考官向面试者提出一连串相关的问题，要求应试者逐个回答。这种提问方式主要是考察应聘者的反应能力、逻辑思维能力和条理性。例如，"你在过去的工作中出现过什么重大失误吗？如果有，是什么？从这件事本身你吸取的教训是什么？如果今后再遇到此类情况，你会如何处理？"

2. 心理测试

心理测试是指在控制的情境下，面试考官向应试者提供一组标准化的刺激，依据应试者的反应对其行为做出评价的方法。其具体类型主要有人格测试、职业能力倾向测试、职业价值观测试和职业兴趣测试等。由于心理测试的难度较大，用人单位往往会请专业的心理测试人员或机构进行测试。

（1）人格测试。人格测试也称个性测试，测量个体行为独特性和倾向性等特征。人格由多种人格特质构成，大体包括体格与生理特质、气质、能力、动机与社会态度等。人格对工作绩效的影响是极为重要的，不同的人格特征适合于不同的工作岗位，因此，为了选择合适的人员往往需要进行人格测试。

最常用的人格测试方法有问卷法和投射技术。问卷法由许多涉及个人心理特征的问题组成，进一步分为多个维度或分量表，反映不同人格特征。常用的人格问卷有艾森克人格问卷（EPQ）、明尼苏达多项人格测验（MMPI）和卡特尔16因素人格测验（16PF）。投射技术包括几种具体的方法，如罗夏墨迹测验、逆境对话测验、语句完成测验等。

（2）职业能力倾向测试。职业能力倾向测试是指测定从事某项特殊工作所应具备的某种潜在能力的一种心理测试。它可以发现一个人的潜在才能，预测个体在将来的学习和工作中可能达到的成功程度，帮助用人单位判断哪些工作适合应聘者。职业能力倾向测试的内容一般可分为以下几种：

①普通能力倾向测试，包括思维、想象、记忆、推理、分析、空间关系判断和语言等方面的能力测试。

②特殊职业能力测试是测试特殊职业所需要的特殊能力的一种职业能力测试，如出纳员、打字员等。

③心理运动机能测试包括心理运动能力测试，如选择反应时间、肢体运动速度、四肢协调、速度控制等方面的测试；身体能力测试，如动态强度、爆发力、广度灵活性、动态灵活性和身体协调性等方面的测试。这些测试可借助于体检、各种测试仪器或工具进行。

由于不同职业对能力的要求不同，现在有许多针对不同职业领域的能力倾向测试，可以有针对性地用于不同职业的人员选拔。

（3）职业价值观测试。职业价值观是指一个人对职业的认识和态度，以及他对职业目标的追求与向往。职业价值观决定了一个人的职业期望，影响着其对职业方向和职业目标的选择，决定着其入职后的工作态度、工作风格和工作绩效水平，从而影响组织绩效与组织文化。

（4）职业兴趣测试。职业兴趣测试揭示了应聘者想做什么和喜欢做什么，从中发现应聘者感兴趣的工作是什么，借此进行人与岗位的合理匹配，以最大限度地发挥人的潜力，从而完成工作任务。如果员工对所从事的工作具有强烈的兴趣，就会积极工作，从而产生良好的绩效，并且利于个人的长期职业发展。

3. 智能测试

智能测试主要体现为知识考试，主要通过纸笔测验的形式对被测试者的知识广度、知识深度和知识结构进行了解的一种方法。它主要分为百科知识考试、专业知识考试、相关知识考试等。

4. 评价中心技术

评价中心技术是很多企业选拔和评价高级人才时使用的一种综合性的人才测评技术。评价中心是以评价管理者素质为中心的测评活动，从活动内容来看，主要有公文筐测试、无领导小组讨论、角色扮演、演讲和案例分析等形式。

通过以上人员甄选程序，企业做出初步录用决策，然后对入选者进行背景调查和身体健康检查，合格者办理入职手续并与企业签订劳动合同。

对于整个招聘工作，最后的招聘评估是必不可少的一个环节，可以从招聘成本与效益、录用数量与质量、招聘方法的成效、招聘时间等方面进行评估。通过招聘评估可以发现招聘工作中存在的问题，从而改进招聘和甄选的方法，提高招聘的效率与效果。

4.5 员工招聘实训

4.5.1 实训目的

（1）加深理解人力资源招聘的原则和程序；
（2）灵活掌握人力资源招聘的渠道；
（3）深刻理解面试的程序，运用面试技巧。

4.5.2 实训背景资料

A 公司始创于 2005 年，是一家专业从事环保涂料研发、生产、销售及服务为一体的大型现代化生产企业。企业拥有现代化生产车间 10 个，拥有多条全自动生产线、国际先进的生产技术和设备，拥有在岗职工 200 余人以及由 30 多人组成的高水平科研团队，凭借强大的科研实力和务实的精神，在国内处于行业领先地位。公司秉持着打造精品、创一流品牌的宗旨，为客户提供优质的服务，满足社会和市场的需求。

现因公司发展需要，拟招聘一名培训专员，主要负责以下工作：
（1）建立健全企业培训体系及培训管理制度；
（2）规范培训实施工作，根据培训计划跟进各部门培训落实工作并进行培训考核；
（3）负责组织和实施公司各种培训工作。
福利待遇：五险一金、双休日、国家规定的年假、职工公寓、有竞争性的薪酬。
岗位要求：
（1）管理类统招本科及以上学历，人力资源管理专业优先；
（2）良好的沟通与协调能力、亲和力、组织能力、执行力；
（3）熟练使用办公软件，精通 PPT、WORD、EXCEL；

（4）能独立开发课件，讲课生动，热爱培训事业；
（5）工作严谨，勇于创新，态度积极。

资料来源：百度文库，采用时略有变动。

4.5.3　实训任务

（1）设计结构化面试表格；
（2）设计面试问话提纲；
（3）确定录用决策依据；
（4）体会面谈技巧。

4.5.4　实训步骤

（1）分组（6～7人/组），各组针对实训任务查找相关资料，分别进行设计，每位学生针对实训任务深入思考。

（2）分角色，各组确定应聘者和面试考官，根据面试的组织方式确定面试考官的人数和角色，其他同学为观察者，应聘者和面试考官分别针对自己的角色进行面试前的准备。

（3）进行面试，在课堂上进行，每组时间为20分钟，在面试实施过程中，观察者对面试考官和应聘者进行观察。注意观察应聘者表现好的方面、面试考官表现好的方面，观察双方在面试过程中的不足，思考如何改进能使面谈更有效。

（4）面试结束，观察者对面试考官和应聘者进行提问与点评，进行角色互动。

（5）老师对整个招聘活动及面试考官和应聘者的表现进行深入、细致的点评，对于同学们在面试中的问题和困惑进行解答。

复习思考题

1. 人力资源规划的内容是什么？
2. 人力资源需求预测的方法有哪些？
3. 如何进行人力资源的供给和需求平衡？
4. 招聘的渠道有哪些？
5. 招聘的程序是怎样的？
6. 有哪些甄选测试的方法？
7. 面试的类型有哪些？
8. 面试中的技巧有哪些？

Chapter 5 第 5 章

员 工 培 训

学习目标

1. 了解培训的内涵以及相关培训理论；
2. 掌握有效培训计划的设计步骤；
3. 掌握培训需求分析与培训评估方法。

开篇引例　没有员工培训，就没有企业的未来

某知名航空公司是国内第一家按企业化运行的地方性航空公司。该航空公司自成立之日起就自主经营，目前，已发展成为一家拥有49架波音系列飞机的中等规模的航空公司。截至2012年8月，该航空公司已经开通了往返于日本、韩国、泰国等多个国家的10余条国际航线，以及往返于北京、上海、广州、深圳、海口、三亚、沈阳、哈尔滨、香港、澳门等地区的80余条国内航线。作为典型的服务型企业，现有员工的职业素质和服务技能水平会直接影响航空公司的业务发展，而员工数量众多、基本素质参差不齐等一系列现实问题也给构建高质量的员工培训体系带来了难度。目前，该航空公司虽然在人员的培训广度上着重于与其战略目标相结合，比如企业会为培育和维持实现战略目标所必不可少的核心竞争力而实施全员培训制度，并且着重培养员工的岗位技能和业务素养。但是，其培训的"粗放式管理"还是在一定程度上严重影响了培训效果的转化，也制约了企业的进一步发展。基于此，该航空公司的高层管理者力邀人力资源专家——华恒智信进驻企业，希望能借助华恒智信的专业性和实践经验帮助公司搭建系统有效并切实可行的员工培训体系，以期能进一步促进该公司业务的拓展，逐步实现企业的战略发展目标。

【思考】该航空公司的员工培训体系存在的问题是什么？如何进行分析？又需要如何解决？

现阶段，很多公司的员工培训体系普遍存在实践性差、针对性不强等一系列问题，从而使得最终的培训效果不理想，员工在工作能力和职业素养方面不但没有实质性的改

善，反而对培训抱怨不已，认为培训就是在做浪费时间、耗费精力的无用功。因此，若培训体系不具实效性、培训过程缺乏科学的管理与严格的监督，那么企业在培训方面所注入的资金和精力也会前功尽弃。针对这些弊病，企业在实际的人力资源管理工作中，需要对培训体系展开系统性、全面化的分析，找到问题的根源所在，并针对具体问题采取切实有效的改进举措，以有力地促进培训体系职能的发挥，逐步建设企业的优质人才梯队，有力推进企业健康、平稳、快速的发展，为企业的长远发展与战略目标的实现提供有效的人力资本的支持。

资料来源：百度文库。

5.1 员工培训概述

随着科技日新月异地发展，企业之间的竞争日趋激烈，不断获取新技能、积极参与培训对员工而言已经不再是"一门选修课"。员工培训对于企业而言也不再是浪费钱财的无用功，而是人力资源管理工作的重要根基所在，在推进企业实现其战略目标方面显得越发重要。正如约瑟夫·温特劳布（Joseph Weintraub）（2017）所言："我们需要持续地寻找自我提高的机会，开始时这可能会让你感到不舒服，但持续性的自我提高是成功的必要条件。"对于如何才能让企业员工实现自我提高和掌握胜任工作岗位的新技能这一问题，答案因人而异，因岗位与技能而异，但人力资源管理部门仍可遵循一些普适性的原则去做出解答，即必须要开展科学、有效的员工培训，并将培训作为人力资源管理的重点工作，将员工培训与提升组织竞争力相提并论。

5.1.1 员工培训的概念界定

英国学者贝纳德·泰勒与美国学者戈登·利皮特（1987）将培训正式界定为"对企业现有员工和新雇用员工进行的基本知识和技能的传授过程"。随后也有学者基于学习理论的视角对培训概念做出界定，认为："培训是一种向员工传授与其工作相关的知识或技能的教育活动。"美国佛罗里达国际大学工商管理学院教授加里·德斯勒（1999）提出："培训内容不仅包括特定的与工作相关的知识和技能，还应该包括对员工行为方式或态度的培训，如努力工作的热情等。"我国应用心理学家时勘教授（1998）认为："员工培训是根据实际工作中遇到的具体问题，对相关员工展开的知识与技能等方面的改善活动，员工培训还需要对出现的各种工作问题进行相应的实践练习。当采用的培训方式不恰当时，企业需要及时更换培训方法。"萧鸣政（2001）则进一步将培训界定为："企业有计划地对员工进行的素质培育过程，具体表现为根据工作的需要规范化新员工或现有员工的技能、态度与行为方式的过程。"

虽然国内外学者针对培训的界定视角各异，但是多数观点都充分肯定了培训是一个具有持久性和连续性的、系统化的过程，需要借助学习与实践活动实现，其最终目的在于实现员工在知识、技能、行为方式上的改善，从而提升其工作业绩。或者说，员工培训就是将知识、技能、信息与标准等有计划地向员工传递，提高员工的工作能力或技能，丰富相关知识并改善其行为方式的系统程序，其最终目的是确保员工掌握工作岗位所需的知识、技能和行为并将其运用到日常工作中。它是企业在发展过程或转型阶段中，向员工传达战略规划、协助其完成工作任务、提升其工作绩效的重要途径。员工培训也是企业有意识地促进员工学习的一种行为。从传统意义上讲，企业需要借助正式的培训方式（例如课程、项目或实践等活动）来确保员工顺利掌握工作岗位所必需的知识、技能、态度和行为规范等，达到企业预期的标准或者具备岗位的胜任素质。

从狭义层面上讲，员工培训等同于训练，是给有经验或无经验的受训者传授其执行某种行为所必需的思维认知、基本知识和技能的过程，如拓展训练、口语训练等。而广义层面上的员工培训，还应该包含教育因素和心理因素，旨在开发与挖掘员工的潜力，是使员工能力得到充分展示的过程。员工培训不仅是企业人力资源管理与开发的重要任务之一，更是企业管理成功的一个标志性特征。企业通过有组织、有计划地实施有效的员工培训，不仅可以帮助员工实现知识、技能、态度方面的提升和改善，还能满足企业发展中对不同层次人才的需求，以此获得企业与员工的共同发展与双赢的局面。所以，员工培训的成功实施也是企业提升整体效益，实现公司战略目标的必要条件之一。

在员工培训中，与培训密切相关的另一项重要工作是雇员开发。所谓雇员开发是指创造有助于雇员胜任未来工作和职位的因素。因此，雇员开发是以未来为导向的，在一定程度上包括培训、正式教育、工作经历、人际关系以及对雇员个性、技能和能力的评估等一系列活动。

5.1.2 员工培训的意义

员工培训在人力资源管理与规划中发挥着极为重要的作用，它在一定程度上会影响企业战略目标的实现进程。第一，因为企业要想赢得市场竞争、获得长远发展需要储备优质的人才，而培训正是将员工塑造成为优质人才的重要途径，也是人力资源管理与规划工作的根基所在。第二，为员工进行职业生涯规划，帮助员工实现自我成长也需要通过培训来实现。

首先，员工培训有助于培育优秀的企业文化。员工培训的激励效应远大于保健作用，在培育共同价值观与增强凝聚力方面发挥着重要的作用。企业通过开展员工培训，向员工传输企业文化，让他们在学习新技能与新知识的同时，接受价值观的熏陶。这些价值观同员工日常工作中的思想感悟相结合，会带给员工一种精神激励。员工培训不但能够让员工拓展技能、丰富知识，而且能够使员工增强对完成工作业绩的信心、激发努力工作的热情。所以借助培训，员工能够更加深刻地理解企业文化，认同企业的价值观，增强对企业的归属感，这对于形成健康、和谐的组织文化，改善员工在企业中的人际关系与增强协作精神具有重要的影响。

其次，员工培训有助于达成人与"岗"的最佳匹配。员工培训的一项重要内容是岗位培训，如让员工认清岗位规范、了解专业知识和技能的要求，目的在于让员工将企业战略目标与其个人的职业发展目标相结合，不断激发员工的潜能。当今社会伴随生产力的快速发展与科技的日新月异，企业之间的竞争日益加剧，对员工素质的要求普遍越来越高。组织形式也由金字塔式向扁平式过渡，这些冲击加之网络化与人工智能的发展，都对员工素质提出了极大的要求。原先需要几个员工互助合作才能执行的任务，现在或许仅仅需要一个员工就能完成，甚至有些工作还可以由人工智能取代，所有这些都对员工的素质能力与职业定位提出了更高的要求，所以员工培训的意义更在于激发员工潜在的能力，并不仅仅是知识的补充与技能的提高。员工培训的终极目的在于帮助员工实现全面与充分的自我成长，通过培训，实现员工与所从事工作岗位的最佳匹配。

再次，培训是改善员工绩效的重要举措。培训对于员工而言，是一个有效的激励工具。正所谓"工欲善其事，必先利其器"，为员工创造优质的培训机会，是人力资源投资的一个主要形式。培训并不是在消极地约束员工的行为，而是使其通过增加新技能与接受新理念积极地改善行为方式。特别是当员工的工作绩效不理想、职业素质低于岗位要求时，通过培训可以很好地让员工拓宽知识面，获取与岗位要求相匹配的知识、技能与态度等，进而可以帮助员工在实现个人绩效改善的同时提升企业整体绩效。

最后，培训是拓展员工发展渠道的最佳选择。通过培训可以让企业内形成一种强烈的学习氛围，有助于构建学习型组织，而学习型组织是现代人力资源管理理论与实践的重要创新。处于学习型组织或学习型企业的员工也拥有更多的理论学习与实践创新的机会。所以，培训不仅是贯穿员工职业生涯发展的一条重要成长路径，而且是企业执行"以人为本"的人才理念与提高员工素质的最佳选择。

5.1.3 员工培训的目标与原则

1. 员工培训的目标

员工培训目标的制定应该注意结合企业和员工两个层面的需求，以服务于企业战略与员工职业生涯规划为根本宗旨，寻找企业需求与员工需求的契合点。基于此，员工培训目标主要总结为如下四点。

（1）实现员工工作能力的提升。改善员工工作能力或专业技能是开展培训的首要目标。这是因为工作能力的提升，对于员工的职业发展和企业效益的提升都具有不可替代的意义。培训工作就应该立足于解决工作中的实际困难，丰富各岗位员工的专业技能，增强员工解决实际问题的能力，使员工的工作能力更加与岗位要求相匹配。

（2）促进员工职业素养（如责任意识、态度）的改善。培养和提高员工的责任意识，使员工能够更好地发挥主观能动性，乐于承担岗位职责，展现良好的职业素养，培养和塑造具备高职业素养的优秀员工，积极引导员工的行为。

（3）培育团队精神。企业的成功往往是企业团队的成功，通过员工培训可以合理解决因企业部门、职级、资源分配等因素带来的分配差异，使员工消除沟通障碍，增强协作精神，促进相互了解，加强相互依赖，正确对待个人与团队之间的关系，形成良好的团队协作。

（4）建设优秀的企业文化。通过员工培训，企业可以逐步引导员工认同并融入企业文化理念之中，按照企业文化所体现的价值观做事。同时，员工培训可以促使员工以自身的行为表现传递企业的经营理念和价值观念，最终增强企业凝聚力。

2. 员工培训的原则

为实现员工培训的目标与提高培训质量，企业应该制定科学、有效的培训原则。

（1）实效性原则。员工培训应当讲求实效性，要高度切合员工的岗位需求，从员工岗位的特点与性质出发，按照员工的实际工作任务来组织和实施培训。培训应当做到可以直接应用于日常工作，具有改善员工业务绩效的实际效果。

（2）企业战略一致性原则。企业的战略需求应当作为员工培训的重要根基。员工培训必须要与企业的发展战略目标保持一致性，注重员工对于培训需求的个性化差异。员工培训要以企业的发展战略目标为出发点。企业要针对自身发展和所处的不同战略阶段的具体目标，组织和实施员工培训。

（3）目的明确原则。培训要有明确的目的性，不要进行无目的的盲目培训。在培训实施之前，企业就应当明确培训要立足于解决哪些问题，应当了解哪些现状需要改变，培训想要改变什么。在培训实施之前，企业必须清楚培训要实现什么或改善什么。唯有目的明确，培训才能做到合理、适度、有针对性。明确的培训目的也是衡量培训效果和培训收益的重要依据。

（4）尊重员工之间的个体差异性原则。员工之间会存在学历与个性特征等方面的不同，由此导致的培训需求也存在个体差异性。因此，员工培训同时还要满足员工个体的差异化需求。培训内容要结合员工的个性特点与岗位要求，要充分考虑员工在学习能力、认知水平、思维模式等方面客观存在的个体差异。开展员工培训时不能忽视这样的个体差异性，也不能简单地将所有员工的能力水平一概而论，更不能照搬照抄其他企业的培训体系。这是因为不同企业、不同行业、不同岗位以及不同员工之间，对培训需求都存在着巨大的差异。

3. 培训中的学习原则

培训实效性的实现还需要相应学习原则的辅助。现有员工培训所依据的学习原则多是认知心理学的相关理论。

（1）明确学习目的与整体学习的原则。

员工培训必须要做到有的放矢，唯有如此才能事半功倍。不可否认，每个员工由于能力与个性特征的差异性，其在学习速度与自我认可的成就感方面会有所不同。对于培训而言，最为关键的是其培训所学与从日常工作中获得的经验可能存在出入。因此，企业在培训开始前的首先任务是帮助受训员工明确参与培训的动机与学习目的，让受训员工根据各自的学习能力与学习速度制定具有执行力的培训规划。整体学习的原则是指与培训立即讲解细节内容相比，给受训员工提供关于培训内容的整体图式，可能效果更佳。企业可以考虑若提供给受训者关于培训项目与企业战略目标相结合的宏伟蓝图是否会更好地吸引员工的注意力与提升其学习动力。

（2）强化与行为修正。

强化的根本原则在于搭建刺激与行为结果之间的有效联结，也可称为效用定理，即人们习惯于重复那些给他们带来积极情感体验或正向效用的行为，而逃避那些可能带来不好结果的行为。据此，企业可以在培训后，对主动将培训中所学的知识或技能应用于实际工作的员工进行及时的正向激励：由其直接上级进行绩效奖励或口头表扬，建立培训的正强化。行为修正的理论依据是著名认知心理学家斯金纳的学习定律，即"学习不是做事，而是改变我们做什么"。针对行为修正存在四种常见的干预策略，分别是：正强化、负强化、惩罚和消退。

（3）学习的实践和模式。

正如学习的最终目的是改善行为，而培训的最终目的在于将培训所学践行于日常工作中。实现培训效用的方式主要有两种：其一是行为模仿，即在日常工作中通过复制其他人的行为来提升员工自身的工作绩效；其二是主动实践，即受训员工在培训期间或之后执行某类与工作相关的任务，将培训理论的学习与实践融为一体。

5.2 员工培训的理论基础

5.2.1 员工培训理论

1. 早期员工培训理论

员工培训理论最早可追溯至泰勒（1911）提出的科学管理理论原则。其中重要的一条是科学地挑选工人，这也是员工培训应该遵循的基本原则。基于泰勒的观点，企业可以通过两种方式获得优秀工人：第一是精心选拔；第二是科学培养。也就是说，泰勒认为一流的工人是可以通过精心挑选和科学训练的方式得到的。这无疑为早期的员工培训工作奠定了重要的理论基础。与此同时，德国著名的社会学家马克斯·韦伯提出了一种完美的"官僚行政组织模式"，即在理想的企业组织中只有通过培训员工，企业才能获得良好的组织绩效，也唯有如此才能获得收益。而同时代的工业心理学的主要创始人、应用心理学之父雨果·闵斯特伯格（Hugo Munsterberg）则侧重于从心理学的视角，探讨环境特征、个体心理等因素对不同群体生产力的作用，他还更加突出地强调培训在人才选拔与人才培育方面的重要作用。

可以说，早期的员工培训理论为员工培训的顺利开展奠定了良好的理论基础，但由于受限于当时的社会条件与时代背景，对员工培训的认识仍缺乏系统性的认识。这种状况一直延续至20世纪60年代才有所改善，员工培训理论自此才呈现出体系化的架构。

2. 现代员工培训理论

相对于早期员工培训理论是根据企业需求让员工被动接受培训的理念，现代员工培训理论更加重视员工个人的主观积极性，如学习动机与自我实现的主动性等。现代员工培训理论主张改善企业的人力资本是员工培训的主要目的。现代员工培训理论更加关注人的个性特征和需求，企业也更加重视人力资本与以人为本的理念。

现代人力资本培训理论的代表人物是西奥多·舒尔茨，他是第一个正式提出人力资本概念的学者，认为员工可以作为人力资本加以改善，并将人力资本看作与其他常规投资形式不同的另一种类型的投资形式，把人力资本的提升与再生产看作一种投资，即人力资本投资。他还提出人力资本投资所产生的经济效益要远大于物质投资的经济效益。舒尔茨的观点很快得到了其他学者的支持。其中贝克尔对舒尔茨的理论进行了完善，认为工人通过学习新技术，可以增加其人力资本存量，而且通过员工培训会使企业的人力资本存量持续增多。同时，贝克尔还强调人力资本是促进现代经济得以迅速增长的决定性因素。员工培训理论在理论研究与实践发展中得以持续完善，到戈尔茨坦（I. L. Goldstein）时，已经发展成为比较成熟的理论体系。他基于心理学视角阐述员工培训，更加突出培训评估与信息反馈系统在培训体系中的重要性。在其主编的《组织中的培训与发展》一书中，他系统地概括并提出了一系列心理学理论与员工培训相结合的重要观点。在戈尔茨坦之后，员工培训理论逐渐呈现模型化的趋势，如唐纳德·柯克帕特里克（Donald L. Kirkpatrick）提出的四层次培训评估模型、帕特里夏·菲利普斯（Patricia P. Phillips）的五层次投资回报率（return on investment，ROI）框架模型等。其中最具代表性的是柯克帕特里克（1959）提出的四层次培训评估模型，该模型聚焦于评估培训的有效性，针对不同层面与不同意义的培训效果评估，比较充分地考虑了组织内多种因素对培训效果的影响。柯克帕特里克认为应该将培训效果分为四个评估层次，分别是：反应层面、学习层面、行为改变和绩效成果。之后的认知心理学家罗杰斯提出了群体学习的培训理论，重视"以人为本"与"自我实现"，侧重于员工自身的成长。他认为通过群体学习的方式，有助于培养员工独立思考的能力。不同于其他理论的是，罗杰斯还指出，培训并不应该是一成不变的学习目标和模式，而应该是非结构性的，培训的氛围更应该是轻松的、非拘束性的，比如可以通过团体讨论的形式，引导员工更积极、更主动地学习，开发员工的创新性思维，最终实现受训员工的健康成长与自我实现。在罗杰斯之后，弗农·汉弗莱（Vernon Humphtey）提出了员工集体培训理论。他认为对员工进行培训时应该突出"全组织培训"的理念，故此，借助培训不仅可以帮助员工实现个体的自我成长，还可以帮助企业提升其整体业绩。可以说，弗农员工集体培训理论的提出是培训理论发展进程中的一个重要里程碑，他在关注培训内容的同时，还注意到培训应该是一个系统化的有机整体，具有体系化的特点。他提出培训体系应该包含五个子系统，分别承担着评估、设计、开发、执行和管理五个不同的职能。他认为这五个培训子系统之间相互联系、彼此补充，各个子系统不是独立的，而是相互依赖的。桑代克和伍德沃斯基于操作性条件反射的行为主义视角指出培训的目的和意义在于实现培训的效果转化，由此他们合作提出了培训转化理论。该理论认为对于企业而言，它们在员工培训方面投入大量资本的目的是希望员工可以掌握更胜任工作岗位的素质与技能，以更熟练的方式高效完成工作任务，从而实现更高的劳动生产率；对于员工而言，他们希望通过培训提升与改善自己的职业能力和素质，取得更好的工作业绩并以此赢得更高的福利待遇。

与之前的员工培训理论不同，现代终身教育理论的主要奠基者保罗·朗格朗（Paul Lengrand）（1965）首次提出了"终身教育"的观点。从本质上讲，他的"终身教育"理念非常类似于 Robins 的人本主义观点，更强调员工个体的自我实现。然而不同于 Robins 的"群体培训观"，朗格朗基于个体发展的生命周期的视角，将员工培训贯通于生命发展周期的全过程中。这是一个重要的培训与教育理念的创新，对整个教育学界和培训理论领域都产生了极为深远的影响，时至今日对员工培训理论的发展仍具有非常重要的意义。受到朗格朗理念的启发，伦纳德·赛利斯（Leonard Sayles）和乔治·斯特劳斯（George Strauss）提出员工培训应该具有持久性与连续性，认为员工培训应该是一种长期投资，他们批判了企业从短期视角开展培训工作的行为，主张不应该将员工培训视为一项"活动"这样的短期行为，而应该从长远发展的视角来对待员工培训工作。

现代培训理论从不同的视角呈现了员工培训对企业发展与个体成长的重要意义，也为如何才能做到科学规划培训实践活动提供了重要的启示。与国外培训理论的发展相比，国内有关员工培训的理论研究起步较晚，直到 20 世纪 90 年代中后期才有研究者开始进行与培训相关的研究。虽然也有很多研究者就国内企业的员工培训展开了一系列实证研究，但多集中于借鉴国外培训理论对国内企业培训的过程与方法问题展开探索，因此，国内培训学界在理论上的创新并不突出，没有上升至培训理论的新高度，国内尚没有产生关于员工培训的本土化理论。

5.2.2 员工培训模式

员工培训是一个系统化的过程，在其发展进程中，衍生出了许多相关模型，比如系统型培训、过渡型培训、持续发展型培训、"国家培训奖"模式、咨询型培训、阿什里德培训模型与学习型组织培训模式。

1. 系统型培训

系统型培训是目前国外企业使用较多的一种培训模式，始于 20 世纪 60 年代美国陆军的一种教学训练方法。它也是一种基于科学管理视角的培训模式，通过一系列连续、符合逻辑的步骤，有计划地实施培训。具体的培训实践通常包含：培训需求分析、培训课程设计、培训计划制订、培训实施和培训效果评估五个阶段。其模式如图 5-1 所示。

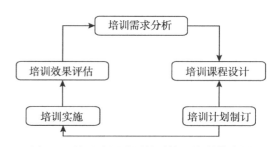

图 5-1 美国陆军采用的系统型培训模式图

资料来源：苏宁. LA 集团公司人力资源培训现状分析及对策研究 [D]. 山西大学，2013.

随后，英国学者博伊代尔（Boydell）在深入研究系统培训模式的基础上提出了十步骤模型。该模式引入了从分析培训需求到进一步确定培训需求的环节。后来，学者对博伊代尔的十步骤模型加以简化，使其成为后来广受企业欢迎的系统型培训模式（见图5-2）。

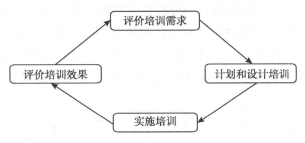

图 5-2　简化的系统型培训模式

资料来源：苏宁. LA集团公司人力资源培训现状分析及对策研究 [D]. 山西大学，2013.

系统型培训模式是培训理论发展进程中的一个重要标志阶段，它建立在对员工个体或企业层面的培训需求进行系统分析的基础上，为企业培训提供了重要的理论依据与实践指南。它具有三个突出的贡献：①把培训看作一个连续的循环系统，而不只是一个阶段性的工作；②可以将培训需求的确定在一个适当的阶段引入培训环路中，使得培训更具说服力与针对性；③从评估培训需求到确定培训需求这一环节的引入使培训工作从理论分析落实于具体实践中。

虽然系统型培训模式是一个旨在提高员工全面工作能力的培训系统，在世界范围内受到普遍重视与广泛应用，但是不可否认，它也存在一定的局限，表现在：①系统型培训模式过多关注个人和企业的培训需求，从而导致对企业所赖以生存的环境及企业的长远目标关注不足；②虽然培训管理者也注意评价培训效果，但是忽略了培训效果评估应该是一个全过程性的工作，发挥"承前启后"的作用，应该服务于培训系统的各个环节。

2. 过渡型培训

过渡型培训模式是由哈里·泰勒（Harry Taylor）提出的，又称泰勒模式。泰勒将这一模式描述为"企业战略与学习的双环路培训模型"，并且系统型培训模式是双环路的内部循环，企业战略环境的学习是双环路的外环。如图5-3所示，过渡型培训模式对员工培训具有一定的指导意义，表现在它在保留了系统型培训模式优点的同时，还强调企业战略目标应与其整体战略环境相适应，应该将员工培训放置于广泛的企业背景中。该模型的不足表现为两个方面：其一，实用性差，没有提供实际操作手册；其二，双环路的严密性不强。

3. 持续发展型培训

持续发展型培训模式由英国人事管理协会提出，侧重于员工培训职能的持续强化与改善。该模式提出实现企业持续发展需要7个必不可少的因素，分别是：①培训制度，即要有文件规定，并且文件要具体、充实、完整；②培训需求，即要做出明确的分析，还要做专项评审；③培训规划，即要从培训预算开始，确定具体内容；④培训组织者与参与者，包括高层管理者、人事管理人员以及所有的受训者；⑤培训过程，通过协商、建议、鼓励来达成，并且这个过程应该是自愿的；⑥培训效果，采用分项管理；⑦培训目标，即同时满足员工发展的需求和企业持续发展的需求。持续发展型培训模式为企业的战略发展提出了一套系统的建议，关注企业的培训发展与其他活动之间的协调性，提出了持续发展的理念。其不足之处是：它不是对如何达成培训目标的说明，而是对企业持续发展目标的说明，且标准过于绝对化，超出了培训管理人员的控制范围。

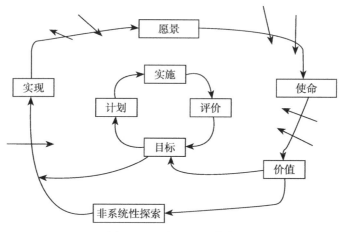

图 5-3 过渡型培训模式

注：在本图中，如果单箭头指向模型内，则代表外部因素对模型的一种调节性的影响；如果单箭头由模型内指向外部，则代表模型对外部因素的一种辐射性的影响。

资料来源：苏宁.LA集团公司人力资源培训现状分析及对策研究[D].山西大学，2013.

4."国家培训奖"模式

"国家培训奖"模式是对系统型培训模式的发展，在1987年英国"国家培训奖"大会上被提出，又称为"最佳培训实施模型"。"国家培训奖"的简化模型如图5-4所示。它注重政府在企业培训实施过程中的介入。该培训模式遵循三条原则：①员工培训目标是企业战略要求的转换；②这一转换是一致的、有效的；③员工培训是一个传统的连续过程，培训结果应具有可考核性，可以用量化指标表示。"国家培训奖"模式表明员工培训与企业战略之间存在着某种程度的联系，为员工培训工作的开展提供了一个参照系，比较适合于那些员工培训处于空白或初级阶段的企业。然而"国家培训奖"模式可能并不适合于那些已经具有先进员工培训方法的企业。它一味地追求培训目标的执行效果，可能会由此低估培训过程中其他较难量化的结果的重要性，进而会影响培训工作的质量，比如可能会抑制员工创造力的发挥。

5.咨询型培训

咨询型培训又可称为顾问式培训，是当前较受企业推崇的一种培训模式。它是以协议或合同的方式固化企业的培训需求和待解决的问题，基于此展开调查分析，制订培训计划并实施相关培训，一旦培训项目的效果评估完成，随即解除合同或协议。

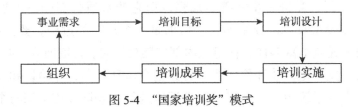

图 5-4 "国家培训奖"模式

咨询意味着培训服务方为企业员工培训的"目标、内容、方式、培训地点以及培训时间"等提供独立的建议或意见。培训服务方既可以是企业内部的专家或顾问，也可以是企业外部的专家或顾问。企业内部顾问有助于提出针对性强的解决办法，而外部顾问通常会把培训的知识、技能和经验等留在企业里，这样企业也会产生较高的培训收益。培训问题的解决与否需要企业方与培训服务方相互合作才能完成。

该培训模型注重提高受训员工的技能，但是也存在一些问题，如：①咨询过程本身就具有一定的局限性，其阶段性地介入员工培训工作，使得培训工作难以持续开展、缺乏连贯性；②容易使员工培训职能孤立存在，不能将员工培训职能贯穿于企业整体人力资源管理中。

6. 阿什里德培训模型

阿什里德培训模型提出于1986年，是英国阿什里德管理学院所承担的一个极为重要的研究课题。该课题的研究人员对其国内一些优秀的企业展开了调查研究，并基于大量的文献分析后提出该模型。它按照员工培训活动的等级水平将企业划分成：离散阶段、整合阶段与聚集阶段。在离散阶段中，发展、教育与培训在企业中处于次要地位。企业对员工培训持放任态度，不期望培训产生收益与回报，不将员工培训看作投资，而看作一项负担。企业伴随着员工培训活动的加强，进入了整合阶段。企业发展的组织化和员工培训受重视程度的提高，与企业组织中各项活动的联系更加紧密。然而，阿什里德培训模型指出，只有那些进入聚焦阶段的企业才会关注并充分发挥员工培训与发展的效能。在这样的企业中，员工培训活动是一个连续的、完全的过程，并已经发展成企业成长的内在机能。员工受个体需要和企业战略目标的影响，开始从重视员工正式培训转向重视员工个体发展。员工个人和所在部门管理者共同承担发展责任，而员工培训工作的管理人员也应担负更多责任，他们既是员工培训活动的促进者，又是协调者与咨询者。学习型组织就是进入聚集阶段的组织。

7. 学习型组织培训模型

学习型组织培训模型由美国管理学教授彼得·圣吉（Peter Senge）提出，其核心特征是建立组织思维能力与系统思考能力。任何组织都必须抓住每个机会学习。该培训模型借鉴学习型组织这一概念，变员工被动参与培训为主动学习，将员工培训活动从企业生产经营的辅助环节提升到贯穿于企业的整个生产活动中的高度，提高了员工培训与学习在企业战略中的地位。其最终目的是提高企业的竞争力。虽然学习型组织作为培训模型的实践操作性不强，需进一步完善与加强，但它非常适合那些不重视培训、学习水平较低的企业。该模型秉承的原则是：①培训是一个连贯的过程，要持续不断地进行；②培训的内容和形式应丰富多样，在组织内部应随处可见；③培训应具有很高的自由度，可以由企业内部自发产生；④评价体系应贯穿整个循环过程，为培训和发展服务；⑤在具有自我创新能力的系统中，培训工作能自觉地进行；⑥培训使组织与个人的需求统一于共同的愿景中。

5.3 员工培训方式

员工培训效果在很大程度上取决于培训方式的选择。员工培训方式可以分为两大类：传统的培训方式与基于新媒体技术的培训方式。

5.3.1 传统的培训方式

传统的培训方式是指以培训师直接面对受训员工为主要授课形式的培训方式。传统的培训方式经过较长时间的实践检验，以其直观、生动、形象等特点受到诸多企业的欢迎，并在培训实践中被普遍采用。传统的培训方式有三类：演示法、传递法与团队建设法。

1. 演示法

演示法是指受训者直接被动接受信息的一种培训方法，主要是针对事实、过程和解决问题的方法的培训，又可分为讲座法、视听法等方式。企业借助这些方法可以积极地促进受训员工学习并有助于提升培训成果的转化程度。

（1）讲座法。

讲座法是指培训师用语言单向地向受训员工传递希望其学习的内容。不论新媒体技术如何发展（比如互动性录像、E-learning 等），讲座法一直都是很受企业和员工重视的培训方法。讲座法的形式之所以受推崇，是因为它可以直观、形象地向大批量受训者传授培训内容。除此之外，它还是行为示范和技术培训等其他培训方式的辅助工具。例如，在进行更具互动性、更满足受训者需求的培训活动之前，企业可以利用讲座形式向他们传递有关培训项目的意义、目标、概念模型或者关键的行为信息。讲座法可以分为几种不同的形式：标准讲座法、团队教学法、客座发言法以及座谈小组法等。标准讲座法是指培训者讲述并且可以使用黑板、投影仪或幻灯片演示等可视化辅助方式，向受训者传递培训信息的方法；团队教学法是指两个或两个以上的培训者讲述不同的培训主题或对同一主题内容的不同观点；客座发言法是指客座发言人按照事先约定的时间出席培训活动并讲解相关内容；座谈小组法是指两个或两个以上的参与者进行信息交流并提问。

讲座法虽然具有诸多优势，但是也存在一些不足，如讲座法缺少受训者的参与、反馈以及与实际工作环境的密切联系，这样可能会降低培训成果的有效转化程度。此外，讲座法不太可能吸引受训者的注意，因为它强调的是对信息的聆听。讲座法使培训者很难迅速、有效地掌握受训者对培训内容的理解程度，为克服这类问题，讲座法常常会借助问答、讨论和案例研究等辅助方法。这些方法使培训者能在讲座中为学员提供更多的参与机会、与工作有关的案例和实践练习，从而有助于促进培训成果的有效转化。

（2）视听法。

视听教学使用的媒介工具包括：投影胶片、幻灯片和录像带。其中录像是最常用的方法之一。录像视听法可以用来提高学员的沟通技能、谈话技能和顾客服务技能，并能详细阐明一道技术流程（比如驾驶）的要领。录像方法很少单独用于培训，通常与讲座法一起向受训员工展示实际工作的实践经验。录像也是行为示范法和互动录像指导法经常借助的主要方式之一。

在培训中使用录像视听法有很多优点：①培训者可以根据受训者的专业水平与理解程度重复播、慢播或快播相关的培训内容，以及灵活调整培训内容；②培训者可以让受训者了解一些单靠讲座法不易说明的设备、难题和事件，如设备故障、顾客抱怨或其他紧急情况；③受训者可接受其他方面的指导，使培训项目不局限于培训者偏好；④通过现场摄像可以让受训者目睹自己的工作现状而无须培训者过多解释。这样，受训者就不能将绩效差归咎于外部考核人员（培训者或者同事）。

视听法的不足之处在于：①录像中涉及过多的要受训者学习的内容，模拟场景的对话效果不好，从而削弱了信息的可信度及明确性；②可能会使用一些不切合实际工作情境的内容；③情节过于复杂使受训者无法弄清其所要强调的培训重点等。

2. 传递法

传递法是要求受训员工积极参与学习的培训方法，包括现场培训、案例研究、角色扮演等。传递法比较适用于使受训员工开发特定技能，了解技能与相关行为如何应用于工作中，亲身经历任务完成的全过程，改善工作中的人际关系等。

（1）现场培训。

现场培训是指现有员工或没有经验的新员工通过观察并效仿榜样人物工作时的行为来学习。现场培训比较适合：①培训新员工或者在引入新技术时帮助有经验的员工进行技术升级；②在一个部门或工作单位内对员工进行交叉培训，以及帮助岗位发生变化或得到晋升的雇员适应新工作。现场培训还包括师带徒和自我指导学习，在材料、培训者的工资或指导方案上投入的时间或资金相对较少。某一领域内专家的管理者和同事都可作为指导者。这样，聘请专家按照他们的理想来指导培训，就成为一种很有吸引力的选择。

现场培训由于缺乏系统化的组织，存在一些不足之处：①管理者和普通员工完成一项任务的操作过程并不一定相同，并且现场培训可能既传授了有用的技能，也传授了不良习惯；②现场培训的培训者可能并不了解演示、实践和反馈是进行有效的现场培训的重要条件；③未经合理组织的现场培训将可能导致受训员工接受不好的培训内容，他们可能会使用无效或危险的操作来生产产品或提供服务，因此会导致产品或服务的质量大打折扣或不稳定。

（2）案例研究。

案例研究是关于员工或企业如何应对实际工作困难情境的描述，要求受训员工分析并评价他们所采取的实际行动，指出正确的行为，并提供其他正确的处理方式。该培训方法特别适于开发高级智力技能，如分析、综合及评估能力。为改善案例培训的效果，培训必须能提供鼓励受训员工讨论并分析案例内容的机会，必须安排受训者进行面对面的讨论或通过电子通信设备进行即时沟通。由于受训员工的参与度是保证案例分析有效性的重要前提，为此企业应该保证受训员工愿意并且能够主动参与沟通过程并分析案例。

（3）角色扮演。

角色扮演是指让受训员工扮演分配给他们的角色，并向受训员工提供具体情景的有关信息（比如工作或人际关系的问题）。其培训效果取决于受训员工对其所扮演角色内涵的领悟与探索。

为使角色扮演更有效，培训者需在角色扮演前、扮演期间、扮演以后开展许多活动。首先，培训者在角色扮演之前向受训员工阐明活动目的，这使得受训员工感到活动更有意义，提高参与的积极性；其次，培训者还需要说明角色扮演的方法、各种角色的情况及活动的时间安排。在活动期间，培训者要监管活动时间、受训者的感情投入程度及其关注焦点；最后，在角色扮演结束时，培训者的提问具有很重要的作用。提问可以帮助受训员工加深对培训意义的理解，讨论他们的感受、在角色扮演过程中发生的情景、各自学到的内容、所积累的经验、所采取的行动，以及角色扮演活动与实际工作的联系。

3. 团队建设法

团队建设法是用以提高小组或团队绩效的培训方法，涉及对团队职能的理解与感知，对企业文化认知的检验、讨论以及制订计划，以便将培训中所学的内容有效地应用于工作中，提高团队绩效。团队建设法包括冒险性学习、团队培训和行动学习。团队建设法的最大优势在于可以让受训者共享各种观点和经历，建立群体一致性，了解人际关系的力量，并审视自身及同事的优缺点。团队建设法通常包括经验学习的四个步骤：①学习概念性知识和理论；②参加行为示范；③分析活动；④将培训理论和现实工作情景建立联系。

5.3.2 基于新媒体技术的培训方式

新媒体技术正在逐渐改变公司和各类教育机构的培训与学习方式。与传统培训方法相比，基于新媒体技术的培训方法更便于受训者获取培训途径与开展学习。使用新媒体技术需要公司培训部门、信息技术部门和高层管理人员的全力协作。为了使培训中习得的技术产生效用，培训设计要遵循学习原则。使培训技术有效的关键因素包括：培训需求评估、培训设计、培训成果转化和培训评价。尽管新媒体技术的功能日益强大，但是对企业而言，使用能够切合战略发展与满足员工需求的培训技术才是最关键的。

新媒体技术降低了传递培训方式所耗费的成本。受训员工不仅可以自由选择培训时间和地点，还可以根据自己的需求征询有关专家的建议。除此之外，受训员工还可以自行选择培训媒体（比如印刷材料、音频或视频媒体）。企业运用电子化培训管理（课程登记、测验、记录等），可以减少文案工作和管理活动所需的时间，及时掌握员工在培训中取得的进步。在不需要员工赶到集中培训地点的情况下，基于新媒体的培训方法（比如课堂指导和行为示范）也能顺利开展。在同步交流过程中，培训者、专家和受训者可以如面对面现场培训那样进行实时的互动交流。新媒体技术（比如视频电话会议和虚拟课堂等）使同步沟通成为现实。与之相对的异步沟通是非实时的，也就是受训者不在线上，必须经历延时才能互相联系。尽管如此，受训者通过网络媒体控制的异步沟通仍然可以控制培训课程的进度，得到想要的信息资源。

1. 基于多媒体的培训

基于多媒体的培训是把视听培训与基于计算机的培训结合在一起的培训方法。这种培训综合了文本、图表、动画及录像等视听手段。由于多媒体培训以计算机为基础，受训者可以用互动的方式来学习培训内容，可以借助互动性录像、互联网或者公司内部网等方式展开培训活动。基于多媒体培训的优点在于可以通过及时的信息反馈和指导（通过在线服务）促进员工学习，测试员工对培训内容的掌握程度，或者让员工按照自己的进度来安排学习。基于多媒体培训的一个最大问题在于培训费用高。根据所用材料和媒体的复杂程度，企业开发一项基于计算机的培训费用可能很高。如果培训内容不需要经常更新，那么该项培训所带来的低交通费用和低指导费用可以在一段时间内自行收回成本。基于多媒体的培训不太适用于培训人际交往技能，尤其当受训者需要了解、实施微妙的行为暗示或认知过程时。

2. 基于计算机的培训与"互联网+"培训

基于计算机的培训方法是一种人–机互动式培训方法，计算机给受训者提供激发学习的因素，受训者必须做出反应，再由计算机分析这些反应并向受训者提供反馈。其中基于计算机的互动性录像结合了录像和计算机辅助指导的优点。通过与主键盘相连的监控器，受训者不仅可以单独接受培训指导，还可以借助键盘或触摸监控器进行互动式学习。互动性录像适于传授技术程序和人际交往技能。此外，企业还可以用录像盘或光盘来储存培训程序。

随着互联网的不断推广，员工培训方法也随之不断更新。虽然传统培训方法依然盛行，但是基于"互联网+"的培训方法开始逐渐被接受。尤其是基于大数据驱动，数字化的信息流通加快。"互联网+"的培训方法不但可以用在新兴产业中，同样也适用于传统行业。员工在培训过程中，不一定需要集体培训，他们可以在各自的闲余时间，参与在线学习。此外，员工还可以利用国外网站的一些优秀学习资源，掌握一定的技能，获取相应的任职资格。例如，员工可以充分利用上下班途中、工作间歇等碎片化时间参与网络培训或进行温故而知新。此外，员工还可以将微课与慕课等授课方式引入"互联网+"的培训方式中，这样可以不需要纸质培训材料与培训场地，仅仅利用手机和网络即可进行员工培训。由此可见，"互联网+"的培训方法具有传统培训方法所没有的优势，不仅可以提升员工参与培训课程的活跃度与学习的积极性，还可以充分利用大数据、人工智能、区块链与万物互联等各种移动"互联网+"模式对培训内容与方式进行创新。总之，基于"互联网+"的培训方法给员工培训工作带来了新的实施途径。

5.4　员工培训的实训环节

5.4.1　实训目的

（1）加深理解新员工培训的意义；
（2）灵活掌握新员工培训的内涵；
（3）深刻理解新员工培训与职业生涯规划的关系，为开启正式的职场生涯奠定基础。

5.4.2　实训背景资料

百度的新员工培训，竟然是玩游戏？

百度是全球最大的中文搜索引擎，致力于让人们更平等、便捷地获取信息，找到所求。百度员工的平均年龄只有26岁，新生代人才成为了支持其运作的主力军，每年还会有很多"小鲜肉"加入。作为公司的COE（Center of Expertise）团队，百度学院希望帮助新员工用最便捷的方式获取0～6个月所需的信息，因此打破了部门藩篱，将整合的HR、行政、财务部、IT等部门的所有资源提供给新人。入职的第一手信息包含89个知识点，应该以何种形式将这么多知识输送给百度新人？为了弄清楚90后员工的画像，百度展开了大量调研。做培训如同开发产品，需要重视产品设计和产品运营。经过调研，百度了解到90后员工所青睐的产品特征：具有情感共鸣、奇特、个性化、具有冒险性、给人自由、提高参与感、趣味性。最终，百度选择以网页端严肃游戏（严肃游戏是指那些以教授知识技巧、提供专业训练和模拟为主要内容的游戏）的形式呈现给新人，即开发以教授知识技巧、提供专业训练和模拟为主要内容的游戏。该游戏的效果远远超过用长篇文字写成的新人成长指南。

1. 追踪观察行为，搭建内容框架

搭建框架是最难的，需要了解每一位新人在最初6个月中，每个阶段最需要什么样的知识输入。新兵项目组HR采用影子人行为观察法，在关键结点跟踪新人入职后的第一天、第一周、第一个月、第一个季度的情况，最后梳理出89个所需的知识点。该组还采用 MECE 的原则（mutually exclusive collectively exhaustive），中文意思是"相互独立，完全穷尽"，以保证传递的学习内容面面俱到，最终以员工成长时间周期为维度入手，划分为 5 个篇章。

- 入职篇（first day）：常用电话本、行政支持找助理、百度移动办公 App、IT 特别提醒、撰写自己的介绍信。
- 学习篇（first week）：目标设定、新人学习资源池、导师辅导。
- 工作篇（first month）：办公利器介绍、百度常用网址、财务报销等。
- 关怀篇（first quarter）：各类员工关怀活动、社团组织、健身医疗支持介绍。
- 成长篇（half year）：转正指南、参加新人中期回顾会。

2. 入职篇之严肃游戏的多样化主题

严肃游戏的形式敲定后，HR 决定去百度贴吧里泡吧，寻找 90 后最喜欢的网页游戏。在"90 后页游吧"里，HR 找到了答案，决定仿照"冒险岛"的形式开发游戏。游戏主人公根据百度工程师的形象设计而成，我们叫他百小度。百小度游走在游戏地图中就仿佛进入了自己的学习地图。

百小度由此迈出了他在百度的第一步。首先，他经过一个大牌坊，上面写着 IT\行政\HR 服务热线及网址，对面会走来一名身材曼妙的助理，对百小度说："有任何行政问题可以随时找我，咱们公司 100 名员工就配备 1 名助理。"

接着往前走，路上会弹出各类二维码提示安装内部移动办公 App，这样百小度就可以在任意地点和时间轻松办公；前方不远处还有一台电视机，电视里播放着各类常用办公软件使用方法，百小度转了一圈安安静静地坐回工位，准备撰写一封入职邮件让大家认识自己。信息大爆炸的第一天结束。

3. 学习篇之海底隧道

此场景的寓意在于：海底隧道里源源不断输送着各种知识。进入学习篇之后，百小度需要面见双导师。百小度与业务导师一对一，到 ERP 设定试用期工作目标；与文化导师谈如何理解公司文化以快速融入。百小度踏着轻快的脚步去参加新兵训练营和职业化培训，结识新友人，路途中不孤单。此时，E-learning 线上学习链接及学习咨询邮箱会一并被附上。

4. 工作篇之阳光海滩

此场景的寓意在于：公司提供最自由的空间，比如在百度没有上下班打卡制度，员工可以穿着舒适的拖鞋、T 恤来上班。"蜜月期"工作上手不再是难事，百小度迅速投入忘我的工作状态。你知道百度内部常用平台吗？你知道公司常用缩写吗？有创意去哪里提交？你了解百度上的上百种产品吗？财务差旅如何处理？和百小度一起到工作篇去寻找吧，工作所需要的基本信息应有尽有。

5. 关怀篇之热带雨林

此场景的寓意在于：对于员工的关怀，百度就像物资丰富的热带雨林。百度给予的关怀太丰富了，其中最值得一提的是百度最高奖 100 万美元。"百度最高奖"是由百度

CEO 李彦宏于 2010 年 7 月提出的，该奖项主要针对公司总监级别以下对公司做出卓越贡献的基层员工团队，一般为 10 人以下的小团队。

团队成员都必须是总监级以下的基层员工，以鼓励"小团队做出大事业"的互联网基本精神。而高达百万美元的股票奖励，也是迄今为止国内互联网企业中给予普通员工的最高奖励。

20 多个社团期待新员工的加入，社团介绍尽在其中，比如街舞社、单身社、女子社、音乐社、摄影社、滑轮社、网球社、手工社、台球社、动漫社、电影社……应有尽有，节假日福利超赞，坐久了可以去健身房，保持身材可以去瑜伽室。生小病也不用急，百度开设健康空间，可以直接问医。

6. 成长篇之天宫仙境

此场景的寓意在于：百度会提供最大的平台让优秀的员工脱颖而出，这也是百度人才观的主题词。

百小度来到仙宫，认真参看转正指南，了解转正流程，与经理确认是否完成试用期 KPI。他参加百度学院为大家开设的新人中期回顾沙龙，与高官面对面交谈以学习成功的经验。游戏的尾声是观看李彦宏对新人的讲话视频。经过 6 个月的相伴，这款新人成长严肃游戏至此通关。

这款培训页游从设计到研发只有 4 个人参与，历时 3 个月的时间完成。HR 做内容框架的设计，设计人员手绘所有场景人物的画面，前端开发人员编写前端代码，产品经理把控整体流程的进展。百度鼓励 10 人以下的小团队做出一番大事情。因为百度的人才观里有一条成长机制就是"小马拉大车"，最终的结果是小马可以成长为更加强壮的大马，公司予以重任。百度送给 90 后新员工的这一款严肃游戏，告诉我们：①学习可以是精彩的；②学习可以是有趣的；③学习中的你可以是快乐的；④这一切，可以由我们来改变。

资料来源：《培训杂志》(http://mp.weixin.qq.com/s/W53RNrEsKs-yIqMYL9ZEuw)。

5.4.3　实训任务

（1）什么是新员工培训？在上述案例中，百度对新员工培训做了哪些具体的工作？

（2）百度的新员工培训有什么特色，这些特色与其快速发展之间存在怎样的关系？

（3）众所周知，在国内百度搜索引擎做得非常成功，给人们的学习、工作与生活带来了极大的便利，如果你是百度的人力资源管理与培训部门的工作人员，你有什么创新的培训方案能够促进百度员工更加积极地工作？

5.4.4　实训步骤

1. 个人阅读

课前把案例资料分发给学生，请学生在课下针对实训任务仔细阅读案例，使每位学生针对实训任务深入思考，鼓励学生提出具有创新性的问题。

2. 小组讨论与报告（10～20分钟）

在课堂上，每组6～8人，围绕"实训任务"展开课堂讨论，以小组为单位将达成共识的讨论要点或者关键词抄写在黑板上的指定位置并进行简要报告，以便于课堂互动。

小组报告的要点或关键

任务1：

任务2：

任务3：

3. 师生互动（20～35分钟）

在课堂上，老师针对学生的报告与问题进行互动，同时带领学生对关键知识点进行回顾，并对学生提出的观点进行追问，引发学生对问题做进一步的思考，激发学生深度学习。

4. 课后任务

（1）聆听本节微课，深入理解员工培训的相关内容；

（2）请同学们自觉地在课后进一步查阅员工培训与开发的相关理论资料和企业培训的实战案例，并进行系统的回顾和总结。

复习思考题

1. 培训与开发的区别是什么？
2. 选择一家自己熟悉的企业分析其培训现状，并给出改善策略。
3. 当代员工培训理论与早期员工培训理论的区别体现在哪些方面？
4. 试分析员工培训与人力资源管理其他职能之间的关系。
5. 为什么说系统型培训模式是培训理论发展进程中的一个重要标志阶段？
6. "阿什里德培训模型"与"学习型组织培训"存在什么样的关系？
7. 传统培训方式与新技术培训方式的优缺点各是什么？

Chapter 6
第 6 章

绩 效 管 理

学习目标

1. 了解绩效的含义、性质及影响因素；
2. 理解绩效管理的作用、绩效管理与绩效评价的区别；
3. 掌握绩效管理的四个流程，即绩效计划，绩效监控，绩效评价和绩效反馈的具体运用，绩效评价指标、评价标准的设定步骤和方法，评价主体的常见误区及防范，并选择合适的绩效评价方法对企业员工进行评价。

开篇引例　王君给我们的启示

王君最近情绪糟糕透了，坐在办公室里，冲着墙上那张"××年度销售统计表"不断叹气。这也难怪，全公司 23 个办事处，其他办事处的销售绩效全面上涨，唯独他办事处的销售绩效呈犬牙状，不但没升，反而有所下降。

在××公司，王君是公认的销售状元，进入公司仅 5 年，除前两年打基础外，后几年一直荣获"三连冠"，可谓"攻无不克，战无不胜"。也正因为如此，王君从一般的销售工程师，发展到基础客户经理、三级客户经理、办事处副主任，最后坐上了办事处最高长官——办事处主任这个宝座。王君的发展同他的销售绩效一样，成了该公司不灭的神话。

王君担任 A 办事处主任后，深感责任重大，上任伊始，身先士卒，亲自率领 20 名弟兄摸爬滚打，决心再创佳绩。他把最困难的片区留给自己，经常给下属传授经验。但事与愿违，一年下来，绩效令自己非常失望！

烦心的事接连出现。临近年末，王君除了要做好销售总冲刺外，还要做公司年中才开始推行的"绩效管理"。

王君叹了一口气，自言自语道："天天讲管理，天天谈管理，市场还做不做？管理是为市场服务的，不以市场为主，管理还有什么意义？又是规范化，又是评价，办事处哪有精力去抓市场？公司大了，花招也多了，人力资源部的人员多了，总得找点事来做。考来考去，考的主管精疲力竭，考的员工垂头丧气，销售怎么可能不下滑？不过，自己还得应付，否则，公司一个大帽子扣过来，自己吃不了兜着走。"

好在他对绩效管理也是轻车熟路了，通过内部电子流系统，王君给每位员工发送了一份评价表，要求他们尽快完成自评工作。同时他根据员工一年来的总体表现，利用排队法将所有员工进行了排序。排序是一项非常伤脑筋的工作，时间过去那么久了，下属又那么多，自己不可能一一都那么了解，谁好谁坏确实有些难以区分。不过，好在公司没有什么特别的比例控制，特别好的与特别差的，他还是可以把握的。

排完队，员工的自评差不多也结束了，王君随机选取 6 名下属进行了 5～10 分钟评价沟通。这样，问题总算解决了，评价又是遥远的下个年度的事情了，每个人又回到了"现实工作"中。

资料来源：郭京生，袁家海. 绩效管理制度设计与运作[M]. 北京：中国劳动社会保障出版社，2012.

思考： 案例中的问题为什么会出现？这是绩效管理吗？如果不是，什么才是绩效管理？

6.1 绩效管理概述

6.1.1 绩效的概念和性质

1. 绩效的概念

绩效是一个含义丰富的概念，在不同情况下，有不同的含义。不同领域甚至相同领域的人，似乎都可以按照自己的理解和兴趣对绩效进行界定。而在更多的研究文献中，绩效被视为无须界定的"前提"或"常识"，进而被忽略。我们主张应当从综合的角度出发理解绩效的含义。所谓绩效，就是指员工在工作过程中所表现出来的与组织目标相关的并且能够被评价的工作业绩、工作能力和工作态度。其中，工作业绩是指工作的结果；工作能力和工作态度则是指工作的行为。为了理解绩效的含义，我们应该把握以下几点：

（1）绩效是基于工作而产生的，与员工的工作过程直接联系在一起，工作之外的行为和结果不属于绩效的范围。

（2）绩效要与组织的目标有关，对组织的目标应当有直接的影响作用。由于组织的目标最终会体现在各个职位上，因此与组织目标有关就直接表现为与职位的职责和目标有关。

（3）绩效应当是能够被评价的工作行为和工作结果，那些不能被评价的行为和结果不属于绩效。

（4）绩效还应当是表现出来的工作行为和工作结果，没有表现出来的就不是绩效。

2. 绩效的性质

绩效具有多因性、多维性和动态性三重性质。

（1）多因性。绩效的多因性主要是指一个员工绩效的优劣不是由单一因素决定的，而是受多种主客观因素的影响（见图 6-1）。

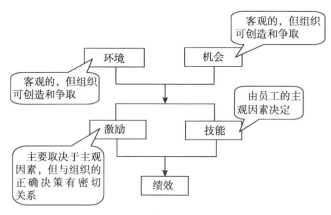

图 6-1 影响绩效的主要因素模型

这些因素包括技能、激励、环境和机会。

$$P=f(s, o, m, e) \tag{6-1}$$

在式（6-1）中，P（performance）是绩效，s 为技能（skill），o 为机会（occasion），m 为激励（motivation），e 为环境（environment），f 则表示上述各因素之间的函数关系。

技能是员工本身的工作能力，是员工的基本素质，它取决于个人的天赋、智力、经历、教育与培训等特点。其中，培训不仅能提高员工的技能，还能对达到目标的期限要求及实现目标树立自信心，从而增强对他们的激励强度。

激励指员工的工作态度，所涉因素很多，如需求层次、个性、价值观等，其中需求层次影响最大。员工在生理、安全、社交、自尊和自我实现的层面上，各有其不同的特点，组织需要对此具体分析，通过满足员工的不同需求进行激励。

这两个方面是主观方面的原因，是创造绩效的主动因素。

环境是指员工进行工作的客观条件，包括物质条件、制度条件、人际关系条件等，比如劳动场所的布局与物理条件，任务的性质，工作设计的质量，工具、设备与原材料的供应，上级的领导作风与监控方式，公司的组织结构与环境政策，工资福利，培训机会以及组织的文化、宗旨及氛围等。环境因素也包括组织之外的客观环境，比如社会政治、经济状况、市场竞争强度等宏观条件。

机会是指可能性或机遇，俗称"运气"。对于一名员工来说，被分配到什么样的工作往往在客观必然性之外还带有一定的偶然性。例如，某项任务正巧被分配给甲员工，乙员工当时不在或因纯随机性原因而未被派给此项任务，其实乙的能力与态度均优于甲，却无从表现。不能否认，运气是有的，现实中不可能做到真正彻底、完全的平等。此因素是完全不可控的。

（2）多维性。多维性指的是需要从多个维度或方面去分析和评价绩效。例如，企业考察一名销售人员的工作绩效时，不仅要看销售量指标完成的情况，还应该综合考虑回款率、新客户开发、该员工的团结意识、服从意识以及纪律意识等。一般我们在进行绩效评价时应综合考虑员工的工作能力、工作态度和工作业绩等，这三个维度包含许多具体的指标。例如，对于工作业绩，企业一般会考察工作的质量、数量、效率以及费用节约这四个指标。根据不同的评价目的，企业可能会选择不同的维度和不同的评价指标，而且各个维度和指标的权重也可能不同。因此，在设计绩效评价体系时，企业往往要根据组织战略、文化以及岗位特征等方面的情况，设计出一个由多重评价指标组成的评价指标体系。

（3）动态性。绩效的动态性则指的是员工的绩效会随着时间的推移而发生变化，原来较好的业绩可能变差，而较差的业绩也可能转好。因此，企业不能用一成不变的思维来看待绩效。这实际上向我们解释了为什么绩效评价和绩效管理中存在一个周期的问题。

总之，理解绩效的多因性、多维性和动态性，可以使管理者在进行绩效评价时，以全面、客观、权变的眼光考察下级的工作绩效，有意识地防止片面、主观和僵化的情况发生。

6.1.2 绩效管理的概念、特征与流程

1. 绩效管理的概念

著名管理学家、畅销书作家肯·布兰查德（Ken Blanchard）在谈到绩效管理的时候举了一个他教学的事例。他说，他在大学教学的 10 年里，有时会与其他老师产生分歧，因为他总是在上课的第一天就把期末考试的题目告诉学生。当同事问他为什么这么做时，他回答道："我计划用一个学期的时间去教授他们问题的答案，这样，当期末到来时，每个人都将会得到 A 的成绩。"这个事例很生动地向我们解释了绩效管理究竟是什么这个问题。

绩效管理是对绩效实现过程中各要素的管理，是基于组织战略基础上的一种管理活动。绩效管理是通过对组织战略的建立、目标分解、业绩评价，并将绩效成绩用于组织日常管理活动中，以激励员工业绩持续改进并最终实现组织目标以及战略的一种正式管理活动。

2. 绩效管理的特征

首先，绩效管理是防止员工绩效不佳和提高工作绩效的有力工具，这是绩效管理的核心目的。绩效管理的各个环节都是围绕着这个目的来进行的。因此，绩效管理不仅要针对工作中存在问题的员工，更重要的是要着眼于提高现有的绩效水平，从而促进组织的目标得以顺利实现。

其次，绩效管理还特别强调沟通辅导及员工能力的提高。绩效管理通过强调沟通辅导的过程以实现它的开发目的。绩效管理不是迫使员工工作的棍棒，不是权力的炫耀。事实上，各种方式的沟通辅导贯穿于整个绩效管理系统中。

最后，绩效管理是一个过程，也是一个包括若干个环节的系统。

3. 绩效管理的流程

绩效管理主体的管理者在进行绩效管理时应严格按照绩效计划、绩效监控、绩效评价和绩效反馈四个环节来开展管理活动，但是由于各个组织的具体情况和需求不同，所以每个组织在运用绩效管理系统的四个环节时具有不同的侧重点。

（1）绩效计划是指在绩效周期开始时，结合组织的中长期规划及年度经营计划，在公司、部门、个人层面设定绩效目标，衡量指标和行动计划的过程。绩效计划是绩效管理的首要阶段。在绩效计划过程中，组织需要注重各层次之间的沟通工作，保证员工理解并认同他们的绩效目标和所要承担的责任。

（2）绩效监控是连接绩效计划和绩效评价的中间环节，是绩效管理耗时最长的阶段，也是最容易被组织忽略的阶段。这个阶段是否成功取决于管理者领导风格的选择和绩效辅导水平、管理者与下属之间绩效沟通的有效性以及绩效评价信息的有效性。绩效辅导是指上下级之间对绩效完成情况、绩效与能力的差距展开充分讨论的过程。管理者通过反馈，让员工了解自身的工作进展。辅导是基于反馈基础上的一种双向式讨论，着重培养能力和提高绩效水平。这里比较重要的就是领导者的沟通技巧，领导者要采用适当的沟通方式对下属进行绩效辅导。这一阶段收集的绩效信息将作为绩效评价的主要依据。

（3）绩效评价是绩效管理中相对重要的环节，也是最容易被误解的环节。组织界通常会认为绩效评价就是绩效管理，但实际上，仔细研究绩效管理的理论，我们可以发现，我们对绩效管理的认识是错误的，绩效管理与绩效评价是两个差别很大的概念。我们既不能将两者混淆，也不能将两者等同。

（4）绩效反馈是指在绩效管理周期结束时，管理者与员工就绩效评价进行面谈，使员工充分了解和接受绩效评价的结果，并由管理者对员工在下一周期该如何改进绩效进行指导，最终形成正式的绩效改进计划书的过程。通过绩效反馈，员工可以知道管理者对他们的评价和期望，从而不断地修正自己的行为，而管理者也可以通过绩效反馈指出员工的绩效水平和存在的问题，从而有的放矢地进行激励与指导。因此，绩效管理的目的绝不仅仅只是得出一个评价等级，而是要提高员工的绩效，确保员工的工作行为和工作产出与组织的目标保持一致，从而实现组织的目标。

6.1.3 绩效管理与绩效评价的关系

绩效管理是一个完整的系统，绩效评价只是这个系统中的一部分；绩效管理是一个过程，注重过程的管理，而绩效评价是一个阶段性的总结；绩效管理具有前瞻性，能帮助组织和经理前瞻性地看待问题，有效规划组织和员工的未来发展，而绩效评价则是回顾过去一个阶段的成果，不具备前瞻性；绩效管理具有完善的计划、监督和控制的手段与方法，而绩效评价只是评价的一个手段；绩效管理注重能力的培养，而绩效评价则只注重成绩的大小；绩效管理能在经理与员工之间建立绩效合作伙伴的关系，而绩效评价则使经理与员工站到了对立的两面，距离越来越远，制造紧张的气氛和关系。二者的联系体现在：绩效评价是绩效管理的一个不可或缺的组成部分，可以为组织绩效管理的改善提供资料，帮助组织不断提高绩效管理的水平和有效性，使绩效管理真正帮助管理者改善管理水平，帮助员工提高绩效能力，帮助组织获得理想的绩效水平。

6.2 绩效管理的实施过程

6.2.1 绩效计划

1. 绩效计划的含义

关于绩效计划，我们有两种理解：一种是把"计划"理解成为一个名词，那么绩效计划就是一个关于工作目标和标准的契约；另一种是把"计划"理解成为一个动词，那么绩效计划就是经理人员和员工共同沟通，对员工的工作目标与标准达成一致意见，形成契约的过程。各级管理者与员工一起，就员工在该绩效周期内要做什么、为什么做、需做到什么程度、何时应做完、员工的决策权限等问题进行讨论，促进相互理解并达成协议。这份协议以及达成协议的过程，就是绩效计划。从具体表现形式看，绩效计划是用于指导员工行为的一份计划书，称为绩效目标协议书。

2. 绩效目标的内容

绩效目标是对员工在绩效评价期间工作任务和工作要求所做的界定。绩效目标主要由绩效评价指标、绩效标准组成。

（1）绩效评价指标。在绩效评价过程中，人们要对被评价对象的各个方面或要素进行评估，而指向这些方面或要素的概念就是绩效评价指标。

绩效评价指标一般由四个要素构成：

- 指标名称。它是对评价指标的内容做出的总体概况。
- 指标定义。它是指标内容的操作性定义，用于揭示评价指标的关键可变特征。
- 标志。评价的结果通常表现为将某种行为、结果或特征划归为某个级别。评价指标中用于区分各个级别特征规定的就是绩效评价指标的标志。
- 标度。标度用于对标志所规定的各个级别包含的范围做出"的"规定，或者说，标度是用于揭示各级别之间差异的规定。

绩效评价指标可分为三类，第一类是工作业绩与工作态度评价指标。这里的业绩是指员工工作行为或履行职务的直接结果。业绩评价从数量、质量、成本和效率四个方面进行。它通常被称为"考绩"，是对企业人员担当工作的结果或履行职务工作结果的考察与评价。它是对组织成员贡献程度的衡量，是所有工作关系中最本质的考评。它直接体现出员工在企业中价值的大小，与被考评者承担工作的重要性、复杂性和困难程度呈正相关关系。通过反馈系统的反馈，业绩考评比其他考评更能体现组织的效率。第二类是"特质、行为、结果"三种绩效评价指标，如表6-1所示。第三类是定量指标和定性指标（软指标和硬指标）。定量指标，即可以用数据表示评价结果的指标，是目前绩效评价中最重要的指标。定性指标，即主要通过人的主观评价得出评价结果的评价指标。除非特别必要，在一般企业考核体系中，定性指标要尽量少。

表 6-1 "特质、行为、结果"三种绩效评价指标对照表

	特质绩效评价指标	行为绩效评价指标	结果绩效评价指标
适用范围	适用于对未来工作潜质做出预测	适用于评价可以通过单一的方法或程序化的方式实现绩效目标的岗位	适用于评价可以通过多种方法达到绩效目标的岗位
不足	1. 没有考虑情景因素，预测度低 2. 不能有效区分实际工作绩效，产生不公平感 3. 注意力集中在短期难以改变的人的特质上，不利于改进绩效	1. 需要对那些同样能够达到目标的不同行为方式进行区分 2. 当员工认为其工作重要性较小时，此指标意义不大	1. 结果有时不完全受被评价对象的控制 2. 容易诱使评价对象为了达到一定的结果而不择手段

资料来源：方振邦. 战略性绩效管理 [M]. 4版. 北京：中国人民大学出版社，2014：124.

（2）绩效标准。绩效标准就是组织对该职务工作的要求。一般来说，组织的管理人员为了让部下在完成某项部门工作的过程中发挥作用，就必然会把部门所承担的若干项工作交给这位员工。这里的若干项工作就是职务，职务标准对职务中所包含的各项工作进行了规定，从而确定承担该职务的人应该做什么和怎样做。绩效标准是建立在职务概念基础上的，是一种客观存在的标准，与承担职务工作的人无关。更进一步，我们可以将绩效标准分为职务标准和职能标准两部分。它们共同规定了该职务从工作内容到任职者素质等方面的要求。职务标准对应的是工作中表现出来的工作绩效。职能标准主要是经验型能力和知识性能力，它实际上是一种任职资格。

制定绩效标准的一般步骤如下：

第一步，确定各部门工作一览表。

第二步，确定部门各项工作所需的知识、技能、经验、资格（文凭、资格证书之类）。

第三步，根据所整理的工作一览表确定每个人的分工，包括确定个人的工作要项、主要工作事项等。工作要项是根据各职位的工作要求（包括工作内容及职责），列出有代表性的项目。

第四步，根据每位员工的工作内容，确定相应的职务标准。

第五步，参照职能标准等级表，确定每位员工的职能标准。

第六步，上司与部下磋商，达成共识。

6.2.2 绩效监控

绩效管理的整个过程如下：从制订绩效计划开始，经过绩效监控，然后进行绩效评价，最后是绩效反馈。在这个过程中，绩效计划、绩效评价和绩效反馈都可以在短短几天时间内完成，而耗时最长的是中间的绩效监控，它贯穿着整个绩效管理中。绩效的计

划能否落实和完成要依赖于绩效监控,绩效评价的依据也来自绩效监控的过程,所以绩效监控是一个重要的中间过程,这个过程做得好坏将直接影响绩效管理的成败。

在绩效监控阶段中,管理者能否取得成功主要取决于以下三个关键点:一是,管理者的领导风格和绩效辅导水平;二是,通过持续不断的沟通对员工的工作给予支持,并修正工作任务与目标之间的偏差;三是,记录工作过程中的关键事件或绩效数据,为绩效评价提供信息。

1. 领导风格和绩效辅导

毋庸讳言,大多数管理者工作都十分繁忙。但心理学家告诉我们,过度繁忙会极大地影响人们的认知过程。过于忙碌的人往往不愿意去倾听,减少与别人的沟通,所以目光短浅。这种情况很可能会导致绩效计划的最终失败。管理者应当重新审视他在组织中所扮演的角色。只有管理者知道如何有效地领导员工,员工的绩效才有可能最大限度地提高。缺乏有效的领导,员工很难将他们的活动与组织当前的需求有机结合起来。比如你是研发部经理,发现部门中的一位设计人员逐渐失去了灵感,同一项目组的两个员工最近发生了不愉快,或者一名员工经常不遵守组织的规章制度,你会采取怎样的方式控制事态或处理问题?这就涉及管理风格的选择问题。当今的管理工作越来越要求管理者能够在适当的时候采取适当的管理风格。

绩效辅导就是在绩效监控的过程中,管理者根据绩效计划,采取适当的领导风格,对下属进行持续的指导,确保员工工作不偏离组织战略目标,并提高其绩效周期内的绩效水平以及改善长期胜任素质的过程。

2. 绩效沟通

对于管理者和员工来说,绩效沟通的最终目的都是提高员工的工作绩效,但是,对于他们来说,通过绩效沟通所要了解的信息内容是不同的。管理者需要得到有关下属员工工作情况的各种信息,以帮助他们更好地协调工作。员工需要通过与管理者之间的绩效沟通,了解自己的表现获得了什么样的评价,以保持工作积极性,并且更好地改进工作。

沟通有各种各样的方式,比如口头的方式与书面的方式、会议的方式与谈话的方式等。随着现代计算机和网络技术的发展,人们越来越多地采取在网络上进行沟通的方式。每种沟通方式都有其优点和缺点,都有其适合的情境,因此关键是在不同的情境下选用什么样的沟通方式。

3. 绩效信息的收集

我们在考虑整个绩效管理循环的时候,往往会把比较多的注意力放在对绩效的评估上。然而,我们不妨思考一下:力图做到客观、公正的绩效评估,需要依据什么来进行?客观、公正的绩效评估一定不会是凭感觉的,这些评估的依据来自绩效实施与管理的过程中。可以说,绩效实施与管理的环节要为下一个环节——绩效评估准备信息。所以,评估者在绩效实施与管理的过程中一定要对被评估者的绩效表现做一些观察和记录,收集必要的信息。

(1)收集绩效信息的目的。①提供绩效评估的事实依据。我们在绩效实施的过程中对员工的绩效信息进行记录和收集,是为了在绩效评估中有充足的客观依据。在绩效评估时,我们将一个员工的绩效判断为"优秀""良好"或者"差",需要有一些证据做支持,也就是说,我们依据什么将员工的绩效评判为"优秀""良好"或者"差"。这绝对不是凭感觉做出的,而是要用事实说话。这些信息除了可以作为对员工绩效进行评估的依据,也可以作为晋升、加薪等人事决策的依据。②发现绩效问题和探究做出优秀绩效的原因。对绩效信息的记录和收集还可以使我们积累一定的突出绩效表现的关键事件,例如,记录绩效好的一些员工的工作表现和绩效差的员工的一些工作表现,可以帮助我们发现员工做出优秀绩效背后的原因,然后利用这些信息帮助其他员工提高绩效,使他们以优秀员工为基准,把工作做得更好。我们还可以发现绩效不良背后的原因,是工作态度的问题还是工作方法的问题,这样有助于对症下药,改进绩效。③在争议仲裁中进行利益保护。另外,我们保留翔实的员工绩效表现记录也是为了在发生争议时有事实依据。一旦员工对绩效评估或人事决策产生争议,我们就可以利用这些记录在案的事实依据作为仲裁的信息来源。这些记录一方面可以保护公司的利益,另一方面可以保护当事员工的利益。

(2)收集绩效信息的内容。收集绩效信息是一项非常重要的工作,那么我们应该收集哪些绩效信息呢?我们不可能对所有的员工绩效表现都做记录,因此我们必须有选择地收集。我们要确保所收集的信息与关键绩效指标密切相关,所以确定收集哪些信息之前需要回顾关键绩效指标。

通常来说,收集的绩效信息的内容主要包括:工作目标或任务的完成情况、来自客户的积极的和消极的反馈信息、工作绩效突出的行为表现以及绩效有问题的行为表现等。在收集的信息中,有相当一部分属于"关键事件"的信息。关键事件是员工的一些典型行为,既有证明绩效突出好的事件,也有证明绩效存在问题的事件。

6.2.3 绩效评价

绩效评价,就是指在评价期结束时,企业选择相应的考核主体和考核方法,收集相关信息,对员工完成绩效目标的情况做出评价。它回答了这样一个问题:"员工在评价期内工作完成得怎么样?"从这层意义上,我们可以看出,绩效评价本身不是目的,而是手段。

1. 绩效评价主体

(1)绩效评价主体选择的原则。绩效评价是一项标准化的工作,但恰恰又最容易受绩效评价实施者主观方面的影响。所以,为了使绩效评价更加真实、精确,企业有必要对绩效评价的主体进行规范,尽可能将主观方面的影响降至最小。

①要求绩效评价主体公正地对待被评价者。绩效评价主体更应该是一位公正的裁判，做到公平、客观，对事不对人，不应存在偏见，否则，即使有科学的评价手段、方法，也无济于事。

②要求绩效评价实施者对被评价者的业务有一定的了解。通过精确的了解，企业可以正确、直观地评估被评价者所取得的成绩和其努力程度，同时对不同业务的被评价者应做出相应的判断，体现差异性原则。

③要求绩效评价主体熟练掌握评价的基本原理及相关实务，能将评价范围内的知识熟练地运用到实践中去。

④要求绩效评价主体能与被评价者进行有效的沟通和交流。这是非常重要的。由于绩效评价主体与被评价者的关系不同，其沟通和交流的方式也有所差异，比如与上级进行沟通，就具有一定的难度，这就需要绩效评价主体各显神通了。

（2）不同评价主体的对比。由谁来评价，是绩效评价中一个很重要的问题。它关系到评价的信度和效度，同时也是维持绩效评价公正权威的一个重要因素。绩效评价是一个复杂的系统。评价主体的多样化，有助于多层次、多角度地进行考评。这对整个绩效评价系统的稳定是很有帮助的。

①由直接的主管进行评价。由主管进行评价，也称上级为下级评价，这是大多数评价体系中普遍采用的方法。选用这一评价方式有几个容易理解的原因：主管通常处于最佳的位置来观察员工的工作业绩；主管对特定的单位负有管理的责任；当评价下层的任务被移交给其他人时，主管者的威信就可能受到削弱。下层的培训和发展在每个管理者的工作中是一个不可缺少的环节，同时也排除了同事之间互相评价的一些弊端，具有一定的公平性。

②由同事进行评价。这种评价办法可以有效地预示某人的发展潜力，即谁应该被提升、谁应该被免职。这种方法潜在的问题是互相吹嘘，因为所有的同事坐在一起互相评价，碍于面子和各自的利益容易出现高估的情形。长期以来，同事评价的拥护者认为，如果在一个合理的长时期内工作小组比较稳定，并且完成了需要相互影响的任务，受全面质量管理观念所激励的组织，都在不断地增加使用该工作小组，包括那些自我管理的工作小组，那么在这些小组内，同事的评价可能会越来越流行。

③自我评估。员工对工作行为的自我评估，也是许多组织经常采用的一种方式，它通常与主管的评估相连接。如果员工理解了他们所期望取得的目标以及将来评价他们所采用的标准，则他们往往处于评价自己业绩的最佳位置。许多人最清楚自己在工作中哪些做得好、哪些是他们需要改进的。如果给他们机会，他们就会客观地批评自己的工作业绩并采取必要的措施进行改进。此外，由于员工发展是自我的发展，所以自我评价的员工会变得更加积极和主动。自我评价对那些特别重视员工参与和发展的经理具有很大的吸引力。但是，通常情况是，员工做出的自我评价，通常高于主管和同事给出的评价。因此，企业对于这种方法须慎重使用。

④由下属对主管的行为进行评价。现在有许多组织都提倡下属用不记名的方式对他

们主管的工作行为进行评价，这一过程又称为"向上的反馈"。在整个组织中实行这种方式的评价，有助于顶层管理者重新审视他们的管理风格，明确一些潜在的问题，并按照对管理者的要求采取一些正确的行为。这种评价方式对促进管理者的发展和改进工作更有价值。有些管理者断言，由下属来评价管理者是可行的。他们的根据是下属处于一个较有利的位置来观察他们领导的管理效果。这种方法的拥护者认为，负责人将会重视工作小组的需要，并且会将经营管理工作做得很好。反对者则认为，管理者会追赶一种流行的竞赛，而员工有可能担心会遭到报复。如果这种方法有效的话，有一点相当关键，必须对评价者的姓名进行保密。

⑤顾客评价与供应商评价。在一些特殊的组织中，一些了解员工工作情况的组织外部人员也成为绩效评价的主体之一。

2. 绩效评价方法

进行绩效评价的方法有很多，组织应当根据具体的情况来选择合适的方法。本章第6.3节将对这些方法进行详细的介绍。

3. 绩效评价中的评价者误区

评价者就是指评价主体，也就是对被评价者的绩效表现做出评价的人。这里涉及一个新的概念评价者误区。评价者误区是评价理论中一个非常重要的概念。它特指在评价过程中，由于评价者所犯的主观错误而导致的各类常见的误差。主观错误是对绩效评价中出现不准确的问题的最常见解释，因为在某种程度上，主观原因是某种天性的东西，是不能去根除的，只能在考评期间对这些误区，不断复习，往大脑里不断灌输，多加以注意。由于绩效评价是一种人对人的评价，在这一过程中往往会出现一些错误或者不当的行为，从而影响评价的效果。因此，我们首先应当知道评价者在评价过程中可能会产生的评价误区都有哪些，以防止这些误区的发生。

一般来说，在绩效评价过程中，评价者常见的误区类型主要分为以下九种：

（1）晕轮效应。当我们以个体的某一种特征形成对个体的一个总体印象时，我们就受到了晕轮效应的影响，它具体指由于整体印象而影响个别特性评价的倾向。

（2）逻辑误差。逻辑误差指的是评价者在对某些逻辑关系的评价要素进行评价时，使用简单的推理而造成的误差。产生逻辑误差的原因在于两个评价要素之间的高相关性。因为我们经常会认为语言能力和讲课、社交能力和谈判能力之间有很密切的关系，于是，我们在进行绩效评价时会依据"既然社交能力强，谈判能力当然强"对某员工做出评价。

逻辑误差与我们前面介绍的晕轮效应有什么区别呢？首先，二者的定义不同，如上所述。

晕轮效应与逻辑误差的本质区别在于：晕轮效应只在同一个人的各个特点之间发生作用，在绩效评价中则是在对同一个人的各个评价指标进行评价时发生作用，而逻辑误差与被评价者的个人因素无关，它是由于评价者认为评价要素之间存在一致的逻辑关系而产生的。

（3）宽大化倾向。在评价的过程中，有一个部门经理手底下的人都得了 4 分（满分 5 分），都表现得很好。之所以发生这种情况，主要是由于该经理心太软，即该经理具有宽大化倾向。宽大化倾向就是指评价者对评价对象所做的评价往往高于其实际成绩。

（4）严格化倾向。前面我们说过有一个部门经理手底下的人都得了 4 分，这是由于该经理的宽大化倾向造成的，现在又有一个部门经理手底下的人都得 2 分、2.5 分或者 2.8 分，怎么全不达标啊？与前面出现的情况刚好相反，原因在于经理不一样。前面给员工打 4 分的经理心太软，现在给员工打分太低的经理心太硬，即该经理具有严格化倾向。

严格化倾向是与宽大化倾向相对应的另一种可能的评价者行为倾向。严格化倾向是指评价者对员工工作业绩的评价过分严格的倾向。

（5）近期行为误差。离评价期越近，部门经理对员工所干的事儿记得越清楚。正常人也是这样，离我们最近的事儿我们记得最清楚，不管这个员工近期干了什么好事儿，还是不好的事儿，都记得特别清楚，这种误区叫"近期行为误差"。

（6）评价者个人偏见。我们每个人心里经常有一些概念，比如认为对于管理工作可能男士比女士更合适，好像男士的数学能力天生比女士强，幼师就应该是女士，而不应该是男士；或者有这种情况，发现你的员工跟你有一些共同点，比如都不爱做家务事，都爱上网聊天，都爱打篮球，都爱游泳等，这个员工极有可能被你给予很高的评价。这恰恰是一个误区，即评价者个人偏见。

（7）首因误差。我们每个人都会有这种经历，就是如果某个人第一次给你留下了很好的印象，即使后来可能他有一些做得不对的地方，你可能也会帮他找一些理由，而如果第一次他给你留下了不好的印象，即使后来他很努力地表现好，可能也不会改变你对他的印象，这就是第一印象误差，我们在绩效评价中称为首因误差。它是指员工在绩效评价初期的绩效表现对评价者评价其以后的绩效表现产生延续性影响。

（8）中心化倾向。在绩效考评中，分数汇总到人力资源部后，我们会发现几乎所有的人都得 3 分、2.8 分、3.2 分或者 3.5 分，两头的分数非常少，大家的分数集中在中间，这是怎么回事儿？这就叫中心化倾向，又叫趋中趋势，是指评价者对一组评价对象做出的评价结果相差不多，或都集中在评价尺度的中心附近，导致评价成绩拉不开距离。

（9）溢出误差。这是指因被评价者在评价期之前的绩效失误而降低其评价等级。某一名生产线上的员工在该绩效评价周期之前出现生产事故，影响了他上一期的工作业绩。在本评价期间他并没有再犯类似的错误，但是，评价者可能会由于他上一期间的表现不佳而在该期的评价中给出较低的评价等级。

6.2.4 绩效反馈

在绩效评价阶段完成后，我们就要进入绩效反馈阶段。绩效反馈就是通过绩效反馈面谈与员工沟通，让员工了解绩效评价结果，将管理者的期望传递给员工。绩效反馈应贯穿绩效管理的始终，而我们这里主要说的是绩效反馈面谈。绩效反馈面谈是管理者就上一绩效管理周期中员工的表现和绩效评价结果与员工进行正式面谈的过程。

有的组织不是很重视绩效反馈面谈这个环节，往往认为填写完评估表格、算出绩效评估的分数，绩效评估就结束了。其实，仅仅做完评估还不够，还不能达到让被评估者改进绩效的目的。那么，怎样才能让被评估者了解自己的绩效状况呢？怎样才能将管理者的期望传递给被管理者呢？此时，双方必须要通过绩效反馈面谈进行沟通。

因此，绩效反馈面谈的主要目的是：

（1）使员工认识到自己在本阶段工作中取得的进步和存在的缺点，了解主管对自己工作的看法，促进员工改善绩效。

（2）对绩效评价的结果达成共识，分析原因，找出需要改进的方面。

（3）制订绩效改进计划，共同协商确定下一个绩效管理周期的绩效目标和绩效计划。

（4）为员工的职业规划和发展提供信息。

6.3 绩效评价的常用方法

绩效评价的关键就是运用各种方法收集每个员工的工作状态、工作行为、工作结果等方面的信息，并将其转化为员工工作的评价。绩效评价的方法有以下三种。

6.3.1 比较法

比较法是一种相对评价方法，就是对评价对象进行相互比较，从而决定其工作绩效的相对水平。常用的比较方法主要有排序法、对比法、人物比较法和强制正态分布法。

1. 排序法

排序法就是把部门的员工按照优劣排列名次，从最好一直排到最差。

我们根据什么指标来排的呢？比如，销售部门可以制定一个销售利润的指标，根据这一指标进行排序，以衡量这个部门的销售人员，谁拿的单子所获利润最大，他的排序就最靠前。也许今年的最后一名会被末位淘汰。

排序法的重点是：在部门里选取一个衡量标准。

排序法的最大优点是简便易行，不需要做任何复杂说明。但是当员工很多时，企业进行排序就比较困难，而且排序的准确性也会降低。

2. 对比法

对比法又称配对比较法、平行比较法、成对比较法，将所有评价对象一一进行相互比较，根据比较结果排出名次，即两两比较，然后排序。

在使用简单或者直接排序法时，考核人员要根据表现信息，对所有员工从好到坏进行排列。在使用这种方法时，信息加工的困难会随着员工数量的增加而增加。为了减少信息加工的任务，考核人员有时可以使用对比法。对比法可以将两个员工同时进行比较。

3. 人物比较法

人物比较法也称标准人物比较法，是一种特殊的比较法。人物比较法是先在员工中选择一人作为标准，通过将其他人与这个标准员工进行比较来得出其绩效水平。

4. 强制正态分布法

强制正态分布法也称为"强制分布法""硬性分配法"，该方法是根据正态分布原理，即俗称的"中间大、两头小"的分布规律，预先确定评价等级以及各等级在总数中所占的百分比，然后按照被考核者绩效的优劣程度将其列入其中某一等级。

对很多组织的调查结果表明，正常的组织会按正常的曲线分布。也就是说，优秀员工总数超不过10%，同时一定会有一些人，由于种种原因，表现比较差，不能达标，这一部分人绝不可能是零，为5%～10%，其他人表现平平，只能是达标。这就是一个正常的曲线分布。

6.3.2 量表法

量表法就是将一定的分数或比重分配到各个指标上，使每项评价指标都有一个权重，然后由评价者根据评价对象在各个指标上的表现情况，对照标准对评价对象做出判断并打分。

1. 量表评分法

在考核中，最古老也是最广泛的使用方法是量表评分法，也称尺度评价法。在考核中，考核人员要在量表中就各项指标对员工评分。评分涉及一系列等级，然后这些等级要对应于相应的分数，例如将"优秀"定为5分，将"不令人满意"定为1分，最后统计总分。

尺度评价表法的优点是：实用，成本低，开发快，适用于组织中的全部或大部分工作。

尺度评价表法的缺点是：判定绩效的准确性不够，不能有效地指导行为，未说明员工需要做什么才能得到好的评价，不利于负面反馈。

2. 行为定位等级评价法（BARS）

行为定位等级评价法，是通过一张行为定位等级评价的表格将各种水平的绩效加以量化，用反映不同绩效水平的具体工作行为的例子。

企业把销售代表处理客户关系，从最好到最不好排序，就是将他的行为排列成一个顺序，即行为定位等级。如果他做的事情符合第一级，就给他打6分。如果他做得最不好，经常让客户等待，抱有事不关己的态度，就给他打1分。这样评出来的分数相加，就是这个销售代表处理客户关系的一个总的分数。

这是一种比较好的评估方法。员工看到自己得分低，就会知道下一回该怎么干可以得高分。这种方法很好、很实用。

3. 行为观察量表法（BOS）

行为观察量表法是指包含特定的工作绩效所要求的一系列合乎希望的行为的表单。

行为观察量表法的八个步骤如下：

第一步，运用关键事件分析法进行职务分析。职务分析专家对一组既了解职务的性质、目的，又能经常观察到这项职务（包括职务的领导、任职者、下级、客户等）的人员，通过会谈法了解他们所观察到的职务的操作情况。谈话可以单个进行，亦可以集体进行。职务分析专家要求观察者描述职务操作行为中的有效和无效事件，一般至少要求30人进行大约300个事件的描述。职务分析专家需要运用会谈技术，引导职务观察者对事件进行正确的描述。例如，服务态度不好，最终被描述为与顾客争吵，把顾客的食物或饮料弄洒了，而没有向顾客道歉，让顾客等待过久等。

第二步，对关键事件依照行为归类。如果两个或多个观察者都描述了饭店服务人员要回答顾客对菜单的一些特殊问题，那么这些就应归入"回答顾客对菜单提问"的行为项目中。

第三步，把类似的行为项目归类成BOS标准。通常，在这一步骤中，行为项目被归为3～8个BOS标准。

第四步，评价内部判断一致性。内部判断一致性是考察不同个体对同一关键事件是否评价一致。职务分析专家把事件随机呈现给另一些职务观察者，比较他们按上述步骤所确定的3～8个BOS标准是否把事件做了相同的归类。

第五步，评价内容效度。在把关键事件进行归类集中时，大约有10%的事件没有被归入行为项目中。这时，职务分析专家还应再考虑这些事件是否描述了没有列出的行为项目，或是否可以列入已列出的行为项目中。

第六步，构造评定量表。这要求观察者指出其所观察员工的每个行为出现的频度。

第七步，去掉次数过少和过多的项目。在上述步骤得到的BOS行为项目中，有些虽然能够描述有效或无效的职务操作，但是无论对好的还是差的员工，这些行为都是经常出现或是很少出现的，例如殴打顾客等，这类不具有鉴别意义的项目应该去掉。

第八步，确定BOS量表的信度及各个BOS标准的相对重要程度。

6.3.3 关键事件法

在这种技术的应用中，人事管理人员和工作部门经理要准备一个描述员工有效行为和无效行为的表格，这些描述的行为属于工作中的重要事件。人事管理专家要将这些描述混合进各种不同的工作分类中。

一旦分类已经确定，有效行为和无效行为也已经明确，考核人员要为每个员工准备一个登记册。在考核时期内，考核人员要记录每个分类中的关键行为（好的和差的行为）。在考核结束期内，考核人员要用登记册考核员工。这种方式非常有用，因为考核人员是对特定的行为做出考核，这样可以避免偏见。这种方式通常用于对主管的考核中，而不是用于对同事或者下属的考核中。

6.4 绩效管理的常用工具

6.4.1 目标管理

1. 目标管理概述

目标管理（management by objectives，MBO）是1954年由美国著名的管理学家彼得·德鲁克在《管理的实践》一书中提出的。德鲁克认为，古典管理学派偏重于以工作为中心，忽视人性的一面；行为科学又偏重于以人为中心，忽视与工作相结合。目标管理则综合了对工作的兴趣和人的价值，把工作和人的需要二者统一起来。

2. 目标管理的基本程序

目标的设置是目标管理过程中最重要的阶段，这一阶段可以细分为四个步骤：

第一步，预设目标。这是一个暂时的、可以改变的预案。这个预设的目标，既可以由上级提出，再同下级讨论，也可以由下级提出，由上级批准。无论采用哪种方式，目标必须由上下级共同商量确定，而且领导必须根据企业的使命和长远战略，估计客观环境带来的机遇与挑战。

第二步，重新审议组织结构和职责分工。目标管理要求每一个目标都有确定的责任主体，因此预设目标之后需要重新审视现有的组织结构，根据新的分解目标进行调整，明确目标责任者，协调关系。

第三步，确立下级的目标。在确定下级的目标之前，首先上级要明确组织的规划和目标，然后才有可能商定下级的分目标。在讨论中，上级要尊重下级，平等待人，耐心倾听下属的意见，帮助下级建立与组织目标相一致的支持性目标。分目标要具体、量化，便于评估；要分清轻重缓急，以免顾此失彼；既要有挑战性，又要有实现的可能。每个员工和团队的分目标要同组织中其他员工和团队的分目标协调一致，共同支持组织总体目标的实现。

第四步，上级和下级就实现各项目标所需的条件与目标实现后的奖惩达成协议。分目标制定后，上级要赋予下属相应的资源配置权力，实现责权利的统一。

6.4.2 关键绩效指标（KPI）

关键绩效指标（KPI）方法符合一个重要的管理原理"二八法则"。在一家企业的价值创造过程中，处处存在着"20/80"规律，如20%的骨干人员创造企业80%的价值；对于个人，80%的工作任务由20%的关键行为完成。因此，企业必须抓住20%的关键领域与关键活动，对此进行分析与衡量，才能抓住业绩评价的重心。

1. 关键绩效指标概念

关键绩效指标是衡量企业战略实施效果的关键指标，是企业战略目标通过层层分解产生的可操作性的指标体系。其目的是建立一种机制，将企业战略转化为内部过程和活力，不断增强企业的核心竞争力，使企业能够得到持续的发展。

2. 关键绩效指标的 5 个特征

（1）及时性。关键绩效指标应该按照每周 7 天，每天 24 小时或者每天 1 次的频率进行评价，对某些企业的一些指标可按照每周 1 次的频率进行评价。一个按照每季度至每年的频率进行评价的指标不是关键绩效指标，因为它不能及时提供有效的信息，对公司的业务起不到关键作用。

（2）首席执行官重点关注。所有的关键绩效指标都会产生影响，依据这些关键绩效指标，首执行官每天要与相关的员工沟通，因此，这些指标能够得到首席执行官持久的关注。

（3）简明易懂。关键绩效指标能够明确地告诉你应该采取什么样的行动，英国航空公司"飞机晚点事件"的关键绩效指标，清楚地向该机场英国航空的每个工作人员传达了要求：关注如何能够将延误的时间赶回来。

（4）团队责任明确。有些时候，企业有一个关键绩效指标就足够了，但要求这一指标必须与具体的某个团队挂钩，能有效地对其工作情况进行评价。

（5）产生重大影响。一个关键绩效指标会影响一个或多个核心的关键成功因素以及多个平衡计分卡愿景。

3. 关键绩效指标设定方法

（1）关键成功因素法。关键成功因素指的是对企业成功起关键作用的因素，即通过分析找出使得企业成功的关键领域，然后找出能使关键绩效实现的关键绩效要素，最后根据关键绩效要素确定关键绩效指标。

（2）职责分解法。它是指通过把岗位的职责分解来确定关键绩效指标。

（3）业务"价值树"法。此即利用树形分解出使企业成功的关键绩效因素。该方法类似于关键成功因素法，只是关键成功因素法一般采用鱼骨图，而业务"价值树"法采用树形图。

（4）平衡计分卡法。该方法主要是利用平衡计分卡的四个维度对企业的关键成功因素进行分解。

6.4.3　平衡计分卡

1. 平衡计分卡战略地图的发展历程

平衡计分卡（the balanced scorecard，BSC）是绩效管理中的一种新思路，适用于对部门的团队进行考核。它是 20 世纪 90 年代初由哈佛商学院的罗伯特·卡普兰（Robert

Kaplan)和诺朗诺顿研究所所长、美国复兴全球战略集团创始人兼总裁戴维·诺顿（David Norton）发展出的一种全新的组织绩效管理方法。平衡计分卡自创立以来，在国际上，特别是在美国和欧洲，很快引起了理论界与客户界的浓厚兴趣。

平衡计分卡被《哈佛商业评论》评为75年来最具影响力的管理工具之一，打破了传统的单一使用财务指标衡量业绩的方法。它在财务指标的基础上加入了未来驱动因素，即客户因素、内部经营管理过程和员工的学习成长。

平衡计分卡的发展经历了五个阶段：

第一阶段，构建平衡计分卡以衡量战略。1992年，《哈佛商业评论》刊登了《平衡计分卡：驱动业绩提高的衡量体系》，标志着最初用于衡量组织绩效的平衡计分卡正式问世。1996年，第一本平衡计分卡专著《平衡计分卡：化战略为行动》问世。

第二阶段，建立战略中心型组织。2000年，《战略中心型组织：如何利用平衡计分卡使企业在新的商业环境中保持繁荣》出版。

第三阶段，开发战略地图以描述战略。2004年，《战略地图：化无形资产为有形成果》出版。

第四阶段，围绕战略协同组织。2006年，《组织协同：运用平衡计分卡创造企业合力》出版。

第五阶段，连接战略和运营并对战略实施流程化管理。2008年，《平衡计分卡战略实践》出版。

2. 平衡计分卡的特点与功能

（1）平衡计分卡是一个管理体系，而不仅仅是一个考核体系，为企业战略管理提供了强有力的支持。

（2）它是一种沟通工具，注重团队合作，全面提高整体管理效率。

（3）它强调因果关系。平衡计分卡的每一个维度之间都是相互关联的。

（4）它强调平衡。它反映了企业财务指标和非财务指标之间的平衡、长期目标与短期目标之间的平衡、外部群体和内部群体的平衡、结果和过程的平衡、管理业绩与经营业绩的平衡、领先指标（客户、内部流程、学习与成长）与滞后指标（财务指标）的平衡。

3. 平衡计分卡的核心内容

平衡记分卡的设计包括以下四个层面：财务层面、客户层面、内部经营流程层面、学习与成长层面。这几个层面代表了企业三个主要的利益相关者：股东、顾客、员工。每个角度的重要性取决于角度本身和指标的选择是否与公司战略相一致。其中每一个层面，都有其核心内容：

（1）财务层面。财务业绩指标可以显示企业的战略及其实施和执行是否对改善企业盈利做出了贡献。财务目标通常与获利能力有关，其衡量指标有营业收入、资本报酬率、经济增加值等，也可能是销售额的迅速提高或创造现金流量。

（2）客户层面。在平衡记分卡的客户层面，管理者确立了其业务单位将竞争的客户和市场，以及业务单位在这些目标客户和市场中的衡量指标。客户层面的指标通常包括客户满意度、客户保持率、客户获得率、客户盈利率，以及在目标市场中所占的份额。客户层面使业务单位的管理者能够阐明客户和市场战略，从而创造出出色的财务回报。

（3）内部经营流程层面。在这一层面上，管理者要确认组织擅长的关键的内部流程。这些流程可以帮助业务单位提供价值主张，以吸引和留住目标细分市场的客户，并满足股东对卓越财务回报的期望。

（4）学习与成长层面。它确立了企业要实现长期的成长和改善就必须建立的基础框架，确立了未来成功的关键因素。平衡记分卡的前三个层面一般会揭示企业的实际能力与实现突破性业绩所必需的能力之间的差距。为了弥补这个差距，企业必须投资于员工技术的再造、组织程序和日常工作的疏理，这些都是平衡记分卡学习与成长层面追求的目标。

4. 平衡计分卡与关键绩效指标的异同

（1）相同点：它们都是一种整体性的绩效管理系统，从企业的战略出发，寻找衡量指标，设定目标，掌控行动。

（2）不同点：关键绩效指标根据各种方法分析、寻找影响绩效的主要因素，各绩效因素之间不存在明显的逻辑关系，它们一起构成了总目标的组成部分，并且不同绩效因素分解出的指标之间并没有逻辑关系。

平衡计分卡将通向总目标的绩效指标划分为不同的板块，不同的板块之间具有明确的因果支撑关系，形成了一个绩效发展循环。平衡计分卡各个指标之间实际是一个因果关系的链条，它们相互支持、依赖，具有逻辑关系。

6.5 绩效管理实训

6.5.1 实训目的

（1）掌握绩效计划制订的基本步骤；
（2）熟悉绩效计划制订应注意的原则；
（3）掌握绩效计划面谈过程中的反馈方法。

6.5.2 实训资料

亿耐特是一家网上电子商务公司，目前面临非常激烈的竞争。罗涛是网上购物部订单处理中心的负责人，孙伟刚是网上购物部的经理。网上购物部的主要业务是通过互联网进行日用消费品的销售，主要包括电器、书籍、电脑设备、日用品、化妆品、服装、玩具、箱包以及文具等。订单处理中心的主要职责是直接从网上受理消费者的订货信息，并将信息发送给相应的商品部，由商品部为消费者发货，同时还需要对订货信息进行分类、存档。孙伟刚上周刚参加了制订今年经营计划的会议,接下来要把网上购物部经营计划分解到每个人身上。本周他将要同每个下属面对面地进行一次交流,制订本年度的绩效计划。

基本信息如下:上一年度,平均每天网上订单的数量为800份,今年预计每天的订单数量会达到2 000份。过去用户在提交订单之后5～7天才可以得到商品,今年我们打算将这个时间减少到3天。

技术部要增加新的订单处理系统。

从接到客户订单到将确认后的订单发送到商品部的时间要尽量短。

订单处理人员对新的操作系统还不够熟悉。

资料来源:百度文库。

6.5.3 实训任务

(1)管理者和员工要做哪些准备?
(2)要选择合适的时间、地点。
(3)绩效计划面谈的程序包括以下四个步骤:①回顾有关信息;②确定关键绩效指标;③讨论主管人员提供的帮助;④结束沟通。
(4)针对制订计划面谈过程中出现的问题,如何进行反馈?

6.5.4 实训步骤

(1)分小组:8～10人一组,每组推荐管理者和被约见员工两个角色,对于员工这个角色可以选择两个不同特点的学员,其他人观摩。确定了每组的两个角色后,其他人帮助这些扮演角色的成员收集详细的绩效计划面谈内容。

(2)整个过程由"角色扮演"和"评议"两部分组成。在实际面谈过程中,其他组成员认真观察双方的态度、行为和发言。

(3)老师针对演练过程进行总结,同时带领学生对关键知识点进行回顾,针对演练过程中出现的问题与学生讨论,引发学生对问题做进一步思考。

复习思考题

1. 什么是绩效?其特征是什么?
2. 如何理解绩效管理?绩效管理有什么意义?
3. 绩效管理与绩效评价的区别是什么?
4. 绩效评价的主体有哪些?
5. 绩效评价中的误区有哪些,如何避免?
6. 绩效评价的方法及其特点有哪些?

Chapter 7
第 7 章

薪酬管理

学习目标

1. 了解报酬的分类、基本薪酬体系的操作流程、弹性福利计划;
2. 理解薪酬构成、职位评价的方法、浮动薪酬的种类、福利的种类;
3. 掌握薪酬和薪酬管理的概念、薪酬的本质和功能、薪酬管理的原则。

开篇引例 小李辞职为哪般

"目前国内家电市场竞争激烈,怎样才能战胜对手,提高市场占有率呢?"总经理在不停地思索着,一个崭新的销售计划在他头脑中逐渐形成了。但是,谁能担任此重任呢?交给小李吧,他业务素质高、能力强,而且有开拓市场的丰富经验。

总经理走进办公室,突然发现办公桌上平整地放着一份辞呈——小李交来的辞呈。怎么会这样?他到公司工作还不到 5 年,由于业绩突出,已经被提为销售部副经理,待遇不错,为什么辞职呢?

总经理找来人力资源部经理,人力资源部经理说:"虽然小李的薪酬不低,但那是与咱企业内部的其他员工相比较而言的,而与其他企业的销售经理相比要差很多,并且上月他超额完成了销售任务,却未获得任何奖励。我想,可能是这些原因导致他辞职的。"

总经理不禁恍然大悟……

资料来源:叶向峰、李剑等.员工考核与薪酬管理[M].6版.北京:经济科学出版社,2014:293-294.

7.1 薪酬管理概述

7.1.1 薪酬的概念及组成

1. 报酬的概念

市场经济在本质上是一种交换经济,当一位劳动者在为一个组织工作的时候,他之所以愿意付出劳动，是因为他期望自己能够获得相应的回报。在通常情况下，我们将一位员工因为为某一个组织工作而获得的所有他认为有价值的东西称之为报酬。因为人是具有差异性的，那么不同的人对于报酬的感受也是有差异的，即一位员工认为很重要的报酬在另外的员工看来可能不是报酬。所以，报酬的内涵很丰富且因人而异。

在通常情况下，从报酬是否可以用金钱的形式来衡量，它可分为经济性报酬（financial rewards）和非经济性报酬（non-financial rewards）。经济性报酬就是可以用金钱的形式衡量的报酬，比如工资、绩效奖励、福利、股票等。非经济性报酬是指很难用金钱的形式来衡量的报酬，比如私人秘书、宽大办公室、诱人的头衔、学习的机会和参与组织管理等。从报酬本身对劳动者产生的激励是一种外部强化，还是一种来自内部的心理强化来划分，它可分为外在报酬（extrinsic rewards）和内在报酬（intrinsic rewards）。外在报酬是指报酬本身对员工所产生的激励是一种外部强化，比如各种物质的报酬。内在报酬是指组织给予员工的回报来自工作本身，是对员工心理的强化，如挑战性的工作，上级、同事间的认可等。

2. 薪酬的概念

薪酬即报酬中的经济性报酬，它涵盖了员工由于为某一组织工作而获得的所有直接和间接的经济收入，包括工资、绩效奖励、津贴、养老金以及从雇主那里获得的所有形式的经济收入以及有形服务和福利。换言之，所谓薪酬，就是指员工因为雇用关系的存在而从雇主那里获得的所有形式的经济收入以及有形服务和福利。它从是否可体现为现金收入来划分，可分为直接报酬（direct rewards）和间接报酬（indirect rewards）。其中，直接报酬包括基本薪酬、短期激励和长期激励，而间接报酬主要包括社会保险、节假日休假福利以及企业的各种服务。

3. 薪酬的构成

薪酬是一个综合性范畴，它通常由以下几部分构成：基本薪酬、浮动薪酬和间接薪酬。

（1）基本薪酬。基本薪酬也就是我们平常所说的基本工资，是以员工劳动的熟练程度、复杂程度、劳动强度及责任大小为基准，在充分考虑员工工龄、职务、技能、学历和基本生活费用的基础上，按照员工实际完成的劳动定额、工作时间和劳动消耗而计付的劳动报酬。它具有以下功能：第一，保障功能。工资的本质不是激励而是保障，对于与工资所对应的工作任务或劳动定额，劳动者在法定的时间和正常条件下一般都能完成，从而在不同的情况下都可保证劳动力的恢复、发展和延续；第二，稳定功能。工资设置的出发点主要是迎合员工规避风险的偏好，维持组织人心的稳定。组织工资等级自确定以后在相当一段时间内是固定的，或者只能稳定增长；第三，基准功能。工资是其他绩效奖励的基础和前提，其他绩效奖励的水平和形式都必须充分考虑工资的数量与全体员工的心理承受能力。

（2）浮动薪酬。浮动薪酬即绩效奖励，是指支付给职工的超额劳动报酬和增收节支的劳动报酬，包括：生产奖、节约奖、劳动竞赛奖、机关及事业单位的奖励工资和其他绩效奖励。绩效奖励的根本出发点是对员工超额完成的任务给予及时的奖励，对于员工工作具有明确的针对性和短期刺激性，以此来增加员工对组织利益的关注。

（3）间接薪酬。间接薪酬也称福利，是一种补充性报酬，往往不以货币形式直接支付，而多以实物和服务的形式支付。员工福利包括两个方面：法定福利和企业自主福利。法定福利是政府通过立法要求组织必须提供的，例如我国职工的法定福利包括各种社会保险、法定的休假和必要的补助（探亲待遇、冬季取暖补贴等）。企业自主福利是组织为员工及其家属提供的实物和服务的福利待遇，例如工作餐、旅游、通信补贴等。

7.1.2 薪酬管理的概念

薪酬管理是指组织依据员工为组织提供的服务来确定员工应当得到的薪酬总额、薪酬结构和薪酬形式而展开的管理过程。在薪酬管理过程中，组织需要在薪酬水平、薪酬体系、薪酬结构、薪酬形式以及组织内部特殊员工的薪酬等方面做出一系列决策。

薪酬水平是组织中各职位、各部门以及整个组织的平均薪酬水平。薪酬水平决定组织薪酬的外部竞争性，其在组织吸引、留住核心员工方面具有重要的意义。影响一个组织薪酬水平的因素很多，其中主要因素为：组织的薪酬战略、竞争对手的薪酬水平、组织的财务支付能力、社会生活成本等。

薪酬体系是指组织确定员工基本薪酬的方式，即组织以什么为基础确定员工的基本薪酬。当今国际上常用的确定员工基本薪酬的方式有两种，即以职位为基础的基本薪酬体系、以技能为基础的基本薪酬体系。

薪酬结构是指同一组织内部不同职位之间薪酬关系，涉及组织内部薪酬公平性的问题。

薪酬形式是指员工得到薪酬的具体形式。前面已述及，薪酬是指经济性报酬，其主要包括三部分即基本薪酬、浮动薪酬和间接薪酬。组织在薪酬形式方面需要确定员工在这三部分薪酬方面所得到的比例。

特殊员工的薪酬管理是指组织对一些特殊岗位的员工所进行的薪酬管理。特殊员工主要是指工作内容难于确定、绩效难于考核的员工，如销售人员、技术人员和高管人员。

7.1.3 薪酬管理的原则

1. 合法性原则

合法性是指企业的薪酬管理政策要符合国家法律和政策的有关规定，这是薪酬管理应遵循的最基本原则。从保障劳动者的合法权益、维护社会稳定和经济健康发展的角度出发，各个国家都会相应地制定出一系列法律法规，对企业的薪酬体系施加约束力和影响力，比如最低工资保障、同工同酬、法定带薪假期等。我国《劳动法》第 48 条规定："国家实行最低工资保障制度。最低工资的具体标准由省、自治区、直辖市人民政府规定，报国务院备案。用人单位支付劳动者的工资不得低于当地最低工资标准。"随着我国法律法规的不断完善，组织在进行薪酬管理过程中更是要遵守国家的相关法律法规。

2. 公平性原则

公平是薪酬管理的基础，只有在员工认为薪酬系统是公平的前提下，才可能产生认同感和满意度。因此，公平性原则是企业实施薪酬管理时应遵循的最重要的原则。在此，公平性本身包括三层含义：一是外部公平性，就是说在不同的企业中，类似职位或者员工的薪酬应当基本相同；二是内部公平性，就是说在同一家企业中，不同职位或者员工的薪酬应当与各自对企业的贡献成正比；三是个体公平性，就是说在同一家企业中，相同或者类似职位的员工，薪酬应当与其能力、贡献成正比。

3. 及时性原则

及时性是指薪酬的发放应当及时，这可以从两个方面来理解。首先，薪酬是员工生活的主要来源，如果不能及时发放势必会影响员工的正常生活。其次，薪酬又是一种重要的激励手段，特别是浮动薪酬，是对员工有效行为的一种奖励，奖励有效果的前提就是及时。

4. 经济性原则

经济性是指企业支付薪酬时应当在自身可以承受的范围内进行，所设计的薪酬水平应当与企业的财务水平行适应。虽然高水平的薪酬可以更好地吸引和激励员工，但是由于薪酬毕竟是企业的一项重要开支，因此企业在进行薪酬管理时必须考虑自身承受能力的大小，超出承受能力的过高的薪酬必然会给企业造成沉重的负担。

7.1.4 薪酬管理与人力资源管理其他职能之间的关系

1. 薪酬管理与职位分析的关系

职位分析是基本薪酬实现内部公平性的一个重要基础。在职位薪酬体系中，职位说明书是进行职位评价后确定职位等级结构的重要依据；在技能薪酬体系中，评价员工所具有的与工作相关的工作技能依然以他从事的岗位工作为基础。

2. 薪酬管理与人力资源规划的关系

薪酬管理与人力资源规划的关系主要体现在人力资源供需的平衡方面。薪酬政策的变动是改变内部人力资源供给的重要手段，例如提高加班工资的额度，可以促进员工增加加班工作的时间，从某种程度上可以增加人力资源的供给量。

3. 薪酬管理与员工招聘的关系

薪酬管理对于员工招聘有着重要的影响。薪酬是员工选择工作时考虑的重要因素之一，较高的薪酬水平有利于吸引应聘者，从而可以使组织在招聘中有较多的被选对象，确保挑选到更为合适的员工。此外，员工招聘也会对薪酬管理产生影响，录用人员的数量和结构是决定组织薪酬总额增加的主要因素。

4. 薪酬管理与绩效管理的关系

薪酬管理和绩效管理之间是一种互动的关系，一方面，绩效管理是薪酬管理的基础之一，浮动薪酬的实施需要对于员工的绩效做出准确的评价；另一方面，针对员工的绩效表现及时地给予不同的浮动薪酬，也有助于增强激励的效果，确保绩效管理的约束性。

5. 薪酬管理与员工关系管理的关系

在组织的员工关系管理中，薪酬是最主要的部分之一。劳动争议也往往是由薪酬问题引起的，因此有效的薪酬管理能够减少劳动纠纷，建立和谐的劳动关系。此外，薪酬管理有助于塑造良好的企业文化氛围。

7.2 基本薪酬管理

组织制定员工基本薪酬主要有两种导向，即职位导向和技能导向，以职位为导向制定基本薪酬的方式称为职位薪酬体系，以员工技能为导向制定基本薪酬的方式称为技能薪酬体系。目前国内大部分组织制定员工基本薪酬采用职位薪酬体系，故本书主要介绍职位薪酬体系设计。

7.2.1 职位薪酬体系的概念及优缺点

职位薪酬体系是对职位本身的价值做出客观评价，依据评价结果赋予承担这一职位工作的人与该职位价值相当的基本薪酬的一种薪酬制度。在采取职位薪酬体系的组织中，员工取得多少基本薪酬主要取决于员工所在的岗位，对于员工本身的工作技能和能力考虑很少甚至不予考虑。职位薪酬体系实际上暗含这样一种假定：担任某一职位工作的员工恰好具有与工作难易程度相当的能力。职位薪酬体系具有以下优点：实现了真正意义上的同工同酬；有利于按照职位系列进行薪酬管理，操作比较简单，管理成本低；员工晋升和基本薪酬增加之间的连带性增强了员工提高自身技能和能力的动力；根据职位支付薪酬的做法比基于技能支付薪酬的做法更容易实现客观和公正，对职位的重要性进行评价要比对人的技能评价更容易达成一致。我们一分为二地看职位薪酬体系，其也存在明显的不足，具体体现在：由于职位与薪酬挂钩，当员工晋升无望时，也就没有机会获得较大幅度的加薪，其工作积极性必然会受挫，甚至会出现消极怠工或者离职的现象；由于职位相对稳定，与职位联系在一起的薪酬也就相对稳定，这不利于组织对多变的外部经营环境做出迅速的反应，也不利于及时地激励员工；强化职位等级间的差别，可能会导致官僚主义滋生，员工更为看重得到某个级别的职位，而不是提高个人的工作能力和绩效水平，不利于提高员工的工作适应性；它可能会引导员工更多地采取有利于得到职位晋升的行为，而不鼓励员工横向流动以及保持灵活性。

7.2.2 职位薪酬体系的操作流程

职位薪酬体系的设计步骤主要有五步：第一步是了解组织的基本组织结构和职位在组织中的位置；第二步是收集与特定职位的性质相关的各种信息，即进行职位分析；第三步是整理通过职位分析得到的各种信息，按照一定的格式把重要信息描述出来并加以确认，编写成职位说明书；第四步是对典型的职位的价值进行评价，即完成职位评价工作；第五步是根据职位的相对价值高低来对它们进行排序，建立职位等级结构，在形成这一职位等级结构的同时也就形成了薪酬的等级结构。对于组织结构、职位分析和职位说明书等知识点，我们在本书的第2、3章中已详细进行了介绍，在此不再赘述，而职位等级结构是在职位评价的基础上依据职位评价结果对组织内部各职位进行排序，故不是难点所在，本节将主要介绍职位评价。

7.2.3 职位评价

职位评价是指系统地确定职位之间的相对价值，从而建立组织职位等级结构的过程。职位评价的方法有非量化评价法和量化评价法两种。所谓非量化评价法是指那些仅仅从总体上来确定不同职位之间的相对价值顺序的职位评价方法。而量化评价法则是采用一套较为规范的评价指标，系统地确定不同职位之间相对价值大小的职位评价方法。非量化评价法有两种：排序法和分类法；量化评价法也有两种：要素计点法和要素比较法。

1. 排序法

排序法是一种最简单的职位评价方法，它是根据总体上界定的职位的相对价值或者职位对于组织成功所做出的贡献来对职位进行从高到低的排序。排序法又可以划分为三种类型：直接排序法、交替排序法和配对比较法。

直接排序法是指简单地根据职位的价值大小从高到低或从低到高对职位进行总体上的排序。交替排序法是指首先从待评价的职位中找出价值最高的职位，然后再从剩下的职位中找出价值最低的一个职位，之后再接着从剩余的职位中找出价值最高的职位和价值最低的职位，如此循环，直到将所有要被评价的职位都排好顺序为止，具体操作如表7-1所示。

配对比较法是首先将每一个需要

表 7-1 交替排序法举例

排列顺序	职位价值高低程度	职位名称
1	最高	技术总监
2	高	技术部部长
3	较高	高级工程师
……	……	……
3	较低	工程师
2	低	技术员
1	最低	生产工人

被评价的职位与其他职位分别加以比较，职位较高者得 1 分，职位较低者不得分，然后根据职位在所有比较中的最终得分来确定职位的顺序，具体操作如表 7-2 所示。

排序法最大的优点在于操作简单，费用低廉。其不足表现在价值大小差异不明显的职位之间很难进行排序，很难确定不同职位之间的价值差异程度。

表 7-2 配对比较法举例

	A	B	C	D	得分
A	—	√	√	√	3
B	×	—	√	√	2
C	×	×	—	√	1
D	×	×	×	—	0

注：√表示重要；×表示不重要。

2. 分类法

分类法类似于先做好书架（总体职位分类），然后对书架上每一排所要放入的图书用一个标签（职位等级描述）加以清晰地界定，最后再把各种图书（职位）按照相应的定义放入不同的横排中。其具体操作程序为，先确定合适的职位等级数量，编写每个职位等级的定义，然后根据职位等级的定义对各职位进行等级确定，以此对组织内部需要被评价的职位进行排序。分类法的优势在于操作简单，容易执行。组织一旦对职位等级定义清楚了，就很容易将各职位放入相对应的职位等级中。其缺点在于，在职位多样化的组织中，很难进行等级定义。

3. 要素计点法

要素计点法自 20 世纪 40 年代以来一直是组织最常用的一种职位评价方法。它首先确定组织职位评价所需要的报酬要素，然后对每个报酬要素进行等级划分和界定，并赋予不同的点值，评价人员依据被评价职位工作说明书中对该职位的具体描述确定各职位在每个报酬要素上的等级和点值，再将每个职位在所有报酬要素上的点值进行汇总，最后将组织内部被评价职位按所得点数的大小进行排序。其具体操作步骤为：

第一，选取报酬要素。报酬要素是指在组织不同的职位中普遍存在的组织愿意为之支付报酬的具有可衡量性的因素。报酬要素的选取能够比较清晰地反映组织的价值观，不同的组织在选取报酬要素方面具有一定的差异。但在实际操作中，最常见的报酬要素主要是责任、技能、努力以及工作环境；组织在选择报酬要素时需要注意以下几个问题：报酬要素应当与总体上的职位价值具有某种逻辑上的关系，可以理解为某种报酬要素在某个职位上出现得越多，此职位的价值就越高；报酬要素必须能够得到清晰的界定和衡量，并且那些运用报酬要素对职位进行评价的人应当能够一致地得到类似的结果；报酬要素必须对准备在某一既定职位评价系统中进行评价的所有职位而言具有共通性；报酬要素必须能够涵盖组织愿意为之支付报酬的、与职位要求有关的所有主要内容；报酬要素必须与被评价职位相关；报酬要素之间避免出现交叉和重叠；报酬要素的数量应当便于管理。

第二，对每一种报酬要素划分相应的等级，并对每一个等级进行概念界定。由于组织内部的不同岗位在各报酬要素上的水平是不同的，所以，在选取报酬要素之后要确定报酬要素的等级，并对每个等级进行概念界定，说明等级之间的差异。每一种报酬要素的等级数量取决于组织内部所有被评价职位在该报酬要素上的差异程度。差异程度越高，则报酬要素的等级数量就越多，反之，则相对较少。

第三，确定报酬要素在职位评价体系中所占的"权重"。不同的报酬要素对于总体职位评价结果的贡献程度不同，所以，企业需要为不同的报酬要素确定不同的权重。不同报酬要素所占的权重大小对最终的职位评价结果影响很大，它实际上反映了一个组织对职位重要性的根本看法。这种权重的划分不仅与组织所在的行业、技术、市场等特点有关，而且与一个组织的战略、文化和价值观有关。在确定不同的报酬要素在总体职位评价体系中所占的权重时，通常有两种办法：经验法和统计法。经验法实际上是运用管理人员的经验或者共识来进行决策。这种方法要求评价小组通过讨论共同确定不同报酬要素的权重。统计法是运用统计技术或者数学技术进行决策的一种比较复杂的方法。这种方法要求运用非加权报酬要素对基准职位进行评价。所谓基准职位，是指那些可以作为统一标准的职位。基准职位具有几个重要特征：首先，它必须存在于大多数组织中，可以在组织内部以及组织之间进行薪酬比较；其次，其内容应当广为人知，相对稳定，而且与职位有关的员工能够在对职位理解方面达成一致；再次，这些职位的供给与需求应该相对稳定，不会经常发生变化；最后，基准职位需要代表所要研究的职位结构的全貌。

统计法的操作要点是，对每一种基准职位都要确定一个总价值公式，总价值公式可以用市场价值、当前薪酬、总点数或者通过排序获得的序数价值等来表示，然后可以运用多元回归等统计技术来确定每一种报酬要素在所有这些职位中应占的权重。

第四，确定每一种报酬要素在内部不同等级或水平上的点值。在各种报酬要素的权重确定下来之后，我们还需要为职位评价体系确定总点数，比如 1 000 点、800 点或 500 点。究竟确定总点数为多少，取决于被评价职位数量和价值差异的大小。在一般情况下，被评价职位数量越多，价值差异越大，总点数就越大，反之，总点数就越小。

第五，运用报酬要素评价需要被评价的职位。这一步需要考虑，被评价的职位在每一个报酬要素上属于哪一个等级，然后根据其所在等级确定其在每一报酬要素上的点数，最后将其在所有报酬要素上的所有点数进行汇总，即得到该职位的最终评价点数。

第六，将所有被评价的职位根据点数的高低排序，建立职位等级结构。评价者将所有的被评价职位根据其点数的高低进行高低排序，根据排序结果将职位进行等级划分，制成职位等级表，自此职位评价工作结束。

4. 要素比较法

与要素计点法类似，要素比较法也是在要素相互比较的基础上完成职位评价的，但是它与要素计点法的不同之处在于，被评价的工作报酬要素是与组织中作为评价标准的典型职位的报酬要素进行比较的。典型职位可以定义为对基本薪酬设计非常重要的而且在劳动力市场上广为人知的工作，其具有以下特征：对于员工和组织非常重要；具有稳定的工作内容；在一般的组织中普遍存在。

在选定了典型职位之后，组织要根据薪酬调查的结果为典型职位的每个报酬要素赋予相应的薪酬水平，最后将所要评价的职位薪酬水平与典型职位的薪酬水平进行比较，确定该岗位在每个报酬要素上的薪酬水平，并将其加总得到这一岗位的薪酬水平。

要素比较法的操作过程过于复杂，给管理工作增添了额外的成本和负担，所以，在实际职位评价工作中很少为人使用。

7.2.4 薪酬调查

职位评价用于解决薪酬设计中的内部公平性问题，而在薪酬设计中我们还需要遵守外部公平性的原则，科学、合理的薪酬调查可以解决外部公平性的问题。薪酬调查是指收集同地区或同行业其他企业的薪酬信息，从而确定市场薪酬水平的过程。薪酬调查的操作流程如下所述。

1. 明确调查的目的

薪酬调查的目的不同，薪酬调查的内容、调查范围和程序就会有所不同。所以，明确薪酬调查的目的是获取客观薪酬信息的基础。组织首先应合理利用已经存在的和自身掌握的相关数据，这样可以节省企业的时间和精力，降低调查成本。同时薪酬调查涉及被调查对象所在组织的机密，所以并非所有的理想调查对象都会给予相应的配合。如果组织确实需要通过薪酬调查才能获取所要信息，紧接着就要明确薪酬调查的职位。

2. 选定要调查的职位，明确职位内涵

一次薪酬调查不可能解决组织内部所有的薪酬问题，也不可能获得组织想要的所有薪酬信息。所以，薪酬调查一定明确所要调查的职位，有针对性地开展调查工作。在进行薪酬调查之前，组织要熟悉所调查的职位说明书，并用简短、概括的语言将职位的信息描述出来。这样能确保被调查对象将本组织的职位与调查所提供的职位匹配起来，因为不同组织中的职位即使名称相同，也可能所涉及的工作内容截然不同。

3. 确定调查的范围及调查的企业

确定了薪酬调查的职位之后，组织需要明确薪酬调查在多大范围内展开。薪酬调查的本意是了解与本组织在同一劳动力市场上争夺劳动力的其他组织的薪酬状况，因此，薪酬调查必须确定劳动力市场的范围到底有多大。劳动力市场可以划分为地方劳动力市场、地区劳动力市场、全国劳动力市场以及国际性劳动力市场。组织需要考虑调查的职位，选取一定的薪酬调查范围。

不同的职位，薪酬调查的范围是不同的。职位按其功能可分为职能职位和业务职位，职能职位一般为通用职位，调查对象一般为本地区内各组织。业务职位一般为专项职位，业务和专业性较强，调查对象一般为本地区同行业内的所有组织。另外，组织对于要调查的职位还需要在层次上进行划分。对于低级的职位，比如劳务类的岗位、一般

的技术岗位，组织所调查的区域应该是地方劳动力市场；相反，对于中高级职位，比如高级管理人员、高级技术人员，组织所调查的区域可能是地区劳动力市场、全国劳动力市场。如果企业规模足够大，其薪酬调查范围可能是国际性劳动力市场。

4. 确定调查的内容并设计调查问卷

组织在薪酬调查实施之前要先将想获得的信息转化成薪酬调查的内容，再将薪酬调查的内容具体化为薪酬调查问卷中的题目。组织在薪酬调查问卷设计中应注意以下两个问题：

第一，必须将所要调查的职位描述清楚，以备被调查单位了解所要调查的具体职位，以便根据自身的具体情况，做出比较符合实际的回答。

第二，薪酬调查问卷的题目要能反映薪酬调查的目的和薪酬调查的真正内容。薪酬调查一般按照薪酬的组成部分——基本薪酬、浮动薪酬和间接薪酬来确定，薪酬调查问卷对每部分的询问一般都较细致。薪酬调查问卷要注意保持通俗易懂，问卷的设计尽量考虑被调查者的使用方便性。

5. 实施调查

前期的准备工作完成之后，组织就可以实施具体的薪酬调查了。薪酬调查的方式有很多，包括：邮寄调查、电话调查、网络调查等。但是无论组织以哪种薪酬调查方式展开都会涉及被调查对象的组织机密，因此发放问卷前要与组织内部高层管理者（一般为总经理）做好沟通工作，与被调查组织签订合作协议，并约定保密条款。

向被调查组织发放问卷有以下两种方式：一是向组织人力资源管理部门或总经理发放；二是由调查企业的人力资源管理者直接将问卷通过邮寄、电子邮件等方式发给被调查对象的员工。

6. 统计分析调查结果

调查得来的信息是杂乱无章的，组织还需要对这些信息进行统计、整理，分析出有效数据，以此得出市场的薪酬水平。

7.2.5 基本薪酬的调整

企业将薪酬调查的数据和职位评价的点数结合起来，再考虑企业的薪酬政策即可制定出企业每个岗位的基本薪酬水平。基本薪酬虽然是相对稳定的，但并不意味着员工所获得的基本薪酬就不会发生变动。在一定的条件下，员工的基本薪酬也会有所调整，这种调整主要分为两个层次：一是整体性调整；二是个体性调整。

整体性调整是按照统一的政策针对企业内部所有的员工进行基本薪酬的调整。企业做出这种调整的原因主要有：物价发生变化；基本生活费发生变化；市场平均薪酬水平发生变化；企业的薪酬策略有所调整；企业的经济效益发生改变。

个体性调整主要是针对员工个人进行基本薪酬的调整。企业做出这种调整大多是出于员工个人的原因，比如员工职位或技能等级发生变化，工作年限有所变化等。

7.3 浮动薪酬管理

7.3.1 浮动薪酬的概念及特点

1. 浮动薪酬的概念

浮动薪酬是指以绩效为依据而支付给员工的薪酬。浮动薪酬与基本薪酬相比，把绩效与员工的所得紧密结合。组织按照员工超额劳动或超常绩效的数量和质量，以物质形式给予补偿以此来激发员工的工作积极性。在一般的组织中，浮动薪酬在员工的总体薪酬收入中所占的比例比较大，但是即便是相同岗位的员工其所得到的浮动薪酬可能也会有所不同。这是因为浮动薪酬受三个层次绩效的影响，即组织整体绩效、部门绩效和员工个人绩效。

2. 浮动薪酬的特点

（1）灵活性。绩效奖励的发放有较大的弹性，它可以根据工作的需要灵活决定发放的标准、范围和周期等，有针对性地激励某项工作或某员工，也可以抑制某些方面存在的问题，有效地调节组织在生产经营中对工作数量和质量的需求。另外，组织在经营不景气时可以通过浮动薪酬，而不是裁员调节组织资源配置，降低人工成本。因此，浮动薪酬在解决组织经营中的一些紧急、难度较大的问题上，具有比基本工资更大的灵活性。

（2）激励性。浮动薪酬发放的依据是员工对组织的贡献，贡献大，奖励数额高；贡献小，奖励数额小；没有贡献就没有奖励。所以，浮动薪酬不像基本薪酬一样具有保障的功能，而是对员工具有较强的激励作用。

（3）及时性。浮动薪酬虽然是对员工过去的绩效所进行的奖励，但是它是一种短期的激励形式，也就是说发现员工做出贡献立即进行奖励，让员工感受到组织对自身绩效的认可。浮动薪酬的及时发放与基本薪酬固定时间发放、间接薪酬延期支付具有明显的不同。

7.3.2 浮动薪酬的种类

浮动薪酬按照激励时间长短不同，可分为：短期绩效奖励和长期绩效奖励。短期绩效奖励是以员工短于一年（包括一年）的绩效考核周期的绩效结果为奖励对象的奖励计划。长期绩效奖励是指以员工长于一年的绩效考核周期的绩效结果为奖励对象的奖励计划。浮动薪酬按照激励的对象不同，可分为：个体绩效奖励和群体绩效奖励。个体绩效奖励是指奖励的对象是员工个人，主要依据员工个人的绩效对员工实施奖励，主要表现形式为计件制、工时制、绩效工资。群体绩效奖励是指奖励的对象是员工群体，主要以部门或组织整体绩效为依据对群体员工实施奖励，主要表现形式为利润分享制、收益分享制和成功分享制。

1. 短期绩效奖励

（1）一次性奖金。一次性奖金是一种使用非常普遍的浮动薪酬形式，即当员工的绩效达到组织的要求时，组织给予员工的一次性绩效奖励。在很多情况下，员工可能会因为完成了销售额、实现了成本节约，甚至因提出了对企业有价值的合理化建议等而得到一次性奖金。一次性奖金的优势在于：一是它在保持绩效和薪酬挂钩的同时减少了因基本薪酬的累积增加效应而引起的固定薪酬的成本增加；二是可以保障组织各等级薪酬范围的神圣性，不至于出现大量超过固定薪酬范围的员工，保护了高薪酬员工的工作积极性；三是它还具有极大的灵活性，组织可以随时在不改变基本薪酬的情况下，针对某些自己期望看到的员工行为或者员工个人达到的绩效结果来制订一次性的奖励计划，并且在该奖励计划不合时宜的情况下随时取消。

（2）月度/季度浮动薪酬。月度/季度浮动薪酬是指根据月度或者季度绩效评价结果，以月度绩效奖金或者季度绩效奖金的形式对员工的业绩加以认可，从而对员工实施的一种奖励形式。这种浮动薪酬一方面与员工的基本薪酬有较为紧密的联系，往往采用基本薪酬乘以一个系数或者是百分比的方式来确定；另一方面又具有类似一次性奖金的灵活性，不会对企业形成较大的成本压力。这是因为，企业在月度或者季度绩效奖金方面投入的数量可以根据企业的总体绩效状况灵活调整。

（3）特殊绩效认可计划。针对那些绩效远远超出预期水平而又值得给予额外奖励的个人以及团队，很多企业采用特殊绩效认可计划。这种特殊绩效认可计划具有非常高的灵活性，可以对那些出人预料的、各种各样的单项高水平绩效表现予以奖励，如开发出新产品的市场，销售额达到预想以上的水平等。

2. 长期绩效奖励

（1）长期绩效奖励计划的概念。长期绩效奖励计划是指将绩效衡量周期设置在一年以上，对既定绩效目标的达成提供奖励（主要以股票的形式）的计划。之所以将长期界定为一年以上，是因为组织的许多重要战略目标都不是在一年之内能够完成的。事实上，长期奖励计划的支付通常是以3～5年为一个周期。

长期绩效奖励强调长期规划和对组织未来可能产生影响的那些决策。它能够创造一种所有者意识，有助于企业招募、保留和激励高绩效的员工，从而为企业的长期资本积累打下良好的基础。对于那些新兴的风险性高科技企业来说，长期绩效奖励的作用非常明显。此外，长期绩效奖励对员工也有明显的益处，它不仅为员工提供了一种增加收入的机会，而且也为员工提供了一种方便的投资工具。

（2）长期绩效奖励的种类。①股票所有权计划。股票所有权计划是指企业以股票为媒介实施的一种长期绩效奖励计划。常见的股票所有权计划可以分成三类：现股计划、期股计划和期权计划。所谓现股计划，是指通过公司奖励的方式直接赠与，或者是参照股权的当前市场价值向员工出售股票。总之，该计划会使员工立即拥有股权，但该计划同时会规定员工在一定的时期内必须持有股票。期股计划是指公司和员工约定在将来某一时期内以一定的价格购买一定数量的公司股权，购股价格一般参照股权的当前市场价格。该计划同时也对购股后出售股票的期限做出了规定。期权计划则是公司给予员工在将来某一时期内以一定价格购买一定数量公司股权的权利，但是员工到期时可以行使也可以放弃这种权利。购股价格一般参照股权的当前市场价格确定。该计划也对购股之后出售股票的期限做出了规定。

三种股票所有权计划一般都能使员工获得股权的增值收益权（这种增值收益权包括分红收益、股权本身的增值收益），但也需要承担一定的风险。现股计划和期股计划都是预先购买了股权或确定了股权购买协议的奖励方式，当股权贬值时，员工需要承担相应的损失。因此，员工持有现股或签订了期股购买协议，意味着要承担风险。期权计划的风险相对小一些，当股权贬值时，员工可以放弃期权，从而避免承担股权贬值的风险。

②股票期权计划。所谓股票期权计划，就是企业给予某些员工在一定的期限内按照某个既定的价格购买一定公司股票的权利。公司给予这些员工的既不是现金报酬，也不是股票本身，而是一种权利，即员工可以以某种优惠条件购买公司股票。股票期权计划多是企业用来激励中高层管理人员努力工作、改善绩效的一种奖励形式。在理想状态下，中高层管理者通过在效率、创新以及客户满意度等方面增加价值来推动公司股票价格的上涨，从而获得股票增值的收益。但是，股票期权存在一定的问题，公司股票价格的上涨受到很多因素的影响，在经济高速增长的时期，公司股票价格会普遍上涨，这时一家公司的股票价格的上升幅度并不一定是公司中高层管理者个人能力和努力的结果，而在经济衰退期，即使中高层管理者非常努力，也可能难以使公司股票实现较大幅度的上涨。

3. 个体绩效奖励

个体绩效奖励是针对员工个人的工作绩效提供奖励的一种报酬计划。其适用以下几种情况：员工个人对工作完成情况有完全的控制力；企业经营环境、技术条件和生产条件必须是相对稳定的；人力资源管理制度必须有助于提高员工工作的熟练程度；奖励通常以实物产出为基础，适用于生产性员工。常见的个体绩效奖励类型有：

（1）直接计件工资计划。直接计件工资计划是运用最广泛的一种奖励计划，是薪酬收入直接根据员工的产出水平变化而发生变化的薪酬计划。企业先确定在一定时间内（比如一小时）的标准产出数量，然后根据单位产出数量确定单位时间工资率，最后根据实际产出水平算出实际应得的薪酬。

这种奖励计划的优点是简单明了，容易被员工了解和接受。其主要缺点是标准很难确定。生产领域需要进行时间研究，但是时间研究所得出的计件标准的准确性要受观察次数、选定的观察对象、对正常操作速度的界定等各方面因素的影响。标准过松对企业产出不利，而标准过严对员工不公平。

（2）标准工时计划。标准工时计划是指先确定正常技术水平的工人完成某种工作任务所需要的时间，然后再确定完成这种工作任务的标准工资率。比如，一位达到平均技术水平的工人完成一件产品的生产需要花费一小时，而一位技术熟练的工人可能只需花费半小时，但是企业在支付工资时，仍然按照一小时来支付报酬。

（3）差额计件工资。这种工资制度是由科学管理之父泰勒提出的，其主要使用两种不同的计件工资率：一种适用于那些产量低于或等于预定标准的员工；另一种则适用于产量高于预定标准的员工。例如，一家制鞋厂，如果员工在一天工作时间内制作一双鞋，那么员工可以得到10元，而同样一天有些员工制作两双鞋，那么这些员工制作一双鞋可以得到15元。显然，这种薪酬体系对于员工达成较高生产率的刺激更大。

4. 群体绩效奖励

群体绩效奖励是基于群体绩效的结果对群体内所有成员进行奖励的一种薪酬制度。其近些年受到社会广泛重视，主要原因在于以下三点：第一，组织内部的大部分工作产出是集体合作的结果，无法衡量员工个人对产出做出的贡献；第二，在组织目标相对稳定的情况下，个人的绩效标准需要针对环境的压力而经常地变化，并且生产方式以及资本和劳动力的要素组合也必须适应压力的要求而经常做出调整；第三，企业中存在良好的团队合作文化，这是因为在企业制定出明确的目标并且能够就绩效标准与员工进行良好沟通的前提下，员工会对这种奖励计划有充分的信任，同时也会有更充足的信心去达成预定的绩效目标。

群体绩效奖励有利润分享计划、收益分享计划、成功分享计划三种类型。下面，我们逐一进行介绍。

（1）利润分享计划。利润分享计划是指根据对某种组织绩效指标（通常是指利润这样一些财务指标）的衡量结果来向员工支付报酬的一种绩效奖励模式。根据这一计划，所有或者某些特定群体的员工按照一个事先设计好的公式分享所创造利润的某一百分比，根据公司整体业绩获得年终奖或股票，或者以现金或延期支付的形式得到红利。

利润分享计划具有两大优点：一方面，它是员工直接薪酬的一部分，与组织的绩效联系在一起，向员工传递了财务绩效的重要信息，有助于员工关注组织的财务绩效以及更多从组织目标的角度思考问题，使员工的责任感和使命感增强；另一方面，由于利润分享不计入员工的基本薪酬，因此它具有一个有利的特点，即在企业经营状况不好时有助于企业控制劳动力成本，而在经营状况良好时，为组织和员工之间的财富分享提供了方便。但是，利润分享计划的缺陷也是非常明显的，主要表现在：虽然它能在总体上激励员工，但是在推动员工绩效改善方面所起的作用并不大。这是因为，组织的成功尤其是利润的获得更多地取决于高层管理者在投资方向、竞争战略、产品以及市场等方面所做的重大决策，员工个人的努力与组织的最终绩效之间的联系是非常模糊的。员工对最终利润没有控制力，他们自然不愿承担这种计划可能给收入带来的风险。

（2）收益分享计划。收益分享计划是企业提供的一种与员工分享因生产率提高、成本节约和质量提高等而带来的收益的绩效奖励模式。在通常情况下，员工按照一个事先设计好的收益分享公式，根据本人所属工作单位或群体的总体绩效改善状况获得奖金。收益分享计划和利润分享计划之间存在本质的区别：首先，收益分享计划并不使用整个组织层次上的绩效衡量指标（利润），而是对生产率提高、质量改进和成本节约等员工群体或者部门能够控制的绩效指标进行衡量，其对员工的激励效果更显著；其次，收益分享计划的奖励支付比利润分享计划的奖励支付周期更短，也更频繁，收益分享计划的收益分配依据是月度绩效，并且通常不采取延期的方式支付；最后，收益分享计划具有真正的自筹资金的性质，组织过去已经无法挣取或者节约出来的钱是经过员工的努力创造出来的，而不是企业从自己的口袋中掏出来的，所以，它不对组织的收益存量产生压力。

（3）成功分享计划。成功分享计划是用平衡记分卡来设定目标，对超越目标的情况进行衡量，根据衡量结果提供绩效奖励。这里的经营单位既可以是整个组织，也可以是组织内部的一个事业部、一个部门，还可以是某个员工群体。成功分享计划的报酬支付基础是经营单位的实际工作绩效与预定绩效目标之间的比较，也就是既定绩效目标的实现情况或者绩效改善程度。此外，成功分享计划涉及的目标包括财务绩效、质量和客户满意度、学习与成长以及业务流程等各种绩效方面的改善。在成功分享计划中，每一项绩效目标都是相互独立的，经营单位每超越一项绩效目标，都会单独获得一份奖励。经营单位所获得的总奖励金额等于其在每一项绩效目标上所获得的奖励的总和。

成功分享计划与收益分享计划、利润分享计划存在明显的差异：成功分享计划不同于收益分享计划，收益分享计划所关注的主要是生产效率和质量指标，而成功分享计划所涉及的指标包括财务绩效、质量和客户满意度、学习与成长以及流程等多个方面；成功分享计划与利润分享计划的区别表现在利润分享计划关注的是组织目标尤其是财务目标是否实现，而成功分享计划关注的是员工在团队层次上的表现以及一些更为广泛的绩效结果。

7.4 福利管理

7.4.1 福利的特点和作用

1. 福利的特点

福利是组织提供给员工的除工资和奖金以外的一种重要薪酬形式，它有别于根据员工的工作时间计算的薪酬形式。与基本薪酬和浮动薪酬相比，福利具有以下两个方面的重要特征：一是基本薪酬采取的往往是货币支付和现期支付，而福利则通常采取实物支付或者延期支付的方式；二是浮动薪酬是依据绩效来发放的，绩效的变动性决定了浮动薪酬在组织成本项目中属于可变成本，而福利无论是实物支付还是延期支付，通常都有类似固定成本的特点，因为福利与员工的工作时间、工作绩效并没有直接的关系。正是福利在上述两个方面上的特征，决定了福利作为总薪酬的一个重要组成部分，在组织薪酬系统中发挥着独特的重要作用。

2. 福利的作用

（1）吸引优秀员工。优秀员工是组织发展必不可少的资源，随着人们生活水平的不断提高，组织仅仅依靠高工资吸引优秀人才，很难达到目的。而大量的实践证明，良好的福利制度比高工资更能吸引优秀员工。

（2）提高员工满意度，提升组织绩效。良好的福利制度可以解除员工的后顾之忧，提高员工对组织的满意度，使员工与组织荣辱与共，从而全身心地投入工作中，为改善和提高组织经营业绩奠定良好的基础。

（3）降低员工的流失成本。良好的福利制度可以留住组织中合格和优秀的员工，降低员工的流失率，从而降低组织因员工流失而造成的各种损失。

7.4.2 福利的主要形式

员工福利包括很多种类，我们经常将福利按其是否具有强制性分为法定福利和企业自主福利。法定福利分为法定社会保险和法定休假，而企业自主福利分为企业补充保险和员工服务。

1. 法定社会保险

我国法定的社会保险有五种：养老保险、医疗保险、失业保险、工伤保险以及生育保险。

（1）养老保险。养老保险是国家为劳动者建立的老年收入保障机制，使员工在达到退休年龄，退出劳动领域或者丧失劳动能力等情况下享有相关的权利，包括经济、医疗以及社会服务等方面的措施。我国现阶段采取的是社会统筹和个人账户相结合的养老保险制度，劳动者在退休以后按月领取一定数额的养老保险金。

（2）医疗保险。医疗保险是指按照强制性社会保险的原则，通过国家立法，由国家、企业和个人共同集资建立医疗保险基金，当个人接受医疗服务时，由社会医疗机构提供医疗费补偿的一种社会保险制度。我国在1998年由国务院颁布了《关于建立城镇职工基本医疗保险制度的决定》，形成了现阶段我国职工医疗保险制度的基本框架，确定了基本医疗保险的基本原则、覆盖范围、筹资机制、支付范围和统筹范围，明确了基本医疗保险实行社会统筹和个人相结合的原则以及相应的基金来源与使用范围。

（3）失业保险。失业保险是员工在非自愿性失业即由非本人原因引起失业的情况下，在失业后的一段时间内能够获得一定数额的津贴或补助，其目的是使非自愿失业的劳动者在失业期间基本生活能有保障，为其尽快重新就业创造条件。我国现行的失业保险是按照国务院1998年12月26日发布的《失业保险条例》执行的，具体规定主要涉及保险覆盖范围、失业保险基金来源、开支范围、领取条件、保险金标准、给付期限和管理机构等几方面。

（4）工伤保险。工伤保险是指劳动者在工作中或在规定的特殊情况下，遭受意外伤害或患职业病导致暂时或永久丧失劳动能力以及死亡时，劳动者或其遗属从国家和社会获得物质帮助的一种社会保险制度。工伤保险是通过社会统筹的办法，集中用人单位缴纳的工伤保险费，建立工作保险基金，对劳动者在生产经营活动中遭受意外伤害或职业病，并由此造成死亡、暂时或永久丧失劳动能力时，给予劳动者及其实用性法定的医疗救治以及必要的经济补偿。这种补偿既包括医疗、康复所需费用，也包括保障基本生活的费用。我国根据各行业的伤亡事故风险和主要危害程度划分职业伤害风险等级，据此征收行业差别费率。

（5）生育保险。生育保险是国家通过社会保险立法，对生育职工给予经济、物质等方面帮助的一项社会政策。其宗旨在于通过向生育女职工提供生育津贴、产假以及医疗服务等方面的待遇，保障她们因生育而暂时丧失劳动能力时的基本经济收入和医疗保健，帮助生育女职工恢复劳动能力，重返工作岗位，从而体现国家和社会对妇女在这一特殊时期给予的支持和爱护。我国生育保险待遇主要包括两项：一是生育津贴，用于保障女职工产假期间的基本生活需要；二是生育医疗待遇，用于保障女职工怀孕、分娩期间以及职工实施节育手术时的基本医疗保健需要。生育保险费由企业按月缴纳，员工个人不需缴纳。

2. 法定休假

（1）公休假日。公休假日是劳动者工作满一个工作周之后的休息时间。我国实行劳动者每日工作时间不超过 8 小时、平均每周工作时间不超过 44 小时的工时制度。《劳动法》第 38 条规定：用人单位应当保证劳动者每周至少休息一日。

（2）法定休假日。法定休假日即法定节日休假。2013 年 12 月 11 日颁布的《全国年节及纪念日放假办法》规定，新年、清明节、劳动节、端午节、中秋节各放假 1 天，春节、国庆节各放假 3 天，另外还针对妇女节、青年节、儿童节以及中国人民解放军建军纪念日规定了不同群体的放假时间。《劳动法》规定，法定休假日安排劳动者工作的，支付不低于工资 300% 的劳动报酬。

（3）带薪年休假。我国《劳动法》第 45 条规定，国家实行带薪年休假。2007 年国务院颁布了《职工带薪年休假条例》，并自 2008 年 1 月 1 日起实施。《职工带薪年休假条例》规定：机关、团体、企业、事业单位、民办非企业单位、有雇工的个体工商户等单位的职工，连续工作 1 年以上，就可享受带薪年休假，休假期间享受与正常工作期间相同的工资收入。具体而言，"职工累计工作已满 1 年不满 10 年的，年休假 5 天；已满 10 年不满 20 年的，年休假 10 天；已满 20 年的，年休假 15 天。"不过，"国家法定休假日、休息日不计入年休假的假期"，而且，"一般不跨年度安排"。对职工应休未休的年休假天数，单位应当按照该职工日工资收入的 300% 支付年休假工资报酬。

3. 企业补充保险

企业补充保险是对现行社会保险的辅助性保险，是针对现行社会保险项目少、财力薄，而由企业和职工共同筹资以拓展保险项目、增加理赔金额的补充办法。其性质为企业集体所有，是企业内部专用的一种保险基金制。

社会保险和企业补充保险既有共性又有本质上的区别。两者均有保险功能和福利功能。两者的区别在于社会保险是在全社会实施，意在促进社会稳定、国家长治久安，其保险基金为全社会所有，而企业补充保险只对本企业职工实施，意在增强企业凝聚力，鼓励职工为企业多做贡献。企业补充保险具有以下四个区别于社会保险的特性：第一，补充性。企业补充保险是在企业参加统一的社会保险后，职工主要方面都得到了保障的情况下，企业根据自身特点和财力，适当增加保险项目来提高保险水平的一种辅助性的保险。第二，灵活性。其灵活性体现在如下几个方面：经济效益好的企业可多补充，经济效益差的企业可少补充或不补充；保险水平可高可低；保险项目多可少；保险形式多种多样；资金筹集有多种渠道；具体实施办法可在实践中进行改革，逐步完善，使之更切合企业的实际情况等。第三，半强制性。它既不同于社会保险，又不同于商业保险。企业补充保险是经企业职工代表大会或职工大会通过的企业规章，只对本企业职工有约束力，所以带有半强制性。第四，局限性。企业补充保险是有先决条件的，即企业经济效益要好，具有一定的承受能力。企业补充保险的对象只能是职工本人（不含家属）。

（1）企业补充养老保险。企业补充养老保险是企业在国家统一制定的基本养老保险之外，依据自身的经济实力，在履行缴纳基本养老保险费义务之后的附加保险，其所需资金主要来源于企业自有资金、国家在利税方面给予的优惠。企业在经济条件好时，可以多补充此类保险，在经济条件差时，可以少补充或不补充此类保险。在我国多层次的养老保险中，此保险属于第二次保险。

（2）团体人寿保险。团体人寿保险是实行市场经济的国家的一些企业为员工提供的一种常见的福利。团体人寿保险是以团体为保险对象，由保险公司签发一张总的保险单，为该团体的成员提供保障的保险。具体来说，它是以公司作为投保人，由保险公司和公司签订一张总的保险单，保障对象包括公司的集体成员。其特点是：第一，要求投保团体必须是依法成立的组织，要有自身专业活动，投保团体寿险只是该组织的附带活动，投保团体中参加保险的人数必须达到规定的标准；第二，免体检；第三，保险金额分等级制定，团体人寿保险的被保险人不能自由选择投保金额，这样做是为了防止体质差、危险大的人选择较高的保险金额；第四，保险费率较低；第五，保障范围比较广泛。目前我国有一些企业为员工提供集体人寿保险福利。

4. 员工服务

（1）为员工提供咨询服务。企业向员工提供工作和生活方面的咨询服务，为员工解决工作和生活中遇见的各种问题提供意见或建议，比如理财咨询服务、职业生涯规划咨询服务和家庭问题咨询服务等。

（2）员工教育援助计划。企业对那些想接受继续教育的员工实施的一种普遍的福利计划，其目的主要在于提高员工的文化素质和工作技能。其形式多样，企业可以在内部开设相关的培训课程，聘请社会上的专职教师或企业内部的讲师为需要接受教育的员工讲授课程，也可以批准员工在社会上参加各种学习。企业可以采取全额报销、部分报销或给予补贴等方式支持员工接受再教育。

（3）饮食服务。很多企业向员工提供免费餐饮服务，有的企业则向员工提供价格较为低廉的餐饮服务。为员工提供餐饮服务，大大降低了员工的就餐时间。

（4）健康服务。随着社会竞争的日趋激烈，员工的工作压力也在不断增加，许多企业的员工出现了亚健康状态，于是为员工提供健康服务成为目前企业很关注的一项福利内容。健康服务的形式多样，比如向员工提供定期的健康检查、举办各种有利于员工身体健康的体育赛事、为员工开设专门的运动场所、购置相应的运动器械等。

7.4.3 弹性福利计划

弹性福利计划又称柔性福利计划或自助餐式福利计划，即根据员工的特点和具体要求，列出一些福利项目，在一定的金额限制内，员工按照自己的需求和偏好自由选择与组合。这种福利计划具有很强的灵活性。弹性福利计划强调让员工依照自己的需求从企业所提供的福利项目中选择属于自己的一套福利"套餐"。每一个员工都有自己"专属的"福利组合。另外，弹性福利计划非常强调"员工参与"的过程，希望从别人的角度来了解他人的需要。但事实上，实施弹性福利制的企业，并不会让员工毫无限制地挑选福利措施，它们通常都会根据员工的薪水、年资或家眷等因素来设定每一个员工所拥有的福利限额。企业在福利清单所列出的福利项目上都会附一个限额，员工只能在自己的限额内购买喜欢的福利。

1. 附加型弹性福利计划

这是最普及的一种弹性福利形式，是在现有的福利计划之外，再提供其他不同的福利措施或扩大原有福利项目的水准，让员工去选择。例如，一家公司原先的福利计划包括提供交通补助、带薪休假、意外保险等，假如该公司实行附加型弹性福利计划，则可以将现有的福利项目和额外提供的福利项目都标上价格，使每位员工根据自身的福利限额选取自己所需的额外福利。

2. 混合匹配福利计划

在实施混合匹配福利计划时，员工可以根据自己的意愿在企业提供的福利领域中决定每种福利的多少，但是总福利水平不变。一种福利的减少意味着员工有权选择更多的其他福利。当然，如果降低其他福利项目的水平仍然不能使员工对某种特定的福利感到满意，企业就只能采取降低基本薪酬的办法了。

3. 核心福利项目计划

核心福利项目计划是指企业为员工提供包括健康保险、人寿保险以及其他一系列企业认为所有员工必须拥有的福利项目的福利组合。企业会将所有这些福利项目的水平都降到各项标准要求的最低水平，然后让员工根据自自己的爱好和需要进行选择。

4. 标准福利计划

在这种经常使用的标准福利计划下,员工有多种不同的福利组合可以选择。他们可以在这些组合之间自由选择,但是没有权利自行构建自己认为合适的福利项目组合。每一种福利组合都可以称为一个"福利模",一个福利模与另一个福利模之间的差异可能在于福利项目的构成不同,也可能是由同样的项目构成的,但是每种福利项目的水平之间存在差异。如果福利模的成本不同,则那些选择成本较小福利模的员工实际上会遭受利益的损失。将福利管理外包给具有专业资质企业的组织经常使用这种弹性福利模式。

7.4.4 福利管理

为了保证给员工提供的福利能够充分发挥满足员工需求、留住员工的作用,在实践中,福利管理的实施一般按以下流程进行操作。

1. 调查阶段

进行员工福利需求调查是科学福利管理的第一步。福利调查主要是了解员工在福利方面的需求,以便有针对性地向员工提供福利。在进行福利调查时,企业既可以提供一个备选的福利方案让员工从中进行选择,也可以直接收集员工在福利方面的需求信息。

2. 规划阶段

企业要根据薪酬调查的结果和自身能力等情况,确定为员工提供的福利项目;然后,对整体福利成本做出预算,包括总的福利费用、各项福利内容的成本、每个员工的福利成本等;最后,要制订出详细的福利实施计划。

3. 实施阶段

实施阶段主要是根据已经制订好的福利计划展开福利的提供工作。在实施中,企业要兼顾原则性和灵活性,如果没有特殊情况,一定要严格根据制订的计划来实施,以控制好福利成本的开支。即使遇到特殊情况,企业也要灵活处理,对计划做出适当调整,以保证福利提供的效果。

4. 反馈阶段

企业提供福利以后,还要对福利的实施效果进行反馈调查,以发现在福利调查、规划和实施过程中存在的问题,从而总结经验教训,为改善今后的福利管理提供基础。

7.5 薪酬管理实训

7.5.1 实训目的

(1)加深理解薪酬和薪酬管理的概念;
(2)深刻体会薪酬管理在组织战略实现过程中的重要作用;

（3）灵活掌握薪酬管理的整体过程，为今后实施薪酬管理工作做好准备。

7.5.2 实训背景资料

3年前，A和B公司同时注册成立。3年后，A公司发展迅速，跻身于同行业前列，而B公司则负债累累、生意惨淡，处于破产的边缘。何以有相同的开始，而结果却有如此大的差异？

是因为产品销路不同、质量不同，还是经营管理的方法不同？带着这些问题，我们与A公司的总经理进行了交谈，他这样分析道："企业经营战略的选择要结合本企业的实际情况。我们成立的时间较晚，处于初期阶段，资金实力并不雄厚，从这一点上讲，根本无法与那些已经发展几十年的企业相抗衡。但是，我们的优势是人才，我们拥有高素质的员工，他们精力充沛，工作热情高，只要付给他们合理的薪酬，必然会激发他们的积极性，为企业的成长做出贡献。"但谈到B公司时，他说："我对它的情况有所了解，弄到这种地步，主要是过于强调成本控制，以至于吸引不到优秀的人才，行事过于谨慎，放不开步子。当市场份额丧失的时候，它已经没有资金发展自己了。"

资料来源：叶向峰，李剑，等. 员工考核与薪酬管理[M]. 6版. 北京：经济科学出版社，2014:301.

7.5.3 实训任务

（1）什么是薪酬管理？薪酬管理在企业管理中扮演什么角色？
（2）结合实训背景资料谈一谈薪酬管理与企业战略之间的关系。
（3）在企业初创时期，如何把控薪酬成本和薪酬水平的关系？
（4）如果你经营一家初创公司，对于薪酬管理有何创新性的想法？

7.5.4 实训步骤

1. 个人阅读

课前把案例资料分发给学生，请学生在课下针对实训任务仔细阅读案例，使每位学生针对实训任务深入思考，鼓励学生提出具有创新性的问题。

2. 小组讨论与报告（10～20分钟）

在课堂上，每组5～7人，围绕"实训任务"展开课堂讨论，要求以小组为单位将达成共识的讨论要点或者关键词抄写在黑板上的指定位置并进行简要报告，以便于课堂互动。

小组报告的要点或关键

任务1：

任务2：

任务3：

任务4：

3. 师生互动（25～30分钟）

在课堂上，老师针对学生的报告与问题进行互动，同时带领学生对关键知识点进行回顾，并对学生提出的观点进行追问，引发学生对问题做进一步思考，激发学生深度学习。

4. 课后任务

（1）聆听本节微课，深入理解薪酬管理内容；

（2）请同学们自觉在课后进一步查阅薪酬管理的相关理论资料和企业实战案例，并进行系统回顾与总结。

复习思考题

1. 简述薪酬的概念和其构成。
2. 简述薪酬管理的概念和内容。
3. 简述薪酬管理的原则。
4. 简述基本薪酬设计的基本方法。
5. 简述浮动薪酬的种类。
6. 福利在激励员工工作积极性方面发挥了什么重要作用？
7. 简述弹性福利计划的种类。

Chapter 8
第 8 章

职业生涯管理

学习目标

1. 理解企业职业生涯管理的概念和特点；
2. 掌握企业职业生涯管理阶梯；
3. 掌握企业职业生涯管理阶梯的设置方法；
4. 理解管理继承人计划。

开篇引例　微软的知识型员工职业生涯规划：给员工足够多的机会

微软亚洲工程院对知识型员工职业生涯管理的成功经验值得借鉴。它把知识型员工分为两种类型：一种是遵循某种线形发展轨迹发展的员工，这群人目标明确，渴望征服、渴望超越、渴望迎接更大的挑战……针对此类需求，微软亚洲工程院为员工提供了没有天花板的上升空间，只要员工在某一个职位上表现出了超越平凡的实力，他们便会被提拔和重用；另一种（类型的）员工总是希望尝试开拓新的职业领域，例如，软件设计和开发人员想从事产品经理的工作，此时他们便可向管理者提出要求，而管理者则会尊重员工转换角色的愿望，安排他们做一些原本属于产品经理职能范围内的事，并为他们提供"角色平移"的美妙机遇……微软亚洲工程院院长张宏江在总结有效管理知识型员工的时候提出了 5 条法则：

法则 1，招聘到合适的人，管理便成功了一半；

法则 2，根据员工个人的兴趣和追求，帮助他们实现职业梦想；

法则 3，为员工设立能力不断提升的"梯级"；

法则 4，构建出"独一无二"的企业文化；

法则 5，当员工选择离开公司，追寻更远大的理想时，我们所能做的是理解、接受和祝福。

作为全球软件霸主，微软在全球的 60 000 多名员工，基本都是纯正的知识型员工。相信在知识型员工管理方面，微软有自己的独到之处。这 5 条法则也被国内众多 IT 企业奉为管理知识型员工的金科玉律而加以效仿。

这5条法则基本上就是对知识型员工职业发展路径的一个完整的描述：从招聘时选择合适的员工构建职业发展规划的基础，根据员工兴趣和追求设定不断提升的职业发展"梯级"，直到员工离开公司给予祝福，那也是员工职业规划的另一个起点……

杰克·韦尔奇曾说："确保组织在未来的成功，关键在于有合适的人去解决最重要的业务问题，无论他处在企业的哪一个等级和组织的何种职位上，也无论他处在世界上的哪个角落。"这句话值得每家企业在管理知识型员工的过程中好好体会……

资料来源：林彬.有效激励知识型员工的达·芬奇密码[J].人力资本，2006（10），本书采用时略有改动。

8.1 职业生涯管理概述

8.1.1 职业生涯规划与职业生涯管理的含义

1. 职业生涯的概念

职业生涯是个人与工作相关的整个人生历程。总体来说，职业生涯具有以下主要特点：

（1）差异性。每个人的价值观、人格、能力、成长环境、教育背景等各不相同，使得每个人所从事的职业也不相同，其职业生涯会存在很大的差异，事实上也确实存在很大的差异。正是由于这种差异性的存在，每个人的职业生涯设计都应该是个性化的。职业生涯规划只有是个性化的，才能对个体的职业生涯发展具有切实的指导意义。此外，差异性并不妨碍人们对职业生涯发展规律的认识和运用。我们对职业生涯的差异性和自身的独特性认识得越充分，所做的职业生涯规划才会越有针对性。

（2）发展性。职业生涯是一个人一生连续不断的发展过程。善于规划、有明确目标和强烈进取精神的人可能会成长得快一些、好一些，而不善于规划、没有明确目标的人可能会成长得慢一些。但是，不管怎样，随着时间的推移，每个人都会在不同方面以不同的速度成长。当然，我们也不能忘记，发展性在职业生涯中的表现是多角度的：有些人通过持续不断的个人修养来全面提升自己，一步步成长起来；有些人通过人生追求的实现来促进个人价值的提升，以承担越来越重要的社会角色；有些人通过有效的技能训练来提高专业水平，使自己成为某一方面的专家。如果我们在职业生涯中能够注重发展性，不断追求提升，就有机会获得相应的成长。

（3）阶段性。与人的自然成长规律一样，职业生涯的发展具有阶段性。这种阶段性一般是根据工作年限来划分的，并且每个阶段都会表现出不同的职业特点。各阶段之间并不是简单的并列关系，而是一种递进关系，前一阶段是后一阶段的基础，前一阶段的状态越好，后一阶段的状态才有可能越好。所以，在职业生涯发展的过程中，我们需要高质量地完成各阶段的任务，这样才能为整个职业生涯发展奠定坚实的基础。

（4）可规划性。由于每个人所处的环境不同，个人之间也存在个体差异，加之职业生涯的发展过程中实际上充满了偶然因素，这就使得有些人以为是偶然因素（比如，机会或者运气）在左右他们的职业生涯发展。实际上，从长远的角度来看，职业生涯的偶然性背后有其必然性，也就是说，职业生涯并不是完全受偶然因素影响，而是可以规划的。况且，职业生涯规划并不是要去预言职业生涯发展过程中的具体细节，而是给个人提供一个总体的职业生涯发展指导，对职业生涯发展方向做出战略性的把握。职业生涯的可规划性体现在对职业生涯发展过程中诸多偶然因素的把握上，这样可以帮助我们克服职业生涯发展中因偶然因素而导致的盲目性。

（5）不可逆转性。一个人由幼年到成年，再到老年，这是一个不可变更的自然发展过程，它必须遵循从生到死的规律，想重来是不可能的。职业生涯发展过程也是一样的，具有不可逆转性。有些人到了职业生涯的一定阶段后，往往会后悔之前没有好好珍惜，或者没有合理规划，但是之前的职业生涯已经不再可能改变。职业生涯发展的不可逆转性提醒人们要充分重视职业生涯发展中的每一步，因为今天的每一个选择，都可能影响你的下一个选择。每个人都应该正确认识职业生涯的不可逆转性，好好规划自己的职业生涯，不能留下遗憾。

2. 职业生涯规划的概念

职业生涯规划是指一个人通过对自身情况和客观环境的分析，确立自己的职业目标，获取职业信息，选择能实现该目标的职业，并且为实现目标而制订行动计划和行动方案。根据这一定义，我们可以对职业生涯规划做如下理解：职业生涯规划是个体人生规划的一部分，是个体对于自己职业生涯发展的预期和蓝图。

职业生涯规划基于个体的一系列主观和客观因素而形成。主观因素包括内在价值观、兴趣、知识、动机等；客观因素包括社会、企业和家庭等所能提供的机会或限制因素。

职业生涯规划包括一系列过程：自我评估和职业定位、职业生涯机会评估、职业目标的设定、职业选择、职业生涯策略的制定以及职业生涯策略的调整等。职业生涯规划不仅包括个体选择组织、选择工作，还包括员工对自己在组织内所要达到的高度进行规划和设计，确定开发需求。职业生涯规划是一个持续调整的过程，会根据外界环境、家庭因素等各个因素不断做出变更。

3. 职业生涯管理的含义

职业生涯规划侧重于员工个人对自身职业生涯的一种计划安排，而职业生涯管理作为企业人力资源体系的一部分，侧重于讲述作为一种管理职能的职业生涯管理，即组织对员工的职业生涯管理。本书的内容也侧重于后者。

职业生涯管理是企业为了更好地实现员工的职业理想和职业追求，寻求企业利益与个人职业成功最大程度的一致化，而对员工的职业历程和职业发展所进行的计划、组织、领导、控制等一系列的手段。我们可以从如下几个方面更深入地了解职业生涯管理。第一，对于企业而言，职业生涯管理是企业的一项管理职能，会使用计划、组织、领导、控制等各项管理手段。第二，职业生涯管理的最终目的是通过帮助员工实现职业理想，同时实现企业利益，从而实现双赢。第三，职业生涯管理是企业对员工在本企业中的职业发展历程所进行的管理，包括为员工设定职业发展路径，提供职业发展机会和平台，提供培训与开发机会，从而帮助员工实现职业目标。

8.1.2 职业生涯规划与管理的意义

在市场经济条件下，企业和劳动者都作为自由市场的主体存在，选择的自由也使得职业生涯规划和管理成为双方吸引彼此的重要砝码。职业生涯规划和管理作为人力资源管理系统的一个子系统，对员工和企业的作用与意义逐渐突显。

1. 对员工的意义

（1）有助于员工实现自己的职业目标和职业理想。首先，通过职业生涯规划，员工可以初步确定自己的职业定位、职业兴趣和职业目标。经过职业选择，员工进入企业以后，企业结合员工个人的职业发展意愿帮助员工设定发展路径和发展目标，并帮助员工逐步向该目标迈进以最终实现目标。所以，职业生涯规划和职业生涯管理有助于员工实现自己的职业目标和职业理想。

（2）帮助员工使整个职业历程中的工作更富有成效。每个人的职业生涯、时间和精力都是有限的，为了使有限的时间和精力发挥最大的效用，需要很好地对这些资源进行规划和管理。职业生涯规划和职业生涯管理有助于员工规划自己有限的职业生涯，更好地配置有限的资源，使个人在整个职业历程中的工作富有成效。

（3）帮助员工更好地控制职业生活，实现工作和家庭的平衡。工作和家庭作为每个人生活中的两大主旋律，占据了绝大部分时间和精力，如果处理不好彼此之间的关系，很容易顾此失彼，难以获得高质量的生活。做好职业生涯规划和职业生涯管理，员工可以有清晰的职业目标和通畅的职业发展通道，专注于重要的核心工作，避免将精力和时间浪费在不必要的工作上，从而有更多时间照顾家庭，实现工作和家庭的平衡。

2. 对企业的意义

（1）可以稳定员工队伍，减少人员流失。在现代社会中，员工除了关注物质报酬外，对于自身职业发展的重视程度也越来越高。很多员工就是因为看不到发展前景而离职，给企业带来了损失。企业结合员工的职业兴趣和职业发展意愿对员工的职业发展通道与发展路径进行有效管理，帮助其实现职业进步和职业成功。

（2）可以提高企业的绩效。在员工和企业之间，存在一种心理契约。当企业满足了员工对企业的期望和要求时，员工也会反过来回报企业，积极努力地投入工作，帮助企业提高绩效。所以，如果企业能够进行有效的职业生涯管理，则员工就能在组织内部满足自己的发展需求，实现职业抱负。员工对企业的归属感会更高，工作积极性增强，工作更卖力，进而帮助企业提高绩效。

（3）有助于企业文化的建设和推进。企业文化作为凝聚企业力量的灵魂和核心价值观的体现，对于员工的行为具有很强的塑造和约束作用。强势的企业文化也能让员工产生强烈的归属感。企业关注员工的职业发展，为员工的职业成功提供帮助，这些都向员工传达了企业对员工的重视和关怀，并且可以塑造企业的整体形象，营造以人为本的文化氛围，从而提高企业文化的推动力。

8.2 职业生涯管理

8.2.1 职业生涯发展阶梯

职业生涯发展阶梯是企业内部员工职业晋升和职业发展的路径。企业必须要有完善的职业生涯发展阶梯规划，以便对企业职业发展阶梯进行很好的管理。

所谓职业发展阶梯规划是企业为内部员工设计的成长、晋升管理方案，主要涉及职业生涯发展阶梯的结构、职业生涯阶梯模式和设计等几部分内容。

8.2.2 职业生涯发展阶梯结构

对于职业生涯发展阶梯的结构，我们可以从三个方面来考察：职业生涯阶梯的宽度、职业生涯阶梯的速度和职业生涯阶梯的高度。

1. 职业生涯阶梯的宽度

职业生涯阶梯的宽度是员工可以晋升的部门或职位的范围。根据组织类型和工作类型，职业生涯阶梯的宽度会有所不同。宽阶梯的工作对员工的综合能力和综合素质要求较高，而窄阶梯的工作对员工的专业技能和专业经验的要求较高。一般而言，纯技术类岗位的宽度相对于管理类岗位的晋升宽度要略小。

2. 职业生涯阶梯的速度

职业生涯阶梯的速度是指员工晋升所需要时间的长短，它决定了员工晋升的快慢。根据员工的能力和业绩的不同，员工晋升有快慢的区别，但不管是正常晋升还是破格提拔，都应该有政策依据。

3. 职业生涯阶梯的高度

职业生涯阶梯的高度是员工晋升层级的空间，它决定了员工在企业中可能晋升的高度，对于员工的发展和潜能的发挥有重要影响。

科学、清晰的职业生涯阶梯设置可以满足员工长期职业生涯发展的需求，也可以满足组织高层次工作清晰化、专业化的需求。另外，企业有明确的职业生涯阶梯设置，对于优秀的员工来说也是一种吸引力，因为他们有比较明确的职业发展通道和清晰的晋升感。

8.2.3 职业生涯阶梯模式

职业生涯阶梯模式是组织为员工提供的职业发展路径和发展通道，是员工在组织中从一个特定职位到下一个特定职位发展的路径，它直接决定了员工的职业发展方向。目前常见的职业生涯阶梯模式有传统模式、横向模式、网状模式和双重模式。

1. 传统模式

传统模式是单纯纵向的发展模式，这种模式将员工的发展限制在一个职能部门或一个单位内，通常由员工在组织中的工作年限来决定员工的职业地位。我国的公务员职称序列就是这样一种职业生涯阶梯模式。该模式最大的优点是清晰、明确，员工知道自己未来的发展方向。但它的缺陷在于过于单一，激励性不大，在很多单位中员工只要"熬年头"就可以晋升。另外，它基于组织过去员工的需求而设计，而没有考虑环境、战略等的变化。

2. 横向模式

横向模式是指员工可以向其他职能领域调动、轮岗。横向模式可能从短时期看来并没有职位上的上升，但是它可以使员工迎接新的挑战，可以拓宽员工的发展机会，尤其对处于职业中期的员工来说，是一条行之有效的职业发展路径。

3. 网状模式

网状模式是纵向模式和横向模式相结合的交叉模式。这一模式承认在某些层次上的工作经验具有可替换性，而且比较重视员工的综合素质和能力。这种模式相比前两种模式拓宽了职业发展路径，减少了职业路径堵塞的可能性，但是员工可能会有职业发展不清晰的感觉。

4. 双重模式

目前在组织中使用最多的还是双重发展模式，这种模式存在两种职业生涯路线：管理路线和技术路线。沿着管理路线发展，员工可以晋升到比较高层的管理职位，而对于某些不愿意从事管理工作，但技术突出的员工，则可以走技术路线，公司可以根据员工在技术上的水平和对公司的贡献，在薪酬与职位名称上给予奖励，如专家称号。两个路线中同一等级的管理人员和技术人员在地位上是平等的。

8.2.4 职业生涯阶梯的设置

组织职业生涯阶梯规划关系着组织内部每位员工的切身利益，对于组织来说，具有牵一发而动全身的作用，所以如何更好地设计组织职业生涯阶梯已成为当前人力资源管理的一项重要工作。在设计职业生涯阶梯的时候，组织需要注意以下几个方面。

1. 以职业锚为依据设置职业生涯阶梯

根据职业锚理论，目前一共存在八种职业锚类型，组织可以对内部员工的工作类型进行分类，设计适合本组织的多重职业发展通道。不同职业通道的层级之间在报酬、地位、称谓等方面具有某种对应关系，这样就可以让每位员工找到适合自己的职业通道。

2. 职业生涯阶梯的设置应该与组织的考评、晋升激励制度紧密结合

员工的行政、技术级别应随情况而变，所以组织对连续考评不合格者应该做降级处理。技术等级应严格与薪酬挂钩，包括组织内部的各项福利甚至股权。另外，组织对技术岗位上的晋升要严格考察，以避免技术水平高的员工晋升到管理岗位上后并不能胜任的情况，即"彼得高地"。

3. 职业生涯阶梯应该与组织的情况相适应

关于职业生涯阶梯的宽度、高度和速度，企业都应该依据自身的情况制定一整套规章制度。例如销售类的企业，应重视对员工业绩的肯定，所以在阶梯的宽度、高度和速度上都可以侧重于业绩与能力，而高科技类公司，则应该注重技术能力、创新能力。

8.2.5 分阶段的职业生涯管理

每个人的职业生涯历程都可以划分为不同的阶段，与此类似，员工在企业中的工作历程也可以划分为不同的阶段，每个阶段都有一些共同特点。企业可以依据这些特点，对员工进行分阶段的职业生涯管理。我们可以将一位员工在企业中的历程分为初进企业阶段、职业生涯初期、职业生涯中期以及职业生涯后期。

1. 初进企业阶段

员工新加入一家企业，在各方面都处于不适应的阶段。这个时期，新员工会经过三个阶段来完成社会化的过程，即前期社会化、碰撞、改变与习得。

在前期社会化阶段中，新员工会根据在招聘录用时所得到的信息以及其他各种与工作、企业有关的消息来源收集信息，在这些信息的基础上，初步形成自己的期望和判断。员工与企业之间的心理契约也从这个时候开始建立。在碰撞阶段中，员工会发现自己的期望和现实之间存在一定的差距，对任务角色、人际关系等都处于试探和适应的阶段。如果之前的期望过高，现在得不到满足，新员工甚至可能产生离职的想法。如果能够坚持下来，那么在改变与习得阶段中，新员工会逐渐掌握工作要求，慢慢适应新的环境和同事关系，一切开始步入正轨。针对新员工在这个时期会出现的一系列想法、感受，企业可以采取一些策略帮助员工更好、更快地融入集团。

（1）帮助新员工准确认识自己，制定初步的职业生涯发展规划。

（2）提供系统的入职培训。入职培训主要包括两方面的内容：对未来工作的介绍和对企业文化和规章制度的宣传，通过入职培训让新员工尽快熟悉企业，适应环境和形势，减少碰撞所带来的负面影响。

（3）为新员工提供职业咨询和帮助。公司可以为每位新员工配备一名有经验的老员工做其导师，向新员工提供指导、训练、忠告等，指导新员工更快地了解企业，更好地工作。

（4）帮助员工寻找早期职业困境产生的原因及解决办法。早期职业困境产生的主要原因可能是早期期望过高、工作比较枯燥、人际关系不够融洽等。企业可以针对这些原因做出改善：为员工提供真实的工作预览，以消除不现实的期望；将工作扩大化、丰富化以增加工作的挑战性；帮助员工增强人际沟通的技能等。

2. 职业生涯初期

在成功渡过早期的碰撞期，适应企业的文化和工作任务之后，员工便进入了职业生涯初期。在这个阶段中，员工更关注自己在企业中的成长、发展和晋升，他们开始慢慢寻求更大的职责与权力，设定他们的职业目标，调整他们的职业生涯规划，渴望在职场中获得成功。针对这一情况，企业应准确把握员工在这个时期的特点，为他们提供培训机会，帮助调整并实现员工的职业生涯规划，关注他们的发展意愿和发展方向，适时提供机会与平台促进员工的成长。具体来说，企业应该：

（1）建立员工的职业档案，详细掌握员工的学历、培训经验、工作经历、工作成果、绩效评价信息、他人反馈信息、未来发展目标等各种与员工职业发展有关的信息。

（2）建立主管和员工的适时沟通制度或员工的个人申报制度。企业通过沟通或员工的自行申报，了解员工的工作心情和感受、对担任职务的希望、对公司的要求、未来的发展意愿等，避免企业为员工制定的职业发展规划与员工意愿相左的情况出现。

3. 职业生涯中期

在这一时期，员工经过前两个阶段的发展和适应，已经逐步明确了自己在企业中的职业目标，确定了对企业的长期贡献区，积累了丰富的工作经验，开始走向职业发展的顶峰。但与此同时，员工也会意识到职业机会随着年龄的增长而受到限制，产生职业危机感；同时家庭的负担也会在这个阶段突显出来，如何平衡工作、家庭也成为这个阶段的员工面临的一项挑战。

针对这些情况，企业可以：

（1）用满足员工心理成就感的方式代替晋升实现激励效果。在员工无法继续在职位上得到晋升的情况下，企业可以利用其他方式促使员工产生成就感，如提供培训机会，进行成绩表彰、物质奖励等。

（2）安排员工进行职业轮换。当员工在纵向的职业发展上遇到瓶颈时，企业适当拓展员工的发展领域，使其从事其他职能领域的工作，能够帮助他们找到工作兴趣和新的发展机会。

（3）扩大现有的工作内容，在员工现有的工作中增加更多的挑战性项目或是更多责任，如让员工适当承担团队管理职责等。

（4）为员工提供接受正规教育的机会。步入稳定期的员工很可能在职业发展上也面临瓶颈，这时企业可以为员工提供一系列的培训与开发机会，如让员工在不耽误正常工作的情况下，接受正规教育。这样可以挖掘员工的潜能，提高员工的素养和能力，从而可以使其继续职业生涯的发展。通过这些实践，企业可以有步骤地帮助处于职业高原期的员工积极应对这种不利局面，对工作始终保持热情和兴趣，在职业生涯中不断发展。

4. 职业生涯后期

这个阶段是员工在企业中的最后阶段，即员工开始步入退休阶段。经过前几个阶段的努力和奋斗，很多员工在职业上获得了一定的成就与地位。这个时期，大多数人对成就和发展的期望减弱，希望能够维持或保留自己目前的地位和成就。当然，也有一部分人这时候仍然保持高昂的斗志，希望能够百尺竿头更进一步。对于占大多数的前一种员工，企业这个时候应帮助他们做好退休前的各项心理和工作方面的准备，顺利实现向退休生活的过渡。针对这种情况，企业可以：

（1）提供心理辅导。很多员工无法接受自己即将退休的现实，在心理上会产生冲击感和失落感。企业可以适时召开座谈会，进行深入的沟通交流，了解员工的想法，有针对性地做好思想工作。

（2）发挥余热，让老员工培育新员工。处于退休阶段的员工都有丰富的工作经验，而且所从事的工作的强度也不会太大，这时候会有足够的时间和精力来辅导新员工。企业可以充分利用这一特点，为老员工安排"学徒"，让老员工指导新员工，培养接班人，这样既可以发挥老员工的余热，又可以帮助新员工更快地适应组织。

（3）对于有特殊技能、特殊贡献且企业又缺乏的员工，调查员工的意愿，如果他们也希望继续工作，企业可以返聘，让他们继续为企业做贡献。

（4）做好退休后的计划和安排。针对大多数员工，企业应该帮助每位员工制订退休计划，尽可能使他们的退休生活既丰富又有意义，如鼓励员工进入老年大学，培养兴趣爱好等。

8.2.6 管理继承人计划

管理继承人计划是指确定和持续追踪高潜能员工的计划，以满足高潜能员工发展的需要。高潜能的员工是指企业认为能胜任更高层管理职位的人，如战略经营部门的总经理、职能部门总监（如市场部总监）或者首席执行官（CEO）。高潜能员工通常会参加快速路径开发计划，包括教育、行政指导和训练，通过工作分配来进行工作轮换。工作分配通常根据高潜能员工将取代的经理的成功职业生涯发展路径而定。高潜能员工还可以接受特殊的工作分配，如在公开场合演讲，以及在委员会和项目小组工作等。

管理继承人计划的目标有三个：

（1）把高潜能员工培养成中层管理者或执行总裁。

（2）使企业在吸引和招聘高潜能员工上具有竞争优势。

（3）帮助企业留住管理人才。

研究表明，开发高潜能的员工包括三个阶段：

第一阶段，企业会选择一批高潜能的员工。最初可能有一大批员工被认定为高潜能员工，但其人数会随着时间的流逝而逐渐减少，只有那些能以优异的成绩完成学业或工作表现一直很出色并通过了心理测试的人才有可能最终成为候选对象。

第二阶段，高潜能的员工开始接受开发活动。表现一贯良好并愿意为企业做出牺牲的人才能在该阶段取得成功。在工作轮换的模拟比赛中，只有前一阶段达到其高层主管要求的员工才有机会进入下一阶段。

第三阶段，通常要由最高管理者来确认高潜能员工是否适应企业的文化，并了解其个性特征是否能代表企业，只有具备条件的员工才有可能进入企业的最高管理层。值得注意的是，开发高潜能员工是一个缓慢的过程，到达第三阶段可能要花 15～20 年的时间。

8.2.7 与职业生涯管理配套的人力资源管理基础

企业有关职业生涯管理的思路和规划必须要通过实际的操作才能落到实处，而这种实际的操作就需要依靠组织一系列的人力资源实务来作为沟通规划和现实的桥梁。具体而言，良好、顺畅的职业生涯管理体系需要以下几个方面的工作作为支撑：详细的职位分析，员工素质测评，建立与职业生涯管理相配套的培训和开发体系，制定完备的人力资源规划，制定完整、有序的职业生涯管理制度与方法等。

1. 详细的职位分析

职位分析对各个职位的工作内容和任职资格都做出了明确的规定与要求，依据这些信息，企业一方面可以安排员工到与他相适应的岗位上工作，同时为其安排后续的职业发展路径；另一方面可以结合员工未来的发展规划，为员工的培训与开发提供根据。与职业生涯管理相匹配的职位分析，应包括员工的基本资料、职位描述和职位规范等几部分内容，前面已有介绍，这里不再赘述。

2. 员工素质测评

企业通过对员工进行素质测评，了解并记录员工的个性特点、智力水平、管理能力、职业兴趣、领导类型等各方面的信息，全面了解员工的长处和短处、优势与劣势，以便做好人与岗的匹配，实现职业发展路径的科学化、合理化。

3. 建立与职业生涯管理相配套的培训和开发体系

不管组织是基于什么设计培训与开发方案，组织的培训与开发方案都一定要与员工职业生涯管理体系相结合。培训与开发本身就是员工职业生涯发展的工具和支撑，如果两者相脱离，不仅培训与开发会失去其应有的激励作用，而且职业生涯管理也会失去依据和基础。企业应该建立一整套职业生涯管理与培训和开发体系，对员工的培训经历做详细记录和考核，将培训经验作为职业生涯发展中的一个环节和一种依据，从而最大限度地发挥培训和开发体系与职业生涯管理的功效。

4. 制定完备的人力资源规划

企业的人力资源规划包括总体规划和业务规划，其中业务规划包括人员补充计划、人员配置计划、人员接替和提升计划、人员培训与开发机会、退休解聘计划等内容。这些内容都与员工在组织内的职业发展历程息息相关，直接影响着员工的职业发展。企业的人力资源规划应该与职业生涯管理一脉相承，两者之间要保持一致，以这些规划作为原则和指导，将一般的原则落实到每位员工的身上，构建起一套相互衔接的人力资源规划和职业生涯管理体系。

5. 制定完整、有序的职业生涯管理制度与方法

没有规矩不成方圆，企业中的晋升、调动更是如此。为了保证企业的有序运作和内部的公平性，企业必须要制定完整、有序的职业生涯管理制度与方法。任何员工的升迁、调动等行为都要在制度的框架内运作，保证制度的权威性。在这方面，企业应该做到：①制定完备的员工职业生涯管理制度和管理规划，并且让员工充分了解单位的企业文化、经营理念和管理制度等；②通过各种方式让员工了解内部劳动力市场信息，如网上公布职位空缺信息，介绍职业阶梯或职业通道，建立职业资源中心等；③提供丰富的内部晋升渠道，帮助员工实现职业的发展，如建立内部竞聘制度。

8.3 职业生涯管理实施步骤和方法

8.3.1 职业生涯管理实施步骤

1. 确定志向和选择职业

古人云："志不立，天下无可成之事。"一个人要取得职业生涯的成功，首先必须要有一个明确的目标。在职业生涯的早期，个人需要考虑两个最基本的问题：一是自己的志向与所要从事的工作之间的关系；二是如何建立自己的竞争优势或不可替代性。这两个方面都是建立个人影响和资源优势的重要基础。性格特征及爱好、职业动机取向、发展空间、薪酬待遇、社会资源等都是要重点考虑的因素。

吉姆·柯林斯在《从优秀到卓越》一书中，曾用以赛亚·伯林的《刺猬与狐狸》中两种人的划分作为例子，提出了"刺猬理念的三环图"，并以此作为确定实现从优秀到卓越的公司的标准。吉姆·柯林斯认为，那些能够成功实现从优秀到卓越的公司，都是把战略建立在对以下三个方面的深刻理解上，并且能够将这种理解转化为一个简单、明确的理念以指导所有工作的公司，这就是"刺猬理念"。这三个方面分别是：

（1）你能够在哪方面成为世界最优秀的？你不能在哪些方面成为世界最优秀的？永远做你擅长的事情和你有潜能比其他公司做得更好的事。

（2）什么是驱动你的经济引擎？

（3）你对什么充满热情？

"刺猬理念"同样可以作为个人职业生涯设计的基本思路并加以应用。吉姆·柯林斯指出,刺猬理念并不是一个要成为最优秀的目标、一种要成为最优秀的策略、一种要成为最优秀的意图或者一个要成为最优秀的计划,而是主张个人要专注于自己的核心竞争力,而不轻易分散自己的精力和资源。换句话说,个人需要充分认识并理解自身在哪些方面能够做到最优秀。在进行个人职业生涯设计时,个人也需要具备这种理解力。

首先,个人要认真思考"我是谁"的问题。比如,"我具有哪些与生俱来的天赋和能力?""我现在所从事的工作是不是我能够做得最好的工作?"通过这些思考,个人可以发现自己的优势和不足,并在此基础上决定做自己最擅长的事情和有潜能比其他人做得更好的事情。通用电气公司前CEO杰克·韦尔奇在自己的自传中讲,他在自己职业发展的早期就已经可以肯定什么是他最喜欢和最想做的,什么是自己不擅长的。他对自己的评价是:既然不能成为最出色的科学家,因此,一份既涉及技术又涉及商业的工作是最适合的。这一定位对他的职业发展的影响无疑是相当重要的。

其次,个人要认真思考"我工作的动力是什么"的问题。在现代社会中,自己所从事的工作是否能够得到相应的回报仍然是决定和影响人们工作动机强弱的一个重要因素。这种回报既包括物质的或经济的,如与其绩效水平相当的薪酬福利,也包括精神的和非经济的,如良好的工作氛围和人际关系。

最后,个人要考虑是否喜欢自己所从事的工作,这主要反映的是职业认同感和工作满意度的问题。如果个人对这三个方面的问题有比较明确的认识,就能够为职业的发展奠定一个比较扎实的基础。

在确定职业目标时,个性特征是一个必须要考虑的问题。人们可以根据对自己"胆"(企业家精神)和"识"(专业能力或技能)的判断来确定自己的定位及职业目标的选择,同时企业也可以据此进行人员的合理搭配。比如,那些有"胆"、有"识"的人通常比较适合做领导人,或者通过自己创业来实现自己的职业目标。那些"识"多但"胆"小的人,一方面比较适合做财务、保密或管理人员的工作,另一方面可以作为辅佐那些"胆"大但"识"少的人。

2. 自我评价

个人职业生涯规划设计的第二个步骤是进行自我评价。"刺猬理念"的相关论述已经涉及其中的部分内容。当人们能够对什么是自己最喜欢的和最擅长的工作的动力有比较清醒的认识后,下一步就是要对现在所从事的工作与下列目标之间的关系进行更为微观和细致的评价。这些目标包括:对企业的产品和服务等方面的知识的掌握情况、对工作氛围和工作关系的认可度和满意度、工作履历和绩效记录、薪酬福利待遇、人际关系状况以及个人在组织和团体中的信誉等。个人在进行自我评价时,要注意不要高估自己的能力和水平,特别是在职业生涯的初期,目标一定不能太高,因为不高的目标才容易实现,而这种成功的鼓励对初入职场者来讲是非常重要的。另外,个人对自己在不同阶段中所具备的优势和劣势进行分析、评估,在此基础上制定有针对性的应对措施和培训开发计划。随着环境的变化、个人阅历和经验以及知识的增加，人们在不同时期所具有的优势和存在的不足处于一个相对变化的状态中。在前一个时期行之有效的经验和方法，在下一个阶段中可能就不合时宜了。因此，在进行自我评价时，个人一定要结合具体的环境及所在组织的具体情况和要求进行，这样才不至于脱离实际，并能够有针对性地培养和加强自己的竞争优势。

3. 组织评价

在个人职业发展规划中，个人评价只是反映个人对自己能力和水平的一种判断，这种判断是否能够得到组织的认可，还需要组织做出评价。组织评价反映的是组织对其成员的要求，个人的知识、能力和技能只有为组织所需要时，这种评价才有意义。因此，职场人士在完成了自己在某个时期的个人评价后，还要通过各种途径征求所在单位的意见。理查德·霍杰茨（Richard M. Hodgetts）（2002）认为，组织评价主要包括两个方面的内容，即正式的评价和非正式的评价。正式的评价主要是以员工个人的绩效水平为依据，而且绝大多数的正式评价都有可以量化的标准，包括岗位工作胜任能力、绩效和业绩水平、人际关系与协作精神、发展前途等，这些构成了组织对成员进行评价的最基本和最重要的部分。如果员工希望在组织中得到好的发展机会或获得晋升，就必须达到和超过规定的绩效目标。非正式的评价则很难被准确地描述，包括对工作的兴趣、与同事合作的态度等，这些评价大多都取决于你的上级主管的判断。因此，专家建议，迎接这些挑战的最佳办法就是观察那些在你的部门或团队中最成功的人，并仿效他们的做法。在了解和听取组织评价时，员工要充分听取部门同事、上级主管及与其工作有关的各业务单位的意见，尽可能地做到全面和公正。为了争取得到一个比较客观和公正的组织评价，员工除了要表现出自己的能力和业绩水平外，与组织中的高层人物建立良好的关系并得到他们的支持也是一个非常重要的因素。

4. 职业生涯路径选择及目标设定

在完成自我评价和组织评价后，员工下一步要做的工作就是在此基础上选择职业生涯路径和设定目标。路径选择主要是指员工确定自己的专业志向，这需要考虑以下三个方面的问题：第一，员工自己希望向哪一个领域或方向发展？比如，员工是希望做一个成功的管理者或经理人，还是专注于成为一个在自己的专业技术领域中的带头人。它强调的是对自己志向的评价和判断。第二，员工能够向哪一个方向发展？员工要成为一个成功的经理人或技术带头人，自身具有哪些优势和不足？这是员工在上一步的基础上对自己能力的评价和判断。第三，员工可以向哪个方向发展？仅仅有个人的意愿是不够的，员工还必须考虑个人目标与组织目标的适应性，以及组织是否有足够的位置和是否能够提供相应的资源支持。以上三个方面的内容反映了有组织的员工职业生涯规划的基本要求，即强调组织的要求和员工的条件相互吻合，以及相互之间的彼此满足。

在进行职业路径选择后，员工还需要进行目标的设定。员工设定目标时要注意两个问题：一是目标的高低，二是目标的长短。首先，员工在确定目标的高低时，需要考虑实现目标的可能性。在职业生涯的初期,目标与实现目标的可能性之间往往存在反比的关系,即目标设定越高,实现目标的可能性越低。反之,设定的目标越低,实现目标的可能性越大。考虑到在职业生涯初期建立个人影响力的重要性和所取得成就的激励作用,制定一个不太高的目标是比较合适的。其次,在确定实现目标的时间时,员工要考虑环境的变化和影响。随着竞争的加剧,企业的生命周期越来越短,企业适应环境变化进行调整的频率也越来越快,这些都大大增加了实现目标的难度,因此,制定一个适度的短期目标可能是比较明智的。

5. 制定行动规划和时间表

在路径和目标确定后,员工就需要制定一个具体的行动规划和时间表。行动规划是指员工在综合个人评价和组织评价结果的基础上,为提高个人竞争能力与达到职业目标所要采取的措施,具体包括:工作体验、培训、轮岗、申请空缺职位等。这样做可以弥补个人的能力缺陷,同时增进对不同工作岗位的体验。行动规划制定以后,员工还需要有一个实现职业目标的时间表,比如用两年的时间取得相应的技术职称,在 3～5 年成为某项技术开发项目的带头人等。

6. 评估与回馈

任何一个人的职业发展都不可能是一帆风顺的,即使员工为自己制定了一个非常完善的规划,也会受到环境和组织条件等因素的影响而不得不随时进行调整。在现代社会中,这种调整的频率会随着组织间竞争的加剧而越来越快。因此,在实施规划的过程中,员工首先要随时注意对各种影响要素进行评估,并在此基础上有针对性地调整自己职业规划的目标。其次,员工要随时把握组织业务调整的动向,对能够得到的职位、职务信息及选择机会进行评估,看看是否符合自己的职业目标,是否符合个人发展需要,以及自己是否有能力做好。最后,如果员工明显感觉在组织中难以获得上升空间或发展的机会,在时机成熟时可以考虑变换工作单位。在这种情况下,员工就需要重新考虑职业的选择和目标的确定,并制定相应的实施措施与计划。

8.3.2 职业生涯管理方法

根据一些学者的观点,组织的职业生涯管理方法可以通过以下几种方式实现。

1. 举办职业生涯研讨会

职业生涯研讨会是由人力资源管理部门组织的帮助员工通过有计划的学习和练习来制定职业生涯规划的活动。形式可以包括自我评估和环境评估、成功人士交流与研讨以及适当的练习活动等。组织通过举办这种职业生涯研讨会,可以提高员工参与职业生涯管理的积极性,提高职业生涯管理的效率和效果。需要注意的是,这样的活动要事先做好组织与准备。为确保活动产生实际效果,人力资源工作人员与员工还可以在讨论之后初步完成职业生涯规划表。该表的内容可以根据各公司的实际情况自由决定,一般来说，主要包括员工的基本信息、学习培训情况、技能情况、工作经历、职业发展意愿、个人专长以及个人长中短期的职业发展目标等。

2. 编制职业生涯手册

为了更好地对员工提供职业发展方面的指导，企业可以组织编写职业生涯手册。职业生涯手册可以很好地体现出员工职业生涯所需要的信息支持，主要内容包括：职业生涯管理理论介绍、组织结构图、职位说明书、评估方法与评估工具、组织环境信息、外部环境信息、职业生涯规划方法和工具以及案例分析与介绍等。企业在编写职业生涯手册时，可以寻求外部专家的支持。编写完毕后，该手册应该与公司内部的所有员工共享，并及时做出更新。职业生涯手册包括如下内容：

（1）职业生涯管理理论介绍。该部分会介绍有关概念，阐述职业生涯管理对个人发展和组织发展的重要意义，描述职业生涯管理的一般程序和方法，指出职业生涯管理中个人与组织密切合作的必要性和注意事项。

（2）组织结构图。该部分会展示企业的组织结构图，并且需要细化到岗位。组织结构图会就部门之间、工作之间的关系特别是任职岗位的先后次序规定，做出比较详细的说明。组织结构应具有较大的弹性，为员工留有较大的发展空间。

（3）职位说明书。该职位说明书按管理等级中的层次、部门或职业类别，列出所有岗位的工作描述和工作规范。

（4）评估方法与评价工具。该部分要详细介绍各种自我评估、组织环境评估和外界环境评估的方法与工具（各种评估工具应是完成的问卷或量表），说明其使用范围、适用情形、注意事项、处理结果、结果解释和意义以及适合的职业等。

（5）组织环境信息。它主要包括：企业宗旨、长期目标、发展战略、价值观、企业人事政策与人力资源管理方面的规章制度等。该部分要对人力资源管理方面的规章制度做详细的说明，如招聘制度、调配制度、培训制度等。

（6）外部环境信息。企业要把当时所能收集到的与本企业有关的技术发展趋势、国家经济政策、宏观经济走势、职业供给信息等汇集到职业生涯手册中。

（7）职业生涯规划方法和工具。此部分会介绍职业选择、人生目标与阶段目标确定、职业生涯通道设计的方法与工具。

（8）案例分析与介绍。此部分会介绍管理人员、技术人员、营销人员、技术工人等各类人员职业生涯发展的成功与失败的案例，分析成功与失败的原因。

3. 开展职业生涯咨询

即使有了完备的职业生涯手册，员工在制定职业生涯规划的过程中还是难以避免出现一些困惑和问题，所以企业有必要为员工提供专家诊断和咨询。这里的专家并不一定是外部的职业专家，可以是企业中高层次的、富有经验的成功人士。他们会定期或不定期听取员工在职业生涯规划上的问题，根据自己的经验提出忠告和建议，帮助员工解决其所遇到的问题。需要注意的是，在咨询结束后，企业应该及时把咨询经过和结果进行记录与总结，为被咨询者建立咨询档案，以供下次咨询时参考。另外，企业还应该及时寻求被咨询者的反馈信息，以确保其职业生涯规划的顺利进行。

8.4 职业生涯管理课程实训

8.4.1 实训目标

（1）加深理解职业生涯管理的概念、目的；
（2）灵活掌握职业生涯管理的步骤、路径和方法。

8.4.2 实训材料

有效激励知识型员工的达·芬奇密码——职业规划

引言：我的未来在何方

王雷是中关村一家软件企业的程序员，最近不断在"前程无忧"等招聘网站上发送自己的简历，偶尔还会出现在北京各种招聘会上，目的是想换一家公司工作。

1998年，王雷毕业于北京航空航天大学计算机专业，对编程有着浓厚的兴趣，本科毕业后就进了国内某大型软件集团下属的一家公司从事软件开发工作。工作了两年，他因为与主管不和，选择了辞职。科班出身再加上有丰富的编程经验，他离职第二天就去了另外一家大型的软件公司。

然而，他没想到的是，此后每年6月他就会换工作，有时候是因为薪水不够理想，有时候是觉得工作氛围太压抑……但是最近两次他是在没有具体原因的情况下选择了离职。同事和朋友都觉得很奇怪，干着自己喜欢的专业，拿着不菲的薪水，怎么还经常跳槽？实际上，他自己也没想明白，只是感觉自己的职业方向越来越不清晰，对未来越来越茫然……

困惑："不安分"的知识型员工

在北京及全国各地，和王雷一样面临职业发展困惑的"三无人员"（无职业规划、无实现手段、无信心保障）很多，他们往往拥有较高的学历、扎实的专业技能，在很多人眼里，是典型的知识型员工，然而这些知识型员工却是最不安分的。

美国《财富》杂志在一次调查中发现，有一半以上的大公司有过失去大量有才干的人员的经历，甚至有些公司的年人员流失率竟高达30%。这些极具天赋的工程师、设计师、业务主管及掌握核心技术或商业机密的关键员工的离职，带给企业的将是极大的损失，尤其是当这些知识型员工跳槽到竞争对手企业或另起炉灶时，企业将面临严峻的竞争压力。为此，不少公司不得不发放大笔奖金以期留住现有人才，然而光花钱并不能真正奏效。为了寻求答案，《财富》在近年来被评为美国工作环境最佳的100家公司的骨干员工中做了一次"为什么你留在现在的公司"的调查,令人吃惊的是没有任何人提到"钱"这个因素。

彼得·德鲁克认为,知识型员工属于那种"掌握和运用符号与概念,利用知识或信息工作的人"。企业中的高层经理、管理者和专业技术人员都属于知识型员工,他们比从事物质生产的员工更注重追求自主性、个性化、多样化和创新精神,比从事物质生产的员工更注重自己的尊严和自我实现的价值。

企业的发展和创新要依靠知识型员工,而知识型员工往往是企业中最难管理的一群人。他们拥有自己深刻的见解和想法,并且往往不容易被说服。如何管理他们,是一个具有挑战性的问题。

与其他类型的员工相比,知识型员工重视自身价值的实现,重视自身知识的获取与提高。知识型员工更重视具有挑战性的工作,他们看重一定的自主权,喜欢按自己认为有效的方式去工作,获得一份与自己贡献相当的报酬并能分享自己创造的财富。他们追求终身就业能力而非终身就业饭碗。为了更新知识,他们渴望获得教育和培训机会,因此他们希望到更多、更优秀的企业学习新的知识,通过流动实现增值。另外,知识型员工由于占有特殊生产要素,即隐含于他们头脑中的知识,而且他们有能力接受新工作、新任务的挑战,因而拥有远远高于传统工人的职业选择权。一旦现有工作没有足够的吸引力,或缺乏充分的个人成长机会和发展空间,他们会很容易地转向其他公司,寻求新的职业机会。

然而,国内企业对知识型员工的职业发展规划并没有足够重视。《2004中国"工作倦怠指数"调查报告》表明,世界范围内普遍存在的工作倦怠(又称"职业枯竭")现象正在袭扰中国。调查显示,技术人员的工作倦怠比例高达45%。近期一项"中国软件人才生存状况大调查"的研究显示,很多软件工作人员到了30岁左右就会出现职业发展危机,不能"三十而立",反倒"三十而慌"。

资深职业规划专家白玲曾经为国内许多30岁左右的IT人才进行过职业规划设计咨询,她认为这个人群有一个普遍的心理是:从职业本身看,一方面他们会觉得做管理者更有面子;另一方面,他们又认为做技术可能更实在,也更靠得住。对于到底哪条路更适合自己,他们往往感到很困惑,价值趋向的冲突更加深了他们的迷茫。

探索:知识型员工的成长路径

那么,知识型员工到底该如何选择自己的发展路径呢?

首先,企业可以按照管理能力和技术能力高低两个维度把知识型员工分为四类:①"麻雀"型:这类知识型员工具备一定的技术能力,基本没有什么管理能力,从事一些简单的基层技术工作。从数量上来讲,这类员工是知识型员工的主体;从职业发展的角度来看,此时是知识型员工职业发展的起点。②"鸿雁"型:这类知识型员工具备一定的管理意识和技能,相对而言,平时关注管理提升而忽略技术方面的提升,习惯于团队合作而非个人拼搏,已从一名技术人员逐步转变成为一名管理人员。③"山鹰"型:这类知识型员工属于典型的技术专才,对技术有着非常浓厚的兴趣,甚至是狂热,对管理则是漠然处之，甚至有点桀骜不驯，在外人看来，很不好相处。④"大鹏"型：这类知识型员工集技术和管理于一身，不仅能独自攻克技术难题，更能带领手下攻城略地，成为企业领军人物，从职业发展的角度来看，这是知识型员工的最佳职业发展归宿。

根据分类可以看出，知识型员工的职业发展可以有以下4条路径。

路径一：麻雀—鸿雁。这种路径是很多知识型员工选择的职业发展路径，从技术人员做到管理人员，遵循中国传统知识人员较为普遍的"学而优则仕，技而优则仕"的职业路径选择。

路径二：麻雀—山鹰。这也是很多知识型员工喜欢选择的职业路径，这部分知识型员工一般对技术具有天生的迷恋，对技术矢志不移，不关心"仕途"，不为周边环境所影响，对技术的追求贯穿其一生，最终在技术方面实现自己的人生价值。

路径三：麻雀—鸿雁—大鹏。大部分成功的职业经理人走的都是这种职业发展路径，这些人一般都有良好的管理基础，他们一开始就发现自己在管理方面的潜力要明显优于自己在技术方面的潜力，同时也会尽可能更新自己的技术储备，但是在每一个职业选择的十字路口，都会毫不犹豫地选择管理作为自己的职业发展生命线，最终以卓越的管理价值达到自己的事业巅峰。

路径四：麻雀—山鹰—大鹏。在现实的职场中，我们可以发现一些这样的身影：这些人在技术方面的禀赋超人，在很长一段时间内都恪守自己的技术梦想，希望凭借自己的技术造诣来改变周围的世界，但是他们也不排斥管理，而且当遇见技术职业发展通道的天花板时，能迅速提升自己的管理技能，拓宽自己的职业发展通道，从而实现自己的事业巅峰。实际上，能沿着这条路顺利走向事业巅峰者实在是寥寥无几。通常技术方面的天才，往往对于管理很难有热情，忽视管理对自我价值的实现，甚至会排斥管理，认为管理会限制技术方面的创新，最终在自己的职业发展生涯中遭受管理能力不足所带来的负面影响。

在知识型员工的职业发展中，有一个基本的出发点，那就是从实际出发尊重自己的选择。西方有句谚语说："山鹰或许能够被人驯服，但是一旦被驯服，山鹰就失去了它的野性，再也无法海阔天空地自由飞翔了。"具体来讲，企业要基于自身的人力资源规划来设计员工的职业发展序列。在设计职业发展序列时，企业既要考虑员工纵向的职业发展通道，又要考虑职位序列横向发展的通道。总之，员工只要具备必要的禀赋，只要自己持续地努力，在公司的职业发展通道上就没有天花板，任何一只"小麻雀"都有可能成长为"大鹏鸟"。

除了做好职业发展序列之外，在具体的职业发展规划实施中，企业可以通过采取一些积极措施来帮助知识型员工实现职业发展目标。一方面，企业可以通过加强职业培训来提高知识型员工的综合能力，拓宽这些员工的职业发展通道。技术专家与管理者身份的融合将成为企业对人才需求的新趋向，企业在发挥知识型员工作用的同时，需要加强对他们的全面培养，使之与企业的发展同步成长，从单纯的技术岗位和局部性工作，转向承担更具综合性、全局性的管理和领导工作。

欧莱雅中国公司将对综合型、未来型人才的培养视为企业的生命。优秀的大学毕业生进入公司后，先不承担具体的工作，而是要接受3～6个月的培训，接受公司的文化和价值观，然后到全国各地的不同分支机构实习，感受公司的运营状况。实习期结束，新员工会根据个人兴趣选择工作。在以后的工作中，一方面，员工还会不断得到长期或短期的培训机会，大学生进入企业数年后就能胜任经理工作。另一方面，公司为员工选择职业发展方向提供机会，鼓励员工在职业发展方面进行尝试和锻炼。比如，公司可以通过实行工作轮换，帮助员工消除对单调乏味的工作的厌烦情绪，通过内部公开招聘，使愿意尝试新工作或愿意从事更具挑战性、重要性工作的知识型员工有机会获得新的职位，从而满足其自我职业发展的需要。如索尼公司定期公布职位的空缺情况，员工可以不通过本部门主管直接去应聘，如果应聘成功，则可以得到新工作；如果应聘不上，则仍从事原工作，同时等待下一次机会，而且不必担心会受到原主管的挤兑，因为整个应聘过程是保密的。

资料来源：林彬.有效激励知识型员工的达·芬奇密码[J].人力资本，2006（10），本书采用时略有改动。

8.4.3 实训任务

（1）知识型员工的职业生涯开发有什么特点？
（2）如何对90后知识型员工进行职业生涯规划？

8.4.4 实训步骤

1.个人阅读

课前把案例资料分发给学生，请学生在课下针对实训任务仔细阅读案例，使每位学生针对实训任务深入思考，鼓励学生提出具有创新性的问题。

2.小组讨论与报告（10～20分钟）

在课堂上，每组3～5人，围绕"实训任务"展开课堂讨论。要求以小组为单位将达成共识的讨论要点或者关键词抄写在黑板上的指定位置并进行简要报告，以便进行课堂互动。

小组报告的要点或关键

任务1：
任务2：

3.师生互动（25～30分钟）

在课堂上，老师针对学生的报告与问题进行互动，同时带领学生对关键知识点进行回顾，并对学生提出的观点进行追问，引发学生对问题做进一步思考，激发学生深度学习。

4. 课后任务

（1）聆听本节微课，深入理解职位分析的内容；

（2）请同学们自觉在课后进一步查阅与职业生涯管理相关的理论资料和企业实战案例，并进行系统回顾和总结。

复习思考题

1. 简述企业职业生涯管理的内容。
2. 简述企业在实施继任计划时需要注意的问题。
3. 简述职业生涯管理对企业的作用。
4. 简述职业生涯管理对员工的作用。
5. 简述职业生涯管理的方法。
6. 简述职业生涯规划的流程。
7. 简述职业生涯发展阶梯的特点。
8. 简述继任计划的目标。
9. 试述组织职业生涯开发的主要方法。
10. 试述组织职业生涯管理的步骤与方法。
11. 试述完整的组织职业生涯规划方案的主要内容。
12. 试述设置职业生涯阶梯时应注意的问题。

Chapter 9 第 9 章

员工关系管理

学习目标

1. 掌握员工关系及员工关系管理的概念及特点,理解员工关系管理在人力资源管理中的角色定位。
2. 掌握劳动合同的内涵、特征及种类。
3. 理解劳动争议的内涵及处理程序。
4. 掌握员工安全与健康管理的内涵及其相关法律体系;了解职业病及其防治办法。
5. 掌握压力的概念及压力源;了解员工压力管理对策以及企业开展员工援助计划的基本模式。

开篇引例 星巴克的员工管理秘诀——建立"伙伴"关系

作为咖啡领域中快消品的领军者,星巴克的员工被称为"伙伴"。星巴克为"伙伴"提供的不仅仅是工作场所,更多的是"家"的文化。在互相尊重的氛围中,员工与企业逐渐真正形成了"伙伴"关系。

星巴克(中国)大学有各种和压力管理相关的课程:基层管理者的必修课——"优先管理"能够提升门店管理组的时间管理技巧,帮助他们减少每日的工作压力;针对中高层管理者推出的"精力管理"的培训,将全国各地的总监及以上管理者汇聚在一起,邀请来自西雅图总部的内部讲师,介绍如何通过饮食、健身和身心调节来缓解压力,在身体、精神等不同层面进行自我调节和改善,以保持和创造最佳的工作状态。人力资源管理部门也经常会有类似的培训。

星巴克重视"伙伴"的声音,会定期举行"公开论坛"。在这个论坛中,每一位员工都可以向高管提问并得到解答。这种坦诚的沟通机制不但起到了减压阀的作用,而且真正为决策层提供了参考意见。企业管理层与员工会定期进行一对一的"真诚谈话",在关注员工是否完成任务之外,更加关注员工每天的感受和工作的心态。

星巴克积极认可和鼓励"伙伴"的突出表现。与公开认可相反,如果员工的绩效表现差强人意，主管会选择私下与员工进行沟通，指出问题的同时，也会认真倾听下属的意见并给予辅导。公开赞赏与私下真诚的沟通成为减少"伙伴"压力的重要环节。

为员工提供多种发展渠道，鼓励员工在不同岗位间"流动"也成为星巴克的特色之一。公司在有职位空缺时，会通过内部流程推荐给门店，鼓励大家申请。除了技术型"伙伴"之外，星巴克内部的提拔率为90%以上。

资料来源：时代光华管理培训网（http://www.hztbc.com/news/news_52751.html），2016-09-23。

9.1 员工关系管理概述

9.1.1 员工关系的内涵

1. 员工关系的概念

员工关系是员工与企业之间基于工作过程而建立的一种相互影响和相互制约的关系。这种关系以雇用契约为基础，以工作组织为纽带，主要表现为在企业既有的管理过程中的一种人际互动关系。其实质是企业中各相关利益群体之间的经济、法律和社会关系的特定形式。

由此可以看出，员工关系具有两层含义：一是从法律层面双方因为签订雇用契约而产生的权利、义务关系，亦即彼此之间的法律关系；二是社会层面双方彼此间的人际、情感甚至道义等关系，亦即关于双方权利、义务、不成文的传统、习惯及默契等伦理关系。

"员工关系"一词源自西方人力资源管理体系。在西方，最初由于劳资矛盾尖锐、对抗严重，给企业正常发展带来了不稳定因素，在劳资双方力量博弈中，管理方逐渐认识到缓和劳资冲突、让员工参与企业经营的正面作用。随着管理理论的发展，人们对人性本质的认识不断进步，国家劳动法律体系不断完善，企业越来越注重改善、协调员工关系，加强内部沟通。企业文化和价值观以及企业的愿景、战略、经营目标等对于员工关系有着深刻的影响。

2. 员工关系的特点

（1）以企业与员工之间的和谐劳动关系为基础。与对抗性的劳资关系不同，员工关系强调以员工为主体和出发点的企业内部关系，注重人际关系管理、内部劳动关系管理、沟通与交流管理、民主参与、员工工作与家庭平衡以及人本文化等管理视角和行为，追求企业和员工之间的利益协调与共同发展。因此，员工关系是基于但又在某些方面超越劳动关系的一项企业管理职能，与人力资源管理密切相关。

（2）主要表现为企业内部的工作和人际关系。与劳动关系和雇用关系不同，员工关系主要表现为企业内部的关系，但它不局限于员工与企业之间，还表现在管理者与被管理者、上级与下属、同事之间，以及员工与客户、与家庭成员等多元利益相关者之间的关系。对这些关系的协调、处理都会影响员工的工作态度、行为，以及员工个体、团队和企业绩效。因此，员工关系并不是以简单的和谐关系为出发点，而是通过构建和谐的内部关系，形成良好的组织氛围，提高员工的认同感和合作意愿等，提升企业的竞争优势。

（3）本质上是一种以劳动合作为纽带的利益关系。现代企业的员工关系与传统劳资关系的不同之处在于，它是建立在或者试图建立在劳资双方利益一致的基础之上，并受劳动契约约束保护的工作合作关系。在这种关系处理中，虽然企业和管理者往往处于强势或主动地位，但是为了维持和谐的关系以及促进共同目标的实现，需要企业和管理者更多地从员工利益的角度考虑问题，包括满足员工在工作中的各种需求，尽可能规避员工利益的损害，以及追求管理者与被管理者双方的利益协调等。

9.1.2 员工关系管理的内涵

1. 员工关系管理的概念

从广义上讲，员工关系管理（employee relations management，ERM）是在企业人力资源体系中，各级管理人员和人力资源职能管理人员，通过拟订与实施各项人力资源政策和管理行为，并采取管理沟通等手段调节企业和员工、员工与员工之间的关系，从而实现企业的目标并确保为员工、社会增值。

从狭义上讲，员工关系管理就是企业和员工的沟通管理，这种沟通更多采用柔性的、激励性的、非强制的手段，从而提高员工满意度，支持企业其他管理目标的实现。其主要职责是：协调员工与管理者、员工与员工之间的关系，引导建立积极向上的工作环境。

员工关系管理是企业设置较晚、功能相对不统一的人力资源管理职能模块，尽管它包含的工作最琐碎且不易呈现价值，但它是构建组织人力资源框架的重要组成部分。

2. 员工关系管理的内容

从人力资源管理职能的角度看，员工关系管理主要包括如下内容：

（1）劳动关系管理。劳动关系管理又包括劳动合同的管理、劳动纪律及奖惩、劳动争议处理等几个方面的内容。

（2）劳动保护。劳动保护主要涉及劳动时间、职业安全与员工健康、压力管理、员工援助计划等方面的内容。

3. 员工关系管理的重要性

劳伦斯 S. 克雷曼（Lawrence S. Kleiman）（1991）通过对 20 世纪中叶以来影响现代企业业务发展的各问题中首要问题的变化规律的研究发现，在 20 世纪五六十年代，首要问题是资金；70 年代中期，首要问题是技术开发能力；80 年代中期，企业的首要问题是业务战略；90 年代中期，企业关注的首要问题是信息技术；自 2000 年以来，企业把人力资源放到了企业业务发展的首要位置上。企业间的竞争由对技术产品的竞争过渡到对人才的竞争。管理者在人力资源管理上投入了越来越多的精力。员工关系管理正在被越来越多的国内企业所接受。

员工关系管理的主要职能是协调员工与员工、员工与公司之间的关系，引导和建立积极向上的工作环境。成功的员工关系管理能帮助企业健康、顺利发展，具体表现在：

（1）员工关系协调能预防和降低企业—员工关系风险，降低企业经营成本。员工与企业的目标和利益联系最为密切。企业的一切目标、利益、计划、政策、措施和活动都要通过员工的行为来加以实现与推进。良好的员工关系管理，能够优化企业人力资源环境，降低劳资关系风险，降低企业经营成本。

（2）员工关系协调是保证企业目标顺利完成的重要手段。员工是企业的主体，企业目标的实现，绝不是某一个人的事情，而要靠全体成员齐心协力共同完成。实践证明，企业的员工关系管理若能成功，则可以调动员工积极性，发挥员工潜能，提升企业内部管理效率和业务运作效率，促进企业目标的实现。

（3）员工关系协调是塑造企业形象的基础。员工的待人接物、言行举止乃至气质、风度，都直接或间接地传播企业信息。成功的员工关系管理，能够帮助企业吸引人才，赢得人才，留住人才，从而树立企业品牌，提升企业整体形象。

4. 员工关系管理在人力资源管理中的角色定位

员工关系管理作为人力资源管理的一项基本职能，其角色定位和作用发挥贯穿于人力资源管理职能体系中，主要体现在如下几个方面。

（1）人力资源扩展：从企业价值观认同的高度确定新员工的招聘录用；确立以法律为基础的员工关系；对新入职的员工进行培训。

（2）激励管理：促进物质激励与精神激励的结合；加强人与职位、组织的匹配性。

（3）人力资源开发：促进多层次的员工能力开发；增强员工的职业成功感。

（4）人力资源保留和维护：涉及员工流动、绩效评估、安全健康。

9.1.3 员工关系管理的职能体系构建

构建企业员工关系管理的职能体系，明确各管理活动的标准、分工和主要内容，是企业员工关系管理的基础。

1. 构建原则

（1）实用性与专业性相结合。每家企业都有其自身的特点，没有通用的管理模式，但在企业间有共同的原则和规律可以遵循。因此，在一些特定的员工关系管理环节和管理项目中，企业除了要考虑自身的特点，还要由专业人员进行设计和实施，才能取得更好的效果。

（2）专职性和精简性相结合。大企业通常会设置有专业背景的专职员工关系经理或专员，并设置相应的职能部门。此外，虽然人力资源职能外包是一种趋势，但一些涉员工关系的核心管理职能，最好不要外包，可以采用联合管理的模式。一些需要专业人员设计和管理的项目，例如员工压力管理和心理健康项目，要处理好外包与自我管理的关系。对于需要外包的职能，企业首先要挑选合适的外包商，其次要配备专职人员进行有效的监督和执行。

（3）管理与服务相结合。传统的"以工作为中心"的人力资源管理模式比较强调"管理"的职能，而现代的"以人为中心"的人力资源管理模式比较强调"服务"的职能。在某种意义上，企业的员工关系管理可以作为区分这两种模式的标志之一。咨询、服务、沟通和参与等是现代员工关系管理所提倡的理念和行为。

2. 员工关系管理的职能体系结构

该职能体系的构建需要以企业性质和规模为依据。我们以大企业的职能体系设置为例：

（1）总公司级的员工关系管理职能设置。在一家下设多个机构的集团公司中，在总部的人力资源部门下应专门设置员工关系管理部门负责该职能，搭建由专业人员组成的管理平台，负责对下辖区域及分（子）公司员工关系管理工作进行监督、指导。

（2）区域级的员工关系管理职能设置。区域级机构的人力资源管理部门也需要专门的岗位和人员负责该职能。通常，岗位单独设置，上级公司（如总公司）的员工关系管理经理对其工作垂直指导。

（3）分公司级的员工关系管理职能设置。在分（子）公司中，因为岗位设置有限，一般由该公司的人力资源经理（或人力资源负责人）负责员工关系的管理，上级机构或公司的员工关系经理对其进行监督、指导。

（4）部门级的员工关系管理职能设置。在一些大公司相对独立的事业部中，没有独立的人力资源部，设有行政专员、人力资源专员等，但员工关系管理不应置于行政性的工作职责中，最好由部门经理直接负责。

小规模的公司也可以参照此结构设置员工关系管理职能。需要说明的是，一些跨职能的协调工作，例如企业文化、劳动关系、沟通管理、民主管理等，也属于员工关系职能人员的职责范围，这些显然没有固定的模式，因企业需要而异。

9.2 劳动关系

9.2.1 劳动关系的确立与劳动合同

1. 劳动关系的概念

特定企业与员工之间劳动关系的确立是员工关系建立的基础，而缔结这种关系的纽带是具有法律效力的契约形式——劳动合同。因此，我们可以这样认为：员工关系建立的基础是特定劳动关系的确立，而个别劳动关系的缔结需要以劳动合同为载体。

劳动关系是指劳动者与所在单位之间在劳动过程中发生的关系。所谓关系是指企业所有者、经营者、普通员工及其工会组织之间在企业的生产经营活动中形成的各种责、权、利关系，主要包括：所有者与全体员工（包括经营管理人员）的关系、经营管理者与普通员工的关系、经营管理者与工会组织的关系以及工会与员工的关系。

劳动关系主要包含主体、客体和内容三个要素。

（1）主体是指劳动法律关系的参与者，包括劳动者、劳动者的组织（工会、职代会）和用人单位。

（2）客体是指主体的劳动权利和劳动义务共同指向的事物，如劳动时间、劳动报酬、安全卫生、劳动纪律、福利保险、教育培训以及劳动环境等。

（3）内容是指主体双方依法享有的权利和承担的义务。

2. 劳动合同的特征、种类及内容

劳动合同也称为劳动契约，是劳动者和用人单位之间确立劳动关系、明确双方权利和义务的法律性协议。如果发生劳动争议，劳动合同是处理问题的直接证据和依据。我国的《劳动合同法》对劳动合同的特征、种类及内容进行了详细的规定。

《劳动法》第 10 条规定："建立劳动关系，应当订立劳动合同。""已建立劳动关系，未同时订立书面劳动合同的，应当自用工之日起一个月内订立书面劳动合同。"

（1）劳动合同的基本特征。劳动合同的主体是特定的。主体一方必须是具有法人资格的用人单位或能独立承担民事责任的经济组织和个人（雇主）；另一方是具有劳动权利能力和劳动行为能力的劳动者（员工）。

劳动者和用人单位在履行劳动合同的过程中，存在着管理中的依从和隶属关系，即劳动者是用人单位的一员，接受用人单位的管理并取得劳动报酬。

劳动合同的性质决定了劳动合同的内容以法定为多、为主，以商定为少、为辅，即劳动合同的内容（如工资、保险、劳动保护、安全生产等）必须遵守国家的法律规定，协商余地小。

在特定条件下，劳动合同往往涉及第三者的物质利益，即劳动合同内容享受的物质帮助权，如劳动者死亡后遗属的待遇等。

（2）劳动合同的种类。劳动合同的类别有多种划分方法。根据订立合同的目的不同，劳动合同可分为录用合同、聘用合同、借调合同、内部上岗合同以及培训合同等。根据签约人数不同，劳动合同可分为个体劳动合同和集体劳动合同。根据劳动合同的期限不同，劳动合同可以分为：固定期限劳动合同、无固定期限劳动合同和以完成一定工作任务为期限的劳动合同三种。

固定期限劳动合同是指用人单位与劳动者约定合同终止时间的劳动合同，长期的如 5 年、10 年，短期的如 1 年、3 年。固定期限劳动合同适用范围广，既能保持企业和员工劳动关系的相对稳定，又能促进人力资源的合理流动，使资源配置合理、有效，是实践中运用较多的一种劳动合同。

无固定期限劳动合同是指用人单位与劳动者约定无确定终止时间的劳动合同。没有

确定终止时间并不等于就是"终身",而是指只要符合法律、法规的规定,任何一方均可解除或终止无固定期限合同。《劳动法》对于无固定期限劳动合同的规定,意在限制目前较为严重的短期用工现象。

《劳动法》第14条规定:"用人单位自用工之日起满一年不与劳动者订立书面劳动合同的,视为用人单位与劳动者已订立无固定期限劳动合同。"《劳动法》第82条规定:"用人单位自用工之日起超过一个月不满一年未与劳动者签订书面劳动合同的,应当向劳动者每月支付两倍的工资。"

以完成一定工作任务为期限的劳动合同,是指用人单位与劳动者约定以某项工作的完成为合同期限的劳动合同。这类劳动合同实际上也是一种定期的劳动合同,只是与固定期限劳动合同相比,其终止时间的表现形式不同而已。

(3)劳动合同的内容。劳动合同的内容是指以契约形式对劳动关系双方的权利和义务的界定。为此,双方确立了必备条款和约定条款。

必备条款包括:用人单位的名称、住所和法定代表人或者主要负责人,劳动者的姓名、住址和居民身份证或者其他有效身份证件号,劳动合同期限,工作内容和工作地点,工作时间和休息休假,劳动报酬,社会保险,劳动保护、劳动条件和职业危害防护,法律、法规规定应当纳入劳动合同的其他事项。

约定条款包括:试用期、培训、保守商业秘密、补充保险、福利待遇等。约定条款只要不违反法律和行政法规,具有与必备条款同样的约束力。

9.2.2 劳动合同管理

员工与企业之间劳动关系的确立和存续是员工关系存在的基础,而建立劳动关系,应当订立书面劳动合同。因此,劳动合同管理是员工关系管理的基本内容之一。

1. 劳动合同的订立原则

(1)平等、自愿、协商一致。所谓平等是指劳动合同双方当事人签订劳动合同的法律地位是平等的,不存在任何依附关系,任何一方不得歧视、欺压对方。所谓自愿是指劳动合同双方当事人应完全出自自己的意愿签订劳动合同。协商一致是指合同双方当事人就所发生的一切分歧要充分地协商,在双方意思表示一致的基础上,再签订劳动合同。协商一致是平等自愿唯一的表达形式。

(2)公平、合法。公平是指双方权利、义务的设定大致平衡,不得乘人之危,或者利用强势地位订立不公平、不合理的合同条款。合法是指订立劳动合同不得违反法律、法规的规定。合法包括:主体合法、内容合法、程序合法以及形式合法。其中,主体合法是指订立劳动合同的双方当事人必须具备法律、法规规定的主体资格,劳动者一方必须达到法定劳动年龄(在我国为16岁),具有劳动权利能力和劳动行为能力;用人方必须具备承担合同义务的能力。

(3)诚实信用。诚实信用是指劳动合同双方当事人在合同订立、履行、变更、解除和终止的每个阶段中都要妥善维护对方利益，讲诚实，守信用，不能采取欺诈等手段，要及时履行通知、照顾、扶助、保密等义务。具体来讲，用人单位在招人时，应当如实告知劳动者工作内容、工作条件、工作地点、职业危害、安全生产状况、劳动报酬以及劳动者要求了解的其他情况；用人单位也有权了解劳动者与劳动合同直接相关的基本情况，劳动者应当对此如实说明。

2. 劳动合同的订立程序

首先由用人单位提出劳动合同草案，劳动者如果完全同意，即视为承诺；如果劳动者对劳动合同草案提出修改或补充意见，双方要经过新的要约—再要约，反复协商，直到最终达成一致协议。

劳动合同期满，如果双方协商一致，可续订劳动合同。续订劳动合同，双方可以就劳动合同的具体内容和条款重新进行协商，也可以在上期劳动合同内容不改变的情况下进行续订，但续订劳动合同不得约定试用期。一般的劳动合同续订程序为：

（1）用人单位发出续订意向。用人单位根据考核情况，在劳动合同到期前做出续签合同与否的决定，如果续签合同，应该在合同到期前30～60天里向劳动者发出《劳动合同续订意向书》，对于一些关键的、重要岗位的员工应该在合同到期前更长的时间提前发出意向书。

（2）员工做出续订决定。员工收到意向书后，决定是否与企业继续签订劳动合同。如果同意，员工则要在《劳动合同续订意向书》的回执上签署"同意续签"，之后反馈给人力资源部门。

（3）双方协商后签订。劳动者和用人单位双方重新对合同的内容、条款进行协商，达成一致意见后，双方签字、盖章，合同成立，续订程序结束。

这里需要注意的是：录用通知、就业协议、员工手册与劳动合同是截然不同的，虽然这些文件里也会有一些协议，但无法取代劳动合同的法律性和制约性。

3. 劳动合同的变更

劳动合同的变更是指劳动合同依法订立后，在合同尚未履行或者尚未履行完毕之前，经用人单位和劳动者双方当事人协商同意，对劳动合同内容做部分修改、补充或者删减的法律行为。劳动合同的变更是原劳动合同的派生，是对双方已存在的劳动权利、义务关系的发展。

劳动合同的变更是在原合同的基础上对原劳动合同内容做部分修改、补充或删减，而不是签订新的劳动合同。原劳动合同未变更的部分仍然有效，变更后的内容取代了原合同的相关内容，新达成的变更协议条款与原合同中其他条款具有同等法律效力，对双方当事人都具有约束力。

当劳动合同订立时所依据的客观情况发生重大变化，致使劳动合同无法履行时，企业通常要变更劳动合同。所谓客观情况发生重大变化，如下列情形之一：

（1）订立劳动合同所依据的法律、法规已经修改或者废止；

（2）用人单位方面的原因，如企业转产、调整生产任务或项目；

（3）劳动者方面的原因，如劳动者身体状况发生变化，技能与岗位不适应；

（4）客观方面的原因，如自然不可抗力，物价上涨使得企业降低用人成本。

劳动合同变更也应该采取书面形式，首先由要求变更方提出变更要求，另一方在规定时间内予以答复，双方签订变更协议后生效。

4. 劳动合同的终止

劳动合同的终止是指劳动合同期满或者当事人约定的劳动合同终止条件出现，双方当事人的权利、义务履行完毕，结束劳动关系的行为。

（1）终止条件如下：

①劳动合同期满的。

②劳动者开始依法享受基本养老保险待遇的。

③劳动者死亡，或被人民法院宣告死亡或者宣告失踪的。

④用人单位被依法宣告破产的。

⑤用人单位被吊销营业执照、责令关闭、撤销或者用人单位决定提前解散的。

⑥法律、行政法规规定的其他情形。

固定期限劳动合同的期限，决定了合同的终止日期。当约定的劳动合同终止条件出现时，无固定期限劳动合同也可终止，但要合法约定。

（2）终止程序如下：

①提前预告，即企业应提前将《终止劳动合同意向书》送达员工。

②出具书面通知书。

③在规定期限内办理手续，即企业与员工应该在终止劳动合同7日内办理离职相关手续。

④出具终止合同证明。

（3）不得终止劳动合同的情形如下：

①基层工会任职者。基层工会专职主席、副主席或者委员自任职之日起劳动合同期限自动延长，延长期限相当于其任职期间；非专职主席、副主席或者委员自任职之日起，尚未履行的劳动合同期限短于任期的，劳动合同期限自动延长至任期期满（任职期间个人严重过失或达到法定退休年龄的除外）。

②职工协商代表。参与集体协商、签订集体合同的职工协商代表在任期内，劳动合同期满的，企业原则上应当与其续签劳动合同至任期届满。职工代表的任期与当期集体合同的期限相同。

③医疗期和孕产期及哺乳期员工。员工在医疗期、孕期、产期、哺乳期内，劳动合同期限届满时，企业不得终止劳动合同。劳动合同的期限应自动延长至医疗期、孕期、产期、哺乳期期满为止。

④特定工伤及职业病相关人员。《中华人民共和国工伤保险条例》规定，用人单位不得终止伤残程度为1～6级的工伤职工的劳动合同。《中华人民共和国职业病防治法》

规定，对于未进行离岗前职业健康检查的劳动者不得解除或者终止与其订立的劳动合同，用人单位在疑似职业病病人诊断或者医学观察期间，不得解除或者终止与其订立的劳动合同。

5. 劳动合同的解除

在劳动合同履行过程中，可能会出现劳动合同未到期，当事人双方或单方提前终止劳动合同效力的行为。劳动合同的解除分为双方协商解除劳动合同、用人单位单方面解除劳动合同、劳动者单方面解除劳动合同等几种。这里主要介绍前两种。

（1）双方协商解除劳动合同。用人单位与劳动者在完全自愿的情况下，互相协商，在彼此达成一致意见的基础上提前终止劳动合同的效力。

员工和企业都可主动提出解除劳动合同的请求。劳动合同必须经双方当事人平等、自愿、协商一致达成协议才能解除，不能违反法律规定，不能损害他人利益。协商解除劳动合同只要达成协议，即可即时解除，无须提前通知。如果由企业提出解除劳动合同，须依法向员工支付经济补偿金；由员工提出解除劳动合同的，企业则无须支付经济补偿金。

（2）用人单位单方面解除劳动合同。用人单位由于劳动者的过失而单方面解除劳动合同的情形包括：试用期间被证明不符合录用条件的；严重违反用人单位规章制度的；严重失职给用人单位造成重大利益损失的；与其他用人单位建立劳动关系而影响本单位工作任务的；被依法追究刑事责任的。对于以上情形，用人单位单方面解除劳动合同不用提前通知，也不用给予经济补偿。

用人单位不是由于劳动者的过失而单方面解除劳动合同的情形包括：劳动者患病不能从事原工作或本单位其他工作的；劳动者不能胜任且经过培训转岗等仍不能胜任的；由于客观情况变化，不能履行原合同的。这种解除要提前30天以书面形式通知劳动者本人，且要依法给予劳动者经济补偿。

企业在生产经营发生严重困难，转产、进行技术革新、调整经营方式时，需要依法裁减人员。当需要裁减20人以上或者不足20人但占员工总数10%以上时，用人单位应当提前30天向工会或者全体职工说明情况，听取相关意见后，将裁员方案报告给当地劳动行政部门。

用人单位不得单方面解除劳动合同的情形如下所述：从事职业病危害工作的劳动者为进行离岗前职业病健康检查的；在本单位患职业病或因公负伤并确认丧失或部分丧失劳动能力的；患病或因公负伤在医疗期的；女职工在孕期、产期、哺乳期的；在本单位连续工作满15年，且距法定退休年龄不足5年等。

9.2.3 劳动争议及处理程序

1. 劳动争议的内涵

劳动争议，又称劳动纠纷、劳资争议或劳资纠纷，是指劳动关系双方当事人之间，对劳动权利和劳动义务及其他相关利益有不同主张和要求而引起的争议与纠纷。劳动争议包括个体争议和集体争议。

劳动争议的内容涉及就业、工时、工资、劳动保护、保险福利、职业培训、民主管理、奖励惩罚等各个方面。依据我国现行法律，劳动争议受理的范围是组织与员工之间发生的下列争议：

（1）因开除、除名、辞退违纪职工和职工辞职、自动离职发生的争议；

（2）因执行国家有关工资、保险、福利、培训、劳动保护规定发生的争议；

（3）因履行劳动合同发生的争议；

（4）法律、法规规定应当依照《中华人民共和国企业劳动争议处理条例》（以下简称《企业劳动争议处理条例》）处理的其他争议。

目前各国针对劳动争议的处理都有相关的立法，我国也不例外，主要依据是《劳动法》《劳动合同法》《企业劳动争议处理条例》。

2. 劳动争议的处理程序

产生争议后，双方当事人首先选择协商方式自行和解。协商解决是以双方当事人自愿为基础的，不愿协商或者经协商不能达成一致的，当事人可以选择其他方式。

《劳动法》规定："用人单位与劳动者发生劳动争议，当事人可以依法申请调解、仲裁、提起诉讼，也可以协商解决。"我国劳动争议处理的一般程序为"一调一裁两审"。

（1）调解。调解是指通过本单位的劳动争议调解委员会来解决劳动争议，使争议双方的矛盾在基层化解。但是调解委员会只能起调解作用，本身并无决定权，不能强迫双方接受自己的意见。由于调解委员会主要是由企业代表和工会代表组成，所以当工会与企业因履行集体合同发生争议时，当事人不适合向调解委员会申请调解，应直接申请仲裁。

企业调解委员会调解劳动争议未达成调解协议的，当事人可以自劳动争议发生之日起60日内，向仲裁委员会提出仲裁申请。

（2）仲裁。若经企业调解委员会调解，双方达不成协议，当事人一方或双方均可向当地劳动争议仲裁委员会申诉。当事人也可以不经企业调解委员会处理而直接申请仲裁。当事人如果要起诉到法院，必须先经过仲裁，否则人民法院将不予受理。劳动争议仲裁具有强制性，是解决劳动争议的必经途径。

仲裁裁决一般是在收到仲裁申请的45日内做出的。对仲裁裁决无异议的，当事人必须履行该裁决。

（3）两审。只有经过仲裁，争议双方才可向人民法院起诉。对劳动仲裁不服的，自收到仲裁书次日起15日内可以向人民法院起诉，经过两级法院（基层法院、中级人民法院）的审判即告终结。目前法院是由民事审判庭依据民事诉讼程序对劳动争议案件进行审理，实行两审终审制。法院审判是处理劳动争议的最终程序。

在劳动纠纷处理实践中，企业内部劳动争议调解委员会的调节活动是伴随着整个处理过程的。

3. 劳动争议管理

当劳动争议不可避免时，企业要尽可能将劳动争议的负面影响降到最低。劳动争议处理不当极易成为导火索，影响在职员工对公司的信任度，甚至影响公司的社会形象。处理劳动争议要本着着重调解、处理及时、依法处理的原则，各级管理者有责任配合公司法律部门或 HR 的举证及出庭工作。

劳动争议的调解是劳动关系管理工作的一项重要内容。随着国家出台了一些更倾向于保护劳动者的法律法规，企业因为裁员、辞退员工、解除劳动合同等引发的劳动纠纷，经劳动争议仲裁委员会仲裁后，败诉的情况越来越多。企业因劳资纠纷败诉，不仅需要支付一定的经济补偿金、赔偿金、仲裁费，还要支付因为应诉而发生的人工费、交通费、会议成本、时间成本。更为重要的是，企业败诉必然会在社会、客户、企业内部形成一定程度的负面影响，损害企业形象。因此，企业一定会尽量避免各种劳资纠纷。一旦劳资纠纷发生了，企业也应争取在内部协调解决，尽力避免让劳动争议走向仲裁和法律程序。

9.3 劳动保护

9.3.1 员工安全与健康管理

1. 员工安全与健康管理的内涵

员工安全管理包括两层含义：一是避免安全事故，保障生产和经营活动的正常进行；二是保障员工生命安全和身心健康，为员工创造良好的工作环境。企业安全管理，从实质上讲，就是企业为保障员工安全而从事的各项管理活动。

有统计数据表明，在工业企业发生的人员伤亡事故中，80% 左右的事故与人的不安全行为有直接的关系。

健康管理是指对个人或群体的健康危险因素进行全面检测、分析、评估以及预测和预防的全过程。按照世界卫生组织的定义，健康不仅仅是没有疾病或虚弱，还包括身体、心理、社会适应性的良好状态。健康包括如下三个层次。

（1）生理层次：生理结构完好和功能正常。

（2）心理层次：心理处于正常状态，包括正确认识自我，正确认识环境和适应环境。

（3）社会层次：包括个人的能力在社会中得到充分发挥，个体扮演一定的社会角色，个人的行为符合社会规范。

2. 员工安全与健康管理的意义

（1）安全与健康管理是人力资源管理的一个重要环节。员工安全与健康问题可能会侵害员工的基本权益。安全、对健康无伤害的工作环境和工作条件，是员工应享受的基本权利，也是企业应承担的基本责任。因此，员工安全与健康管理是人力资源管理的基本理念，也是员工关系管理的重要职责。

（2）安全与健康投资是企业一项重要的人力资本投资。所谓人力资本投资，是指投资者通过对人进行一定的资本投入（货币资本或实物），以增加或提高人的智能和体能。这种劳动能力的提高最终反映在劳动产出的增加上。安全与健康投资能够直接降低事故成本；有利于提升绩效、开发潜能；有助于吸引人才，因为安全的工作环境也是员工的重要选择之一。所以，安全与健康投资是企业最重要的人力资本投资。

（3）安全与健康管理是现代人本管理的体现。传统的管理以"事"为中心，较少顾及人的因素，对于事故的发生多抱有侥幸的心理，一旦发生，也只是以经济补偿的方式应对。现代管理以"人"为中心，将员工视作企业最重要的财富，所以要尽一切可能保护员工的身心健康，以免发生事故，造成人身伤害。这种"以人为本"的理念更多地强调预防为主。

3. 员工安全与健康管理的法律体系

员工安全法律，一般称劳动保护法，是一个多层次且由多项法律法规组成的法律体系。

（1）劳动法。劳动法是调整劳动关系的法律规范的总称，是国家法律体系的重要组成部分。劳动法包括劳动就业和劳动力管理、劳动合同、工作时间、休息时间及休假制度、劳动报酬、劳动安全与卫生、女职工和未成年工特殊保护[⊖]、员工社会保险和生活福利、员工技术培训、工会和民主管理制度、劳动争议、劳动法监督和检查制度等多项内容。

（2）安全生产法。安全生产法是为了加强安全生产监督管理，保障人民群众生命和财产安全，促进经济发展而制定的，是我国安全生产法规方面第一部综合性基本法律，包括生产经营的安全生产保障、从业人员的安全生产权利与义务、安全生产的监督管理、生产安全事故的应急救援与调查处理以及承担的法律责任。

（3）劳动保护和员工安全法规。劳动保护法规是针对劳动保护的、综合性的法律规定，包括两大项内容：一是通过制定和实施相关规定，调整生产过程中和安全有关的人与自然的关系；二是通过安全生产责任制、安全教育、安全健康监察以及伤亡事故的调查处理和职业病诊断治疗等，调整企业安全管理中人与人之间的关系。

员工安全法规是具体的、对直接生产过程中与员工安全有关的行为规范。

（4）劳动安全技术规程。劳动安全技术规程是从技术角度为员工安全提供法律保障。我国现行的安全技术规程主要包括：建筑物和通道的安全、机器设备的安全、电器设备的安全、动力锅炉和气瓶的安全、建筑工程的安全以及矿山安全技术规程。

（5）劳动安全卫生标准。劳动安全卫生标准是指国家为消除、限制或预防劳动过程

⊖ ①最低就业年龄的规定：根据我国《劳动法》规定，我国最低就业年龄为 16 周岁，严禁招收未满 16 周岁的童工；②对未成年工在劳动过程中的保护：不得安排其从事过重、有毒、有害的劳动或者危险作业。

中的危害和有害因素，保护劳动者安全、保障生产正常运行的统一标准和实施规则。它具有技术性强、标准统一，以及规范化和操作性强等特点，主要包括：劳动安全卫生管理方面的基础标准、方法标准，生产工艺、生产工具、设备安全卫生标准，安全卫生专用装置、用具标准，个人防护用品等方面的标准。

（6）国家劳动安全卫生监察制度。国家劳动安全卫生监察制度有国家、企业和社会监察三个层次，其中国家劳动安全卫生监察制度是主导形式。

4. 职业病及其防治

职业病是劳动者在职业活动中接触职业性危害因素所引起的疾病，是由于职业伤害而引发的疾病。职业病不仅是危害员工生命安全的职业伤害，也是引起劳资纠纷、影响社会和谐的公共健康问题。职业病的预防和治疗越来越引起社会的广泛关注。许多国家都通过立法和行政的手段对职业病进行防治。

国家卫生部与原劳动和社会保障部于2002年4月18日重新修订了职业病目录，提出我国法定的职业病包括：尘肺、职业性放射性疾病、职业中毒、物理因素所致职业病、生物因素所致职业病、职业性皮肤病、职业性眼病、职业性耳鼻喉口腔疾病、职业性肿瘤以及其他职业病。

一些虽然不是直接由有害物质引起的，但与劳动条件和职业性质有密切关系的病症多属于职业性损伤，也被列为法定职业病，比如因长期进行计算机键盘操作而引起手臂肌肉和组织损伤、腰部劳损、电脑眼病及办公室综合征、睡眠缺乏症、信息焦虑综合征等。

职业病的病因明确，只要措施得当，就可以得到有效的治疗。严格执行有关职业安全的规定，为员工提供健康的劳动环境，进行安全技术培训等，都是必要的防范措施。此外，相关防范措施还包括以下方面：

（1）健康体检制度。从事有职业性伤害风险工作的员工，要严格执行健康检查制度，一旦发现职业病，要及时治疗。在这一过程中取得的诊断数据还可以作为职业病评定的参考依据。

（2）从事有害作业后的健康检查制度。企业要及时发现职业危害对作业人员的早期影响；将检查出的高危人群作为重点监护对象；发现新的职业禁忌症者，要及时调离；发现职业病患者，要及时治疗和处理。

（3）职业病治疗。相关员工必须到有诊断权的职业病防治机构进行检查诊断。凡确诊者，由职业病防治机构出具"职业病诊断证明"。患者应调离有害的作业岗位和环境，及时治疗，并进行劳动鉴定，享受工伤保险待遇或职业病待遇。对于因工作性质和操作特征引起的职业性损伤，企业一般采取个人健身计划、改善工作条件、调整工作时间等多种形式进行治疗和防范。

（4）职业病患者劳动能力鉴定。劳动能力鉴定的意义在于，根据其患职业病的状况安排工作，或提供劳动保险待遇。有的职业病患者经过治疗后，可以继续从事原工作；

有的不宜从事原工作，企业须另行安排工作；还有的有严重后遗症，企业有责任承担其治疗和疗养义务。

9.3.2 员工压力管理

1. 压力的内涵及压力源

（1）压力的内涵。从心理学的角度讲，压力来自人与环境间的不匹配状态，以及由此所引发的人的生理和心理方面的反应。这种反应会正向或负向地影响员工的行为。当压力出现时，人会本能地调动身体内部的潜力来应付各种刺激，这时会出现一系列生理和心理变化。

压力本身没有好坏之分，关键在于它所引发的个体反应。因此，压力具有很强的个体差异性。积极的压力能够促使员工有效地完成任务，提高自信和自我评价，提高对环境的适应；消极的压力不利于身心健康，不利于适应环境，破坏组织中的人际和谐，导致员工和组织之间的矛盾等。

（2）压力的来源。压力的来源主要有三个：工作、生活以及个人性格。

①造成压力的工作因素。工作量大与工作要求高常是造成工作压力的主要因素，尤其是当得到的报酬与个人的付出不成比例时，个人更容易觉得不公平，压力感也会相对增加。人际关系不良也是导致工作压力的另一个要素。由于许多工作讲求团队合作，若与团队中的其他成员无法愉快相处，会直接影响工作，并且个体情绪受影响之后，压力也会随之而来。工作上的角色冲突与混淆也会造成压力。当不同主管对某职位的角色要求不同时，在此职位上的员工即面临角色上的冲突：该听命于谁？该依何准则行事？抉择间，压力也会因此产生。另外，若工作定位不明确或职务分配不清，容易产生角色混淆，在这种不知何事该做、何事不该做的情况下，压力的产生也就在所难免了。此外，工作场所的环境恶劣（如噪声、温度、污染等）、个人才能无法发挥、主管要求完美等，也都是容易引发个人压力感的因素。

②造成压力的生活因素。生活中偶尔会发生一些重大的事故（变动），例如配偶死亡、离婚、换工作、结婚、怀孕等都是构成压力的因素。个体在日常生活中也经常会面临一些小小的困扰，例如车子抛锚，赶时间却一路塞车，被老板批了一顿。单一事件对个体并不会造成压力威胁，但如果这些困扰都是在同一天发生的，对个体而言可能就是不小的压力。

③造成压力的个人性格差异。外在的环境及事件确实会给个体带来压力，但相同事件发生在不同人身上，却未必会构成同样的威胁，因此，个人如何看待压力，以及个人如何应对和调节压力，也是压力管理的一个重要方面。个体对于压力的感知受到性格因素、承受能力、经验阅历的影响。

2. 企业压力管理对策

在减轻员工的压力方面，企业与员工双方均负有一定的责任。对于解决因企业因素所造成的工作压力，企业应采取以下措施：

（1）设计合理的工作。企业应建立较为明确的权责系统，设置较为适当的工作量及强度，保证顺畅的工作沟通渠道，做到人尽其才、人事相宜。从工作设置角度减少不必要的负面压力因素是从企业角度减少员工工作压力的基础。

（2）建立公平的内部管理机制。许多工作压力，均源于企业内部的不公平管理机制。这些管理机制包括晋升机制、竞争淘汰机制、绩效考核机制、激励分配机制等，它们如果具有不公平的方面，不仅会使员工产生强烈的不满，而且会构成较大的工作压力，甚至会造成企业内部管理秩序的混乱。因此，企业必须注意保证内部管理机制的公正公平。

（3）重大机构变动期的及时处置。企业并购、重组、机构调整、裁员等重大变动会使员工的压力急剧增加，这类工作压力如处理不当持续时间会较长，影响面会很大，后果也较为严重。因此，企业在这些关键时期应及时、妥当做好员工安置工作，尽快减少压力因素的蔓延，避免扩大到整个组织层面特别是影响没有参与组织变动范围的员工。

（4）构建人性化管理机制。现代企业的员工大多具有知识型员工的特点，他们普遍倾向于人性化管理的文化氛围，喜欢以尊重其个体思想与能力的方式开展工作。所以，构建人性化的管理文化，尊重个人、尊重知识，不仅是现代企业管理的要求，也是减少员工工作压力的有效方式。

（5）开展压力管理咨询与培训。为鼓励、培训员工学会正确面对压力并提升自身的压力处理能力，企业可向员工提供有关压力管理的咨询与培训。例如，企业可邀请压力管理专家开展讲座，引入压力管理的培训，利用宣传渠道开展压力管理知识的宣传等。

（6）向员工提供保健或医疗项目。如果企业有条件，还可以提供缓解员工工作压力的保健或医疗项目。例如，企业可设置心理咨询师；提供各种健身设备与环境，让员工进行各种健身锻炼；举办各种休闲放松活动，如郊外游、登山、比赛等。健身活动不仅能够使员工的工作压力在很大程度上得到释放与缓解，而且还可以增强员工的身体健康。

（7）改善企业工作环境和条件。员工的工作环境与条件会对员工的工作效率构成影响已是公认的事实。因此，企业在可能的情况下，应该考虑为员工提供一个具有安全感和舒适感的工作环境与条件，比如提供宽大的办公空间、安静的环境、高品位的装饰、明亮的照明、清洁的空气、高级的办公设备等。这些不仅能够在快节奏的工作中减轻员工工作压力，而且能够有效提升员工的办公效率。

9.3.3 员工援助计划

1.员工援助计划的概念

员工援助计划（Employee Assistance Program，EAP）是由企业为员工设置的一套系统的、长期的服务项目，通过专业人员对企业的诊断和建议，和对员工及其家庭成员提供的专业咨询、指导和培训，帮助改善企业的环境和气氛，解决员工及其家庭成员的各种心理和行为问题，以及提高员工在企业中的工作绩效。

从 EAP 的历史可以看到，最初的 EAP 是从禁止在工作地酗酒和吸毒的工业计划演变而来的。随着工业技术的发展、企业规模的扩大，员工工作绩效降低，企业业绩不能达成的原因越来越多，员工援助计划的范围也就在不断拓展。总的来说，员工援助计划主要涉及员工生活和工作两大方面：在员工个人生活方面，涉及健康、人际关系、家庭关系、经济问题、情感困扰、法律问题、焦虑、酗酒、药物成瘾及其他相关问题；在工作方面，涉及工作要求、工作中的公平感、工作中的人际关系、欺负与威吓、人际关系、家庭/工作平衡、工作压力及其他相关问题等。

2. 员工援助计划的内容

员工援助计划是一项事先干预的工具，它通过把预防和处理相结合、解决普遍问题和个别问题相结合的方式，帮助企业消除或削弱诱发员工产生问题的来源，使员工增加心理健康方面的知识，增强自我对抗不良心理问题的能力，并向有需要的员工提供高质量的咨询服务。员工援助计划的主要内容包括以下方面：

（1）为那些处于困境的员工提供咨询、培训和援助，以改善其工作环境，提高员工工作绩效，并使得员工和家人了解提供 EAP 服务的组织和专业工作者；

（2）识别与评估可能影响员工工作绩效的问题，对员工个人问题等保密；

（3）运用建设性的面谈、激励和短期干预等方法，帮助员工处理可能影响工作绩效的问题；

（4）为员工提供和推荐诊断、治疗方案，并提供持续的监控和跟踪服务；

（5）在工作组织与服务供应商之间建立和保持良好的关系，提供咨询与服务契约的管理；

（6）为企业提供员工心理和行为问题的咨询以及适合的医疗服务（包括但不限于：酗酒、药物滥用、精神和情感紊乱）等，使员工的健康保障具有实用性和可获得性；

（7）对为企业和员工工作绩效提供的 EAP 服务的效果进行鉴定。

3. 员工援助计划的实施模式

（1）外设模式。外设模式是企业将员工援助计划项目外包，由外部具有心理或咨询等专业背景的机构提供员工援助计划服务。这种模式在企业员工人数不多的情况下比较适用。外设模式的优点在于保密性好，专业性强，服务周到，能够为企业提供最新的信息与技术，赢得员工的信任。

（2）内置模式。内置模式是指企业自行设置员工援助计划实施的专职部门，聘请具有心理、咨询、辅导等专业背景的人员来策划实施该项目。工会成员援助计划是内置模式中的常见形式，由企业工会通过成立专门的机构，聘用专职人员，向员工提供直接或间接（发布相关信息或建立网络平台）的援助服务。内置模式的优点是针对性强，适应性好，能够及时为员工提供援助服务。

（3）整合模式。整合模式也称为内置、外设并举模式，是指企业在原来已有内置式员工援助计划的基础上，与外部其他专业服务机构合作，共同为当地员工提供 EAP 服务。该模式的优点在于能够降低企业内部人员的负担，减少企业经济支出，提高企业知名度，充分发挥企业内部和外部的优势。

（4）共同委托模式。共同委托模式是指多个企业共同委托外部的专业咨询机构，向员工提供援助服务。共同委托模式的优点是专业性强，产生经济效益明显，能够促进企业之间资源共享，增强双方的沟通合作。

（5）联合模式。联合模式是多个企业联合成立一个专门提供EAP的服务机构，由企业内部专业人员构成。该模式一般应用于具有长期合作关系的企业之间。联合模式的优点是专业性强，经济效益好，灵活性高，能够为企业量身定做不同类型的员工援助计划。

无论采取哪种类型的实施模式，硬件设施与技术支持方面的投入对于EAP能否达到预期的目标非常重要。其基本结构包括专业咨询师、专业测量工具、心理咨询室、数据库等部分。专业咨询师主要通过心理咨询和知识讲座等科学手段，帮助员工解决各类心理问题。专业测量工具主要用于员工心理状况的测量，其目的在于发现导致员工心理问题的根本原因。心理咨询室是企业开展多种形式心理咨询的固定场所，主要包括咨询热线、网上咨询和团体辅导等多种方式。数据库主要用于建立员工心理健康档案，进行员工心理状况的跟踪与记录。

9.4 员工关系管理实训

9.4.1 实训目的

（1）掌握签订劳动合同的基本原则；
（2）熟悉劳动合同书的基本内容；
（3）了解劳动合同的起草、续订、变更、解除和终止的程序与方法。

9.4.2 实训材料

某公司是一家中型施工企业，具有建筑、安装、设备制造、大型设备运输和吊装、物资采购等综合配套施工能力。为配合改革，公司决定实施劳动合同制。

该公司的人员基本构成情况如下：

全公司职工524人，其中各类专业技术人员129人，包括高级职称12人，其中，高级工程师8人、高级会计师3人、高级经济师1人；中级职称43人，其中，工程师29人、经济师10人、会计师4人；初级职称74人，其中，助理工程师48人、助理经济师19人、助理会计师7人。

直接生产人员395人，包括铆工46人、各类焊工73人、管工30人、起重工24人、钳工16人、电气19人、仪表10人、机械工62人、油工61人、白铁工34人、土建及衬里20人。

从性别构成上看，男职工411人，约占职工总数的78%；女职工113人，约占职工总数的 22%。从年龄构成上看，25 岁以下的职工占 30%，25～35 岁的占 45%，45 岁以上的占 25%。从管理层结构看，高层管理人员占 1%，中层管理人员占 3.8%，基层管理人员占 7.6%。

资料来源：《人力资源实验》，尚德机构"自变量学院"（内部讲义），2015 年 3 月。

9.4.3 实训任务

（1）根据以上背景材料，参照劳动政策法规，拟定一份《××公司劳动合同书》。

（2）有 15 人的劳动合同将于 1 个月后到期，有 3 人将被终止劳动合同，有 10 人将续订劳动合同，有 2 名女职工正处于哺乳期，请你为他们分别办理续订和终止劳动合同手续。

（3）某助理工程师经过评聘考核取得了工程师资格，现需要变更劳动合同的相关内容，请为其办理变更劳动合同的相关手续。

（4）某职工实际工作年限为 15 年，在此公司工作了 8 年零 9 个月，现因医疗期满，不能从事原工作和公司另行安排的工作，公司欲与其解除劳动合同。请你为其办理解除劳动合同的手续。

9.4.4 实训步骤

1. 分组（4～5 人/组）

各组针对实训内容查找相关资料，形成报告文件。

2. 小组报告与讨论（10～20 分钟）

在课堂上，围绕"实验任务"展开讨论，要求以小组为单位将达成共识的讨论要点或关键词抄写在黑板上的指定位置并进行简要报告，以便于课堂互动。

3. 师生互动（30～40 分钟）

主要在课堂上进行，老师针对学生的报告与问题进行互动，同时带领学生对关键知识点进行回顾，并追问学生还有哪些问题或困惑，激发同学们进行深度学习。

复习思考题

1. 什么是员工关系及员工关系管理？
2. 如何构建员工关系管理的职能体系？
3. 什么是劳动合同？如何进行劳动合同的签订、续订、变更、解除和终止？
4. 劳动争议的处理程序有哪些？
5. 如何进行员工压力管理？
6. 企业如何开展员工援助计划？

参考文献

[1] 埃德加·沙因. 组织文化与领导力 [M]. 章凯, 罗文豪, 译. 4版. 北京：中国人民大学出版社, 2014.
[2] 埃德加·沙因. 马红宇, 唐汉瑛, 译. 企业文化生存与变革指南：企业文化理论 [M]. 杭州：浙江人民出版社, 2017.
[3] 陈国海. 人力资源管理学 [M]. 北京：清华大学出版社, 2016.
[4] 陈春花, 赵曙明. 高成长企业组织与文化创新 [M]. 北京：机械工业出版社, 2016.
[5] 陈维政, 余凯成. 人力资源管理 [M]. 4版. 北京：高等教育出版社, 2016.
[6] 程延园. 员工关系管理 [M]. 上海：复旦大学出版社, 2015.
[7] 戴维·帕门特. 关键绩效指标：KPI的开发、实施和应用 [M]. 张丹, 等译. 北京：机械工业出版社, 2017.
[8] 邓芳. S软件公司人力资源培训体系设计 [M]. 南京：南京邮电大学, 2017.
[9] 董克用. 人力资源管理概论 [M]. 4版. 北京：中国人民大学出版社, 2015.
[10] 方振邦, 罗海元, 等. 战略性绩效管理 [M]. 4版. 北京：中国人民大学出版社, 2014.
[11] 赫尔曼·阿吉斯. 绩效管理 [M]. 刘昕, 等译. 北京：中国人民大学出版社, 2013.
[12] 付亚和, 许玉林, 等. 绩效考核与绩效管理 [M]. 3版. 北京：电子工业出版社, 2017.
[13] 葛玉辉. 招聘与录用管理 [M]. 北京：清华大学出版社, 2014.
[14] 郭京生, 袁家海, 等. 绩效管理制度设计与运作 [M]. 北京：中国劳动社会保障出版社, 2012.
[15] 何子毅. 员工关系管理在人力资源管理中的价值及管理举措分析 [J]. 知识经济, 2017（12）.
[16] 黄维德. 人力资源管理 [M]. 北京：高等教育出版社, 2009.
[17] 雷蒙德·诺伊. 雇员培训与开发. [M]. 徐芳, 邵晨, 译. 6版. 北京：中国人民大学出版社, 2016:246-323.
[18] 理查德L达夫特. 组织理论与设计 [M]. 12版. 北京：清华大学出版社, 2017.
[19] 李恒. H建筑施工企业培训体系设计 [D]. 北京：北京交通大学, 2017.
[20] 李艳. 员工关系管理实务手册 [M]. 2版. 北京：人民邮电出版社, 2012.
[21] 刘松博, 龙静. 组织理论与设计 [M]. 2版. 北京：中国人民大学出版社, 2009.
[22] 卿涛. 人力资源管理概论 [M]. 2版. 北京：北京交通大学出版社, 清华大学出版社, 2015.
[23] 秦志华. 人力资源管理概论 [M]. 3版. 北京：中国人民大学出版社, 2010.
[24] 湛新民. 人力资源管理概论 [M]. 4版. 北京：科学出版社, 2014.
[25] 苏宁. LA集团公司人力资源培训现状分析及对策研究 [D]. 太原：山西大学, 2013.
[26] 孙宗虎, 姚小风. 员工培训管理实务手册 [M]. 4版. 北京：人民邮电出版社, 2017.
[27] 泰勒. 科学管理原理 [M]. 北京：机械工业出版社, 2013.
[28] 田辉. 员工关系管理 [M]. 上海：复旦大学出版社, 2015.
[29] 万希. 工作分析：人力资源管理的基石 [M]. 北京：电子工业出版社, 2017.
[30] 武欣. 绩效管理实务手册 [M]. 北京：机械工业出版社, 2005.

[31] 姚裕群，曹大友.职业生涯管理[M].4版.大连：东北财经大学出版社，2018:213-220.
[32] 西蒙斯.组织设计杠杆：管理者如何利用责任体系增进绩效和奉献精神[M].革和，吴雯芳，译.北京：商务印书馆，2010.
[33] 徐芳.培训与开发理论及技术[M].上海：复旦大学出版社，2005.
[34] 张春瀛.工作分析[M].天津：天津大学出版社，2009.
[35] 张春瀛，陈洪艳，等.人力资源管理[M].北京：中国铁道出版社，2004.
[36] 张小兵.人力资源管理[M].北京：机械工业出版社，2017.
[37] 郑晓明，吴志明.工作分析实务手册[M].北京：机械工业出版社，2006.
[38] Jerome A Goldstein. Semigroups of Linear Operators and Applications [M]. Oxford University Press，1985.
[39] 埃德加·沙因.组织心理学：变革时代的企业文化之道[M].马红宇，唐汉瑛，译.杭州：浙江人民出版社，2017.
[40] 郭晓薇，丁桂凤.组织员工绩效管理[M].大连：东北财经大学出版社，2008.